JN222540

社会心理学特論

まえがき

　本書は大学院生レベルの読者を念頭におき，社会心理学の研究成果を幅広く概説したものである。書名が「社会心理学特論」に変わっているが，2015年に出版した「現代社会心理学特論」の改訂版であり，次の2つの観点から現代の社会心理学を概説している。

　1つ目は，現代の社会心理学がどのようなものなのか，その特徴や動向の紹介である。本書前半には社会的影響，対人認知，態度など，伝統的なトピックを，後半は感情，文化など，近年になって注目を集めるようになったトピックを取り上げている。また，社会心理学における，いわば"定番"のトピックについても，最近の知見などを積極的に盛り込むようにした。

　2つ目は，現代的な研究アプローチの紹介である。本書の中心は，20世紀終盤に発展した社会的認知研究で，情報処理アプローチと呼ばれる認知心理学的な手法を積極的に取り入れることで，この数十年，社会心理学を牽引する役割を果してきた。しかし最近は，心理学という学問の枠組みさえ飛び越えて，他の学問領域からも理論や手法を導入しようとしている。たとえば，経済学との融合や，進化論的な考え方の導入，脳神経生理学的な研究の発展などである。

　以上を意識して執筆したところ，かなり欲張った内容となり，説明が"浅く広く"となってしまった箇所もあった。これまで社会心理学にあまり触れたことがない読者には，不親切なつくりになっているかもしれないが，放送教材で補完していきたい。

　社会心理学は良くも悪くも"新しいもの好き"の学問であり，常に新たな研究対象や研究手法を模索している。しかしその軸足は，「人間の社会性」の探究にある。本書を通じて社会心理学の学問としての面白さを感じていただくとともに，自分自身のなかにある「社会性」に目を向けていただければ，著者として望外の喜びである。

2024年12月

森　津太子

目 次

1 | 社会心理学とは何か

《学習のポイント》
　はじめに，社会心理学がどのような学問であるかを概観する。学問の名称に冠された「社会」ということばが意味するものを手がかりにして，現代の社会心理学が扱う研究の範囲と歴史的歩みを探索する。
《キーワード》　社会，他者の存在，社会的動物，心理学的社会心理学，B=f(P・E)

----

1. 社会的動物としての人間

（1）社会心理学における「社会」

　社会心理学は，その名のとおり「社会」に関わる事象を研究している。しかし，ここでいう「社会」は，私たちが日常語として使用する「社会」とは意味するところがやや異なる。日常では，「社会」と言えば，人間の集団としての営み（例：社会生活）や，何らかの共通項を持った人の集まり（例：企業社会），現実の世界，世間（例：社会人）などを意味するが，社会心理学は，英語の social psychology の訳語であり，"social" は，「仲間」を意味するラテン語から派生した語である。したがって，何らかの意味での仲間，つまり他者の存在を仮定できる環境はすべて「社会」と見なすことができる。社会心理学が研究の対象とするのもこの意味での「社会」であるため，後述のように，社会を構成する他者は一人でもよいことになる。

（2）人間は社会的動物である

　「人間は社会的動物である」ということばを聞いたことがあるだろう。

これは，人間は自ずと社会を構築し，その中で生活を営む動物であるということを意味し，知の巨人と呼ばれるアリストテレスの言説に由来する。しかし，紀元前のものとは思えないほど，現代の私たちにも通用することばである。周辺を見渡せば，最新技術の多くも，スマートフォンや SNS（Social Networking Service）など，他者とのコミュニケーションを支援するツールやサービスに積極的に利用されている。かつては，技術が進むほど，人は他者とコミュニケーションをとらなくなると考えられていたが，むしろ現代の人々は片時も他者とのつながりを断絶したくないかのようにさえ見える。結局のところ，社会心理学の研究の目的は「社会的動物」である人間の探究に尽きるし，人間について探究すればするほど，人間は，社会的動物と呼ばれるに相応しい特徴を持っていることがわかる。本書を通じて，ぜひそのことを感じとってほしい。

（3）社会心理学の定義

　ゴードン・オルポート（Allport, G. W.）によるよく知られた定義では，社会心理学とは「他者が実際に存在したり，想像の中で存在したり，あるいは存在することがほのめかされていることによって，個人の思考，感情および行動がどのような影響を受けるかを理解し説明する試み」である（Allport, 1954）。つまり端的に言えば，社会心理学とは，「他者の存在によって，個人の心や行動がどのような影響を受けるか」を探求する学問と定義されている。

　ここで注目したいのは，社会心理学の定義でありながら，「社会」ということばが一度も出てこないということである。代わりに出てくるのは「他者の存在」ということばであり，オルポートの定義では，まさに先に説明したような，他者の存在を仮定できる環境を「社会」と見なしていることがわかる。実際，日々の生活の中でも，私たちは，たった一人の他者の存在によって，心が動かされたり，行動が変化したりすることがある。社会心理学は，こうした事象についても，なぜ，いつ，どのようにして起こるのかといった疑問に答えようとするのである。

　しかし，私たちの心や行動が他者の存在によって影響を受けるとき，

その他者は目の前に物理的に存在している必要はない。特定の人を思い浮かべるだけで心が乱されたり，人から見られているかもしれないと思うだけで行動がぎこちなくなったりした経験は，誰にでもあるだろう。オルポートの定義にある「想像の中で存在したり，あるいは存在することをほのめかされていること」というのは，このような目の前に存在しない他者のことを指している。つまり，私たちの心や行動は，他者がその場にいるかどうかにかかわらず，他者の存在によって影響を受けるのである。そこで社会心理学は，心の中にいる他者も含めて，他者の存在がもたらす影響を調べようとしている。

　ところで，私たちが他者の存在によって影響を受けるということは，私たちもまた，他者に影響を与えうる存在だということである。人は，他者からの影響は認識できても，自分が他者に影響を与えていることには案外，鈍感である。しかしこの事実は重要で，他者の存在による影響は，多くの場合，双方向なのである。社会心理学を学ぶことによって，他者から影響を受ける自分だけではなく，他者に影響を与える自分にも，自覚的になっていただければと思う。

　最後に，オルポートの定義に含まれる重要な要素として，社会心理学は，「個人の思考，感情，および行動」への影響に関心を向けることが挙げられる。すなわち社会心理学，少なくとも本教材で扱う「心理学的社会心理学（後述）」が着目するのは，一人ひとりの人間がもつ「個人の心」であり，集団心理や集合行動といった個人を捨象した「社会の心」ではないのである。この点については，後で改めて説明する。

2. 社会心理学の研究テーマ

（1）研究テーマと研究の水準

　社会心理学は幅広いテーマをその研究対象としている。Table1-1 は，『社会心理学ハンドブック』の目次である。社会心理学の黎明期に初版が出版されたあと，版を重ねている社会心理学の研究者にはよく知られたハンドブックである。社会心理学が扱うテーマが幅広く，多岐にわたっているということがわかるだろう。これらのテーマは，しばしば「個人

Table1-1 『社会心理学ハンドブック（Handbook of Social Psychology）』
第5版 (Fiske, Gilbert, & Lindzey, 2010)

パートⅠ：社会心理学の科学	19. 健康
1. 社会心理学の歴史	20. 実験的実存心理学
2. 実験室実験の方法	
3. 実験室外での社会心理学研究法	パートⅢ：社会的世界
4. 社会心理学におけるデータ分析	21. 進化的社会心理学
	22. 倫理性
パートⅡ：社会的存在	23. 攻撃性
5. 社会認知神経科学	24. 親和性，受容と所属
6. 社会心理学と身体性	25. 親密な関係
7. 自動性と無意識	26. 対人的階層
8. 動機づけ	27. 社会的葛藤
9. 情動	28. 集団間関係
10. 態度	29. 集団間バイアス
11. 態度と説得	30. 社会的公正
12. 対人知覚	31. 影響とリーダーシップ
13. 非言語行動	32. 集団の行動と遂行
14. 心の知覚	33. 組織の選好とその結果
15. 判断と意思決定	34. 政治的行動の心理学的基盤
16. 自己とアイデンティティ	35. 社会心理学と法律
17. ジェンダー	36. 社会心理学と言語
18. 社会心理学におけるパーソナリティ	37. 文化心理学

内」「個人間」「集団内」「集団間」「文化」といった水準に分けられる。

　このうち，「個人内」を水準とした研究では，私たちが身の回りの環境，とりわけ自他をどのように認識しているのか，といった問題が取り上げられる。読者のなかには，なぜこれが“社会”心理学なのかと不思議に思う人もいるだろうが，既述のように，社会とは他者が存在する環境であり，他者を含む周辺環境を，個人がどのように認識しているのか，また他者との関係において，その個人が自己をどんな人間と認識しているのかといった問題は，現代の社会心理学において極めて重要なテーマとなっている。本書でも，主にこの水準の研究を解説していく予定である。ただし，このような水準の分け方はあくまでも便宜的なものである。特に最近は，個人内の水準の研究が偏重されてきたことの反省から，複数

の水準のテーマを重層的に考えるマイクロ－マクロ（micro-macro）の研究も進んでいる。この点については，最終章でもとりあげる。

（2）心理学的社会心理学と社会学的社会心理学

　社会心理学（social psychology）は，社会学（sociology）と心理学（psychology）という2つの学問の境界領域に位置する学問ととらえられることがある。ただし，社会学的な立場からの社会心理学（これを社会学的社会心理学と呼ぶ）と，心理学的な立場からの社会心理学（これを心理学的社会心理学と呼ぶ）では，関心を向ける研究テーマが異なっていたり，仮に同じ研究テーマを取り上げても，研究のアプローチや分析のレベルが異なったりする場合が多い。心理学が主軸にある心理学的社会心理学では，他の心理学と同様に，個人の心に着目して種々の現象を分析していくが，社会学的社会心理学では，そうした社会現象の原因を社会構造や制度などの社会的文脈に求める傾向が強い。結果的に心理学的社会心理学は，社会学的社会心理学に比べてマイクロな社会を扱うことが多く，本書で解説する社会心理学が「個人内」の水準が中心なのは，心理学的社会心理学の概説書であるためでもある。後述するように，20世紀後半以降は，マイクロな社会を研究テーマとする心理学的社会心理学が優勢であり，現在の社会心理学は，社会学と心理学との境界領域というよりは，心理学の下位領域という色合いが強くなっている。そのため，単に「社会心理学」と表記されている場合，心理学的社会心理学のことを指すことが多い。

3. 社会心理学の歴史

（1）社会心理学の誕生

　記憶の研究で知られるエビングハウス（Ebbinghaus. H.）は，かつて心理学について，「その過去は長く，その歴史は短い」と述べた。心理学で取り上げられる問題は，はるか昔から深い関心が寄せられてきたが，学問分野として一人立ちをしたのはごく最近のことだという意味である。心理学の誕生年は，ヴント（Wundt, W. M.）がドイツのライプツィ

ヒ大学に世界で初めて心理学の実験室を開設した 1879 年というのが定説となっている。これは現代の心理学が実証性を重視し，人の心について検証する際，実験的手法を用いて，客観的データを収集，分析することを基本とするためで，実験室の創設はその象徴的な出来事と見なされている。したがって，心理学の歴史はまもなく 150 年を迎えるところで，哲学はもとより，医学，物理学などと比べても，はるかに後発の学問分野である。

　では，社会心理学の歴史はいかほどかと考えたとき，何をもって社会心理学の始まりとするかは難しい。心理学の歴史と同様に，社会的存在としての人間をめぐる言説は古代ギリシアに遡ることができ，冒頭で触れた「人間は社会的動物である」というアリストテレスのことばは，まさにその一つである。しかし現代的な意味での社会心理学が成立したのは，19 世紀の終わりないし 20 世紀の初めと考えるのが一般的である。心理学の実験室を開設したヴントは，この頃，「民族心理学」という社会心理学的な研究を並行して進めているし，フランスのル・ボン（Le Bon, G.）による「群集心理」の研究や，タルド（Tarde, J. G.）による「模倣」の研究，アメリカ心理学の父といわれるジェームズ（James, W.）による「自己」の分析が行われたのもこの頃である。さらには，進化論で有名なダーウィン（Darwin, C.）による表情や非言語的コミュニケーションの研究も，社会心理学的研究の一つに含めることができるだろう。

　心理学のように，具体的な学問の誕生年を，社会心理学にも求めるならば，次の 2 つが候補となる。1 つは 1898 年で，この年にトリプレット（Triplett, N.）が，社会心理学的な実験を初めて発表した（Triplett, 1898）。後述するように，他の心理学の領域と同じように，社会心理学も実証性を重視するため，社会心理学的な事象を実験によって検証し，報告したというのは，記念碑的な出来事といえる。トリプレットは，リールに糸を巻きつける課題を少年にさせたとき，単独で行うよりも，2 人で競争をさせたほうがより速くできるという結果を報告している。のちに，「社会的促進」と名づけられる現象である（第 2 章「社会的影響」参照）。

　一方，社会心理学の成立を 1908 年に求める研究者もいる（Allport, 1954）。これは，「社会心理学」という名を冠した本格的な概説書が初めて刊行された年で，偶然にも，心理学と社会学の 2 つの立場からそれぞれ著名な書籍が出版されている。前者は，イギリスのマクドゥーガル（McDougall, M.）による『社会心理学序説』（An Introduction to Social Psychology; McDougall, 1908）であり，後者はアメリカのロス（Ross, E. A.）による『社会心理学』（Social Psychology: An Outline and Source Book; Ross, 1908）である（実は日本では，これよりも早く 1906 年に徳谷豊之助が『社会心理学』と題した書を出版している）。

　ただし，同じ年に刊行された 2 つの概説書のその後の扱いは大きく異なる。たとえば，出版 100 周年となる 2008 年に，社会学者のロスの著した『社会心理学』に対しては，それを記念した会議が社会学者によって催されたが，心理学者のマクドゥーガルの著した『社会心理学序説』に対しては，心理学者はこれといった関心を示さなかった。これは，心理学者がもともと歴史にはあまり興味を持たない傾向があることに加え，マクドゥーガルの概説書が現代の社会心理学とはかなり毛色が違うことも一因だったと考えられる。マクドゥーガルは，『社会心理学序説』の中で，人間の社会的行動の動機を本能に求め，様々な本能を列挙したが，行動の原因に○○本能という名前を付けるだけでは，行動を説明したことにはならないとして，このような理論化の方法はその後，廃れていった。心理学的な社会心理学を志向する研究者が，マクドゥーガルの『社会心理学序説』にあまり関心を持たないのはこのためと考えられる。同年に刊行された社会学者のロスによる『社会心理学』に対しては，そもそも現代の社会心理学者が，社会心理学の概説書と認識していないという指摘もある（Oishi et al., 2009）。このような事情を鑑みると，1908 年を社会心理学の誕生年とするのは，適当でないかもしれない。

　現代の社会心理学には，心理学の学問的特徴が色濃く反映されており，それと反比例するかのように，社会学との関係は希薄化している。実際，アメリカで 1947 年から 1980 年までに書かれた社会心理学のテキストのうち，75％が心理学者の手によって書かれたものだったのに対し，

社会学者によるものは 22%,心理学者と社会学者の共著として書かれた
ものは 3%であったという (Jones, 1998)。 同様の傾向は, 学術誌にも
見られ, 社会心理学の研究を掲載する国際誌の多くが, 心理学系の学会
や組織から出版されている。事情は日本においても同じである。日本に
は, 社会心理学を冠した学術誌を発刊する学会が 2 つある。1 つは『実
験社会心理学研究』を刊行する日本グループ・ダイナミックス学会 (1949
年設立) で, いま 1 つは『社会心理学研究』を刊行する日本社会心理学
会 (1960 年設立) だが, いずれも会員のほとんどは心理学の専門家で
ある。

(2) 現代の社会心理学

　前節で説明したように, 現代の社会心理学は心理学的な社会心理学で
あり, 社会学と心理学の境界領域というよりも, 心理学の下位領域とし
て認識されることが一般的になっている。それを前提としたとき, 現代
の社会心理学において, 重視される 2 つの事柄を, 最後に確認してお
きたい。

　1 つは実証性である。すなわち, 現代の社会心理学においては, 確か
な客観的証拠によって理論や仮説, 命題を検証し, その真偽を問うとい
う姿勢が求められる。社会心理学が研究対象とするのは, 社会のなかで
日常生活を営む人間, すなわち私たち自身である。そのため, 研究テー
マの多くは, 日常の経験や現実の事件といった身近な出来事から着想を
得たものである。また, そこで掲げられたリサーチ・クエスチョンには,
すでに"先人の知恵"や"一般常識"という答えが用意されていること
も珍しくない。 しかしその答えが, たとえもっともらしかったとして
も, 実証されるまでは, 社会心理学の知見とすることはできない。

　実証性の手段として, 最もよく用いられるのは「実験」である。心理
学における「実験」がどのようなものか, その詳しい説明は, 心理学研
究法の解説書など他書に譲るが, 実験という研究手法を用いることで,
先入観や常識にとらわれることなく, 検証すべき事柄の真偽を問うこと
や, 事象間の因果関係を追究することができる。また, 実験を行うこと

の利点には，焦点となる問題を調べるための場面を人工的に構築できることが挙げられる。たとえばある行動について調べようとするとき，それを現実場面で検証しようとすれば，調べたい行動が起きるのをひたすら待ち続けなければならない。また，たとえそれが可能だったとしても，現実の世界は，さまざまな要因が交絡し，ある行動が何によって引き起こされたのかを特定することは極めて難しい。一方，実験は，調べたい行動が起きるような場面を，意図的，人工的に作り出すことで，その行動について詳細に観察したり，その行動が引き起こす原因を絞り込んだりすることができる。

　ここで注意したいのは，現実の場面を実験の場に忠実に再現することは大抵の場合，不可能だし，忠実に再現することが重要なわけでもないということである。むしろ検証すべき事象と無関係な要因は積極的にコントロールすることで，絡み合った糸を解きほぐすように交絡要因を取り除くことが可能になり社会的動物としての人間の本質を見極める近道となる。しかしこれは決して容易なことではない。そのため，検証したい事象を過不足なく再現した実験環境をいかに構築できるかが，社会心理学者の腕の見せ所でもある。実験だけが，社会心理学で利用される研究法ではないが，創意工夫を凝らした実験は，社会心理学の華でもあるので，本書でも，多くの実験を紹介する予定である。

　現代の社会心理学において2つ目に重要なのは，主たる関心の対象は，「社会の中で生きる個人の心」であって，「社会の心」ではないということである（唐沢・戸田山，2012）。ここでいう「社会の心」とは，集団心（group mind），つまり「集団としての心」のことを指し，その集団を構成する個人の心だけでは説明できないような心のことを指す。たとえば，「不正はその組織の体質から生まれた」などと言う時，この組織は全体として一つの心をもっているかのようである。そのような「社会の心」の存在は感覚的には受け入れられやすいが，検証することは難しい。むしろ一見すると，「個人の心」には還元できないような集団行動であっても，個人の心の働きを丹念に調べていくことで，そして個人の心が織りなすダイナミクスを分析することで，そうした問題は解決しう

ると考えるのが，現代の社会心理学の基本的な立場である。本章の初め
のほうで，オルポートによる社会心理学の定義を紹介した際，現実に存
在する他者からの影響だけでなく，想像上の他者からの影響も社会心理
学の研究対象だと説明したが，このような定義は，社会心理学が，早い
段階から「個人の心」に焦点をあてた学問であることを表しているとも
いえる。

　ただし，個人の心に着目するという現代の社会心理学の志向性は，こ
の定義では，カバーしきれない範囲にまで研究を拡大している。という
のも，オルポートの定義では，個人の心は，社会（他者の存在）から一
方的に影響を受けるものであるかのように表現されているのに対し，現
代の社会心理学では，そこに相互作用を仮定しているからである。シェ
リー・テイラー（Taylor, S. E.）によれば，社会心理学者は，今日に至
るまで，次の2つの点に合意し，関心を向けてきた（Taylor, 1998）。1
つは「個人の行動は環境，特に社会的環境に強い影響を受ける」という
ことであり，もう1つは「個人は社会的状況を能動的に解釈する」とい
うことである。すなわち社会心理学は，「私たちが社会からどのような
影響を受けているのか」という，社会から個人へと向かう過程（社会→
個人）と，「私たちが社会をどのように認識しているのか」という個人
から社会へと向かう過程（個人→社会）の2つを研究対象とする学問と
考えることができる（唐沢・戸田山，2012）。

　これは言い換えれば，私たちの心が社会からどのような影響を受ける
かは，私たちがその社会をどのように解釈するかに依存するということ
である。このことは，「社会心理学の父」とも呼ばれるクルト・レヴィ
ン（Lewin, K.）が定式化した，いわゆるレヴィンの公式で次のように
表される。

$$B=f\ (P, E)$$

　この式において B は行動（behavior），P は人（person），E は環境
（environment）を表す。つまり，人間の行動は人と環境との関数によっ
て規定されるということである。

引用文献

Allport, G. W. (1954). The Historical background of social psychology. In G. Linzey (Ed.), *Handbook of Social Psychology* (1st ed. Vol. 1). NY: Random House. pp. 3-56.

Fiske S. T., Gilbert, D. T., & Lindzey, G. (2010). *Handbook of Social Psychology.* (5th ed.). Hoboken. NJ.: John Wiley.

Jones, E. E. (1998). Major developments in five decades of social psychology. In D. T. Gilbert, S. T. Fiske, & G. Lindzey (Eds.) *Handbook of Social Psychology* (4th ed. Vol. 1), NY: McGraw-Hill. pp. 3-57.

唐沢かおり・戸田山和久（編）(2012).「心と社会を科学する」東京大学出版会

McDougall, W. (1908). *An introduction to social psychology.* London: Methuen.

Oishi, S., Kesebir, S., & Snyder, B. H. (2009). Sociology: A Lost Connection in Social Psychology. *Personality and Social Psychology Bulletin*, 13, 334-353.

Ross, E. A. (1908). *Social psychology: An outline and a source book.* New York: Macmillan.

Taylor, S. E. (1998). The social being in social psychology. In D. T. Gilbert, S. T. Fiske, & G. Lindzey (Eds.), *Handbook of Social Psychology* (4th ed. Vol. 1). NY: McGraw-Hill.

Triprett, N. (1898). The dynamogenic factors in pacemaking and competition. *American Journal of Psychology*, 9, 507-533.

研究課題

1．社会心理学とはどのような学問だと考えられるか。本章の内容を元にして自分なりにまとめてみよう。
2．図書館や書店で「社会心理学」というタイトルがついた書籍を探し，どのようなトピックが取り上げられているかを調べてみよう。

2 | 社会的影響

《学習のポイント》
　他者の存在が及ぼす影響は社会的影響と呼ばれ，特に初期の社会心理学において，数多くの研究が行われてきた。社会的促進，同調，傍観者効果を例に，人は「社会」からどのような影響を受け，またそれはなぜなのかを考える。
《キーワード》　社会的影響，社会的促進，同調，規範的影響と情報的影響，傍観者効果

---

1. 社会的促進

　第1章で解説したように，社会心理学は，第一義的には，「私たちが社会（他者の存在）からどのような影響を受けているのか」を探求する学問である。実際，初期の研究では，私たちの思考，感情，行動が，他者の存在によってどのように左右されるのかという，社会的影響（social influence）の研究が主流だった。

　最初の社会心理学の実験とされるトリプレットの研究 （Triplett, 1898）も，社会的影響を扱ったものである。トリプレットの研究は，彼の趣味だった自転車競技において，競技者が単独で走行する場合より他者と一緒に走行する場合のほうがタイムが速いと気づいたことに始まる。そこで，まずは実際の自転車競技会の公式記録を分析して，他者と一緒に走るほうが，成績が向上していることを確認した。つづいて彼は，リールに糸を巻きつけると，巻きついた分だけ旗が進む実験器具を自ら開発すると，それを使って，少年らを対象に実験を行った。旗がゴールにたどり着くまでのタイムを，糸巻きを単独で行う場合と2人で競争する場合とで比較したのである。その結果，単独試行よりも競争試行でよ

り速いタイムを出す子どもの数が多いことが明らかになり，他者の存在は個人の成績を促進すると結論づけた。また，競争試行で速いタイムが出たのは，動機づけが上昇したためだと推察している。

　トリプレット自身には，これが社会心理学の研究だという認識が，当時はなかったと思われる。しかし，他者の存在が個人の行動やその背後にある心の働きに影響を与えることに着目したという点，またそのことを，自ら考案した実験によって実証したという点において，現代の社会心理学者の視点からは，極めて社会心理学的な研究と捉えることができる。実際，トリプレットの研究以降，他者が存在することで個人の遂行成績が向上するという現象は繰り返し確認されており，社会的促進（social facilitation）と名付けられている。社会的促進は，トリプレットの実験のように，同じ課題を他者と同時に行う場合に起こる（共行為効果）だけでなく，ただの観察者として，他者が存在するような場面でも起こる（観衆効果）ことが知られている。

　一方で，研究が進むにつれ，他者の存在が個人の遂行成績を低下させる場合があることも報告されるようになった。この現象は，社会的抑制（social inhibition）と呼ばれている。後にザイアンス（Zajonc, R. B.）は，それまでに行われた関連の研究を幅広くレビューし，他者の存在は，行動へと駆り立てる動因や覚醒水準を上昇させるため，当人が持つ反応レパートリーのなかで上位にある反応（優勢反応）が出現しやすくなると結論づけている（Zajonc, 1965）。つまり，慣れている作業や単純で易しい課題など，普段から失敗が少ないことであれば，他者の存在によって遂行が促進されるが，慣れていない作業や複雑で難しい課題の場合には，遂行が抑制されるということである。なお，社会的促進や社会的抑制のプロセスについては，ザイアンスの提唱する動因説以外にも，他者から評価されることへの懸念（評価懸念）が介在しているという説や，他者の存在によって注意が散逸することが関与しているといった説などがあり，一つの説で説明できるものではないようである。しかし，単純な課題では社会的促進が，複雑な課題では社会的抑制が起きやすいというザイアンスの指摘は，約20年後に行われたメタ分析でも支持されている

(Bond & Titus, 1983)。また社会的促進や社会的抑制という現象そのものは，人間以外の動物（ニワトリ，ラット，アリ，ゴキブリなど）にも見られるかなり普遍的なものとされている。

2. 同調

（1）アッシュの実験

　社会的影響の例として次に紹介するのは同調で，アッシュ（Asch, S. E.）による意見の同調（conformity）に関する実験は特に有名である（Asch, 1955）。この実験をより深く理解するために，まずは Figre 2-1 に示した 2 枚のカードを見て，左のカードに描かれた線分と同じ長さのものを，右のカードに描かれた 3 本の線分から選んでほしい。

　これは，アッシュの実験で使われた図を模したものだが，おそらくほとんどの人は正しい答え（「2」の線分）を選ぶことができただろう。実際の実験でも，同様の問題を個別に実施した場合には，正答率は 99％以上であった。しかし同じ問題を次のような状況で答える場合はどうだろうか。

　あなたは先ほどと同じように左の図に描かれた線分と同じ長さのものを，右の図に描かれた 3 本の線分から選ぶように求められている。しかし今度は，この問題に答えるのはあなただけではなく，あなたのほかに6 人が，座席の順番で答えることになっている。あなたが答えるのは 7 名中 6 番目，最後から 2 番目である。自分が答える番を待っていると，奇妙なことが起きる。あなたは正答が「2」の線分だと思っているが，1

Figure 2-1　アッシュの実験で使用された問題を模した図

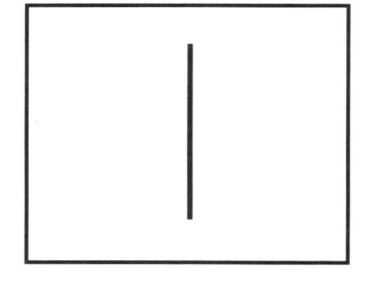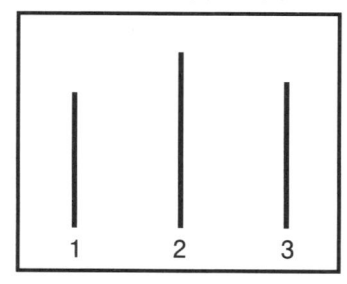

Figure 2-2　アッシュの実験の結果（Asch, 1955）

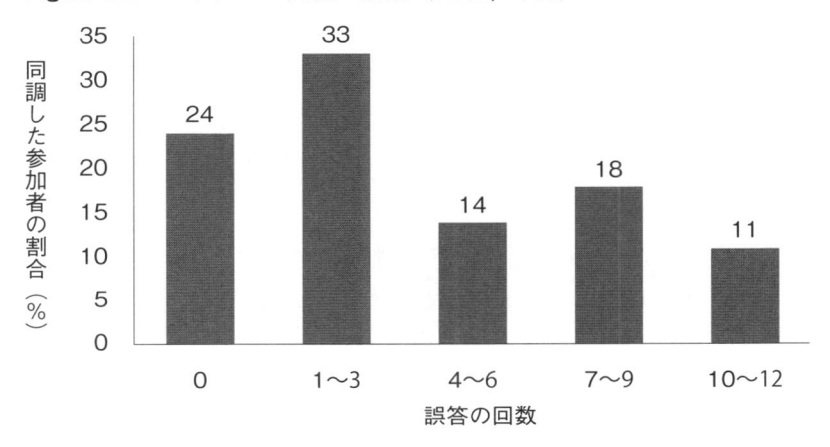

番目の回答者は「1」と答えるのである．そして，続く 2 番目以降の人も同じように，「1」と答えていく．さて次は，あなたの順番である．あなただったら，どう答えるだろうか．

　すでにお気づきのように，「1」と回答した人は，実験の協力者（サクラ）である．アッシュの実験では，真の実験参加者 1 名を除いては，すべてがサクラで，あらかじめ決まったタイミングで誤答をするように示し合わせていた．ではこのような状況におかれたとき，人はどのような行動をとるのだろうか．自分の考えを貫き，自分が正しいと思う答えを言うのか，それとも他者の意見に合わせる（同調する）のか，それを明らかにすることがこの実験の狙いである．

　アッシュが行った複数の実験のうち，最も典型的な実験では，18 問のうち 12 問でサクラが同じ誤答をした．その結果，実験に参加した 50 名の真の実験参加者のうち約 3/4 は，1 回以上，サクラの意見に同調した．同調した回数は実験参加者によってさまざまだったが（Figure 2-2），最後まで自分の意見を貫き通した人は 1/4 ほどしかいなかった．

（2）シェリフの実験

　アッシュの実験のように，正解が明らかな課題で同調が起こるのであれば，答えが曖昧な課題では，同調はより顕著に起こると考えられる

だろう。アッシュの実験よりも前に行われたシェリフ（Sherif, M.）に
よる自動光点運動の実験では，そのことが明確に示されている（Sherif,
1936）。自動光点運動とは，真っ暗な部屋の中で，小さな光点を凝視し
ていると，本当は静止していても，次第に動いているかのように見えて
くる現象のことである。シェリフはこれを利用して，次のような実験を
行った。

　まず，参加者を一人ひとり暗室に入れ，光点がどの程度，移動してい
るかを繰り返し判断させた。すると，人によって動いているように見え
る距離には違いがある，すなわち個人差があることが明らかになった。
次に，移動距離に違いがある参加者を2名または3名1組のグループ
にして，同時に暗室に入ってもらい，光点の移動距離を口頭で順に答え
てもらった。アッシュの実験と同じように，他者の回答が耳に入る状態
で，各人に判断を求めたのである。その結果，順に回答することを繰
り返すにつれ，当初は個人差が大きかった移動距離が，次第に一定の範
囲内に収まるようになり，そのグループに固有の値となった（Figure
2-3）。アッシュの実験とは異なり，この実験では真の実験参加者を誘導
するサクラは存在しなかったが，参加者が互いの答えに同調したことで
値が収束したと考えられる。

　この現象は，集団の中で規範ができていく過程になぞらえることがで
きる。ここでいう規範とは，ある集団内ですべき，あるいはすべきでな
いとされる行動や判断の基準のことであり，規則や法律のように明文化

Figure 2-3　シェリフの実験の結果（Sherif, 1936）

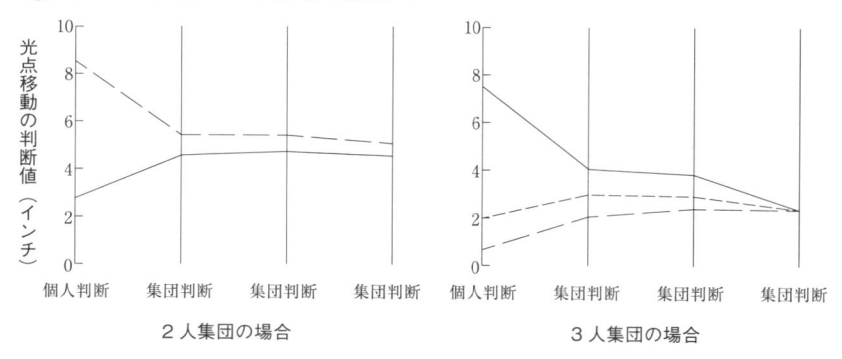

されたものだけでなく，暗黙のうちに集団内に共有されている社会規範も含まれる。集団を構成するのは様々な価値観や個人的背景を持つ人々である。したがって，社会規範は最初からあるわけではなく，ちょうどシェリフの実験のように，互いが互いの意見を参照する中で，次第に誰もが許容できる暗黙の規範が形成されていく。卑近な例でいえば，特定の対象（タレント，スポーツ選手，本，映画など）への評価（第 6 章「態度と行動」参照）も，このような過程の中で収斂していく。一人ひとりの好みはばらばらでも，集団内で各人が自分の好みを表明するうちに，集団としての好みや評価ができあがっていくわけである。

　興味深いことにシェリフの実験では，グループで判断をした後，もう一度，個人で光点の移動距離を判断する機会を設けても，所属していたグループの判断が維持される傾向が見られた。当初は個人差があったはずの判断が，集団の中で一旦，収束したことで，その後は，集団の判断が個人に取り込まれたのだと考えられる。社会規範も，このように維持されていくのだと考えられる。

（3）規範的影響と情報的影響

　では，同調はなぜ起きるのか。その理由は，規範的影響と情報的影響という 2 つに分けて考えるとわかりやすい。

a. 規範的影響

　すでに述べたように規範には明文化されたもの以外に，暗黙のうちに集団内に共有された社会規範が含まれる。たとえば，会社は 17 時で終業することになっていても，残業をすることが暗黙の掟となっていれば，一人だけ定時に帰宅することは難しい。そのため，その日にすべき自分の仕事が終わっていても，同僚に合わせて残業をすることになる。

　このような同調が起きるのは，社内で共有されている暗黙の規範を無視すれば，他のメンバーから非難されたり，排斥されたりする可能性が予測されるからである。人は一般に，他者から好かれたい，嫌われたくないという動機を持っており，そのために，他者が受け入れてい

る行動や判断に同調すると考えられる。これを規範的影響（normative influence）という。日常の例をさらに挙げるなら，友人と居酒屋などに行ったとき，自分以外が「とりあえず，ビール」などと言うと，別の飲み物を注文することがためらわれ，つい合わせてしまう。これも，暗黙の規範を破ることへの気まずさから生まれる同調と考えられる。アッシュやシェリフの実験は，互いに面識がない集団で行われたが，集団のメンバーが既知の間柄であったり，親しい仲間同士であったりした場合には，規範的影響の力はさらに強まることが知られている。

b. 情報的影響

　同調は，別のかたちでも起こりうる。馴染みのない場所で昼食をとろうとしたとき，客がたくさん入っている店とまったく入っていない店があったら，入りたくなるのはどちらだろうか。おそらく時間の余裕さえあれば，混んでいる店のほうに入りたいと思うだろう。これは，多くの人が選んでいる店であれば美味しい料理が提供されるに違いないという推測が働くためである。人はどのようなことであれ，その場面において適切な判断をしたいという動機を持っている。しかし自身では適切な判断をするための情報を十分に持ち合わせていない場合，他者の行動は有用な情報になる。すなわち，より適切な判断をしようとするがために，他者の行動に同調しがちになるのである。これを情報的影響（informative influence）という。行列ができるお店にはさらに人が集まってくるのも，コンサート会場に行く際，道がわからなければ，とりあえず多くの人が向かっている方向について行ってみるのも，情報的影響によるものと考えられる。

3. 傍観者効果

　社会的影響は，より緊迫した場面で，私たちの行動を誘導する可能性も指摘されている。このことを説明するために，まずは，1964 年 3 月にニューヨークで起き，社会問題化したキティ・ジェノヴィーズ事件のあらましから見てみよう。

（1）キティ・ジェノヴィーズ事件

　これは，キティという愛称で呼ばれたキャスリーン・ジェノヴィーズという名の女性が，深夜，自宅アパート前で殺害された事件である。当時 20 代後半だったキティは，帰宅途中，自宅のそばで暴漢に襲われ，その後 30 分以上にわたって執拗に暴行された。現場は住宅地であったことから，報道によれば 38 名の住民が，何らかのかたちでこの事件に気づいていたとされる。しかし女性の悲鳴を聞き，部屋の電灯をつけたり窓を開けて様子をうかがったりした住民はいたものの，彼女が息絶える寸前までキティを助けようとしたものはおらず，警察に通報する人さえいなかったとされたため，当時，大きな社会問題となった。

　この事件は，最近になって新たな事実が明らかになってきており，現実には事件に気づいていた人はもっと少なかった可能性や，キティを何とかして助けようとした人がいたことも指摘されている。そのため，事実が誇張され，センセーショナルに報道されたことは否定できない。しかし重要なのは，程度の差こそあれ，類似の事件は各所で起きているということである。日常を振り返っても，駅や繁華街など，人が集まる場所でうずくまっている人を見かけたとしても，すぐに駆け付けて手助けができる人はまれだろう。

　そして，この種の事件が起きたとき，真っ先に槍玉に挙がるのは，援助をしなかった人々の「冷淡さ」である。キティ・ジェノヴィーズ事件では，事件の報道がされると，ニューヨークという都会に住む人々の冷淡さや他者に対する無関心が悲劇を生んだ原因とされ，強い非難の声があがった。そして，事件を報道で知った人の多くは，「自分がその場にいたら，すぐに警察に通報したのに，都会の人は（その地域に住む人たちは）なんと冷たいことか」とあきれたのである。

　しかし原因は，周囲の人々の冷淡さに帰属される（第 7 章「原因帰属」参照）べきものなのだろうか。評論家を含めた多くの人々が，事件の傍観者の責任を追及するなか，社会心理学者のダーリー（Darley, J.）とラタネ（Latane, B.）は，この事件を理解する上での前提がそもそも間違っていると考えた。つまり「38 人もの人が気づいていながら，誰

も助けなかった」のではなく「38人もの人が気づいていたからこそ，誰も助けなかった」のだと彼らは考えたのである。言い換えれば，傍観者が多いほど，援助行動は抑制されるだろうというのが彼らの仮説であり，次のような実験を通じて，このことを実証しようとした（Darley & Latane, 1968）。

（2）ダーリーとラタネの実験

実験参加者は，大学で初歩の心理学の授業を受講する学生で，実験室に到着すると，これは大学生が直面する個人的問題を知るための研究だと伝えられた。これは偽の目的であり，この研究の真の目的は，彼らが他者を援助すべき事態に直面したとき，どのような行動をとるかを調べることだった（このような実験操作をデセプションという）。実験は，複数の参加者がグループになって行うと伝えられるが，プライベートな問題について話をしてもらうため，各自が率直に話せるよう，参加者はそれぞれ別の個室に入り，ヘッドホンとマイクを使って会話をすると説明された。この際，参加者は，話し合いをする仲間が，ほかに1名いると伝えられる場合（参加者本人を含め2名のグループ），2名いると伝えられる場合（3名のグループ），5名いると伝えられる場合（6名のグループ）のいずれかの条件にランダムに割り当てられた（参加者は，自分がどの条件に割り当てられているかを知らない）。参加者にはさらに，マイクを通じて話をできるのは一度に一人きりであり，順にマイクが2分間オンの状態になるので，その間に話をすること，つまり誰かが話をしているときには，他の参加者は話ができないことが説明された。ただし，現実に実験に参加していたのはこの参加者のみで，別室にいるはずの他の参加者の声は，すべてあらかじめ録音されたテープによるものであった。

このようにして実験が始まると，1巡目は問題なく進むが，2巡目に入ったところで，別室にいる1人が話の最中に発作を起こし，苦しむ声がヘッドホン越しに聞こえてくる。助けを求めており，このまま放置すれば，危険な状態に陥りそうだが，マイクはオンの状態になっている人

Table 2-1　ダーリーとラタネの実験の結果 (Darley & Latane, 1968)

グループの大きさ	実験参加者数	発作中に報告した者の割合	制限時間内に報告した者の割合	報告までに要した時間
2 名 (参加者と病人)	13 名	85%	100%	52 秒
3 名 (参加者と病人と未知の 1 名)	26 名	62%	85%	93 秒
6 名 (参加者と病人と未知の 4 名)	13 名	31%	62%	166 秒

しか利用できないため，別室にいるこの病人に直接，話しかけることはできない。また，他のメンバーがこの事態にどのような反応をしているかもわからない。したがって，参加者がこの病人を助けようとするなら，まず自分の部屋から出て，廊下に待機している研究スタッフにこのことを報告しなければならない。もちろん，この発作はサクラによる演技（あらかじめ録音しておいた声の再生）だったが，実験参加者にはそのことが知らされていなかった。

　では，このような緊急事態において，病人を助けるために，部屋を出てスタッフに報告しようとした参加者はどれくらいいただろうか。また部屋を出た場合，緊急事態に気づいてから報告までにどれくらいの時間を要しただろうか。なお，制限時間は 4 分であり，それを過ぎても部屋から出てこない場合には，報告はなかったとした。結果は，Table 2-1 に示したとおりである。グループが真の実験参加者と病人の 2 名だけだった場合，すべての参加者が制限時間内に部屋を出て緊急事態を報告した。また部屋を出るまでに要した時間も平均で 1 分以内と非常に早かった。ところが，グループの人数が増えるにつれ，つまり真の参加者以外にもこの事態に気づいていると思われる人（傍観者）の数が増えると，部屋を出て報告する人の割合は減り，また報告までにかかる時間も長くなった。

（3）傍観者効果の発生に関与する要因

　傍観者の数が増えると援助行動が抑制される現象は，傍観者効果（bystander effect）と呼ばれている。そして，傍観者効果の発生には，次のような要因が関与していると考えられている。

a. 責任の分散

　1つ目は，責任の分散（diffusion of responsibility）である。私たちは，誰かが援助を求めている場に出くわすと，その人を助けなければならないという責任を感じるが，その現場に自分以外の傍観者がいる場合，責任は他の人にもあるはずだと感じる。さらに，傍観者の人数が多ければ，一人あたりにかかる責任の程度は小さく感じられ，自分が助けなくてもほかの誰かが助けるだろうとか，その場面において自分よりも援助に適した人がいるはずだといった考えに陥りやすい。また責任の分散は，非難の分散の裏返しでもある。援助を求めている人がいることを自分しか知らない場合には，それを無視して大事に至った時に，非難を一身に浴びることになる。しかし自分以外にも，現場に居合わせた人がいて，さらにその人数が多ければ，非難されたとしても，その程度は小さく感じられるだろう。このように傍観者が増えれば，それに応じて責任や非難が分散されるため，援助行動が抑制されるのだと考えられる。

b. 評価懸念

　2つ目に考えられるのは評価懸念（evaluation apprehension）である。これは，文字どおり他者からの評価を気に懸けることを指し，援助行動に限らず，私たちは常に自分の行動が他者の目にどう映るかを気に懸けている。したがって，その場面において自分がとるべき行動が明らかでないとき，即座に特定の行動をとることにはためらいが生じる。たとえば先に示した実験では，苦しんでいる声が聞こえても，動揺をしているのは自分だけで，他の人はそのまま静観すればよいと思っているかもしれないし，そうだとしたら，部屋を出てそれをスタッフに報告することは，実験を中断する迷惑な行為だと思われるかもしれない。このような

懸念は，自分の行動を見ていると思われる人の数が多いほど大きくなるため，傍観者効果を助長する。なお評価懸念は，規範的影響と関係が深い。先走った行動は，その場の暗黙の規範を破る可能性があるためである。つまり，よかれと思ってとった行動でも他者からの非難や排斥を招く可能性が予期されるため，傍観者が大勢いる状況では，援助行動が抑制されやすいのである。

c. 集合的無知

　3つ目の要因には集合的無知（pluralistic ignorance）が挙げられる（多元的無知と訳されることもある）。その場において，とるべき行動が明白でないとき，私たちは周囲の他者に情報を求める。これは，情報的影響として説明したとおりである。ダーリーとラタネの実験は個室で実施されたため，他者の行動を参照することはできなかったが，たとえば，多くの人が行き交う場で，うずくまっている人を見かけたときには，駆け付けて本人に声をかけるよりも前に，まずは周囲の人たちの振る舞いを観察し，自分がとるべき行動を考えるのではないだろうか。

　しかしこのような状況において，そこでとるべき行動を周囲の人々が知っていることはまれである。その結果，その場に居合わせた誰もが周囲の他者に判断の拠り所となる情報を求めるということが起こりうる。このとき，多くの人は露骨に周辺他者の様子を観察するわけではない。評価懸念も働くため，立ち止まって周りをきょろきょろと見渡したり，通りがかりの人を捕まえて意見を求めたりする人は，まずいないだろう。うずくまっている人のことを内心ではとても心配していても，表面的には平静を装って周囲の様子を確かめる。緊急事態であれば，周囲の人々は相応の反応をしているはずだと考えるわけである。しかし誰もが同じように考えていたとしたらどうだろうか。たとえば，あなたのそばにいた人が，あなたの様子から状況を判断しようとしたとき，平然としたあなたの様子を見て，これは緊急事態ではないと確信することになるだろう。

　このように，傍観者が数多くいたとしても，それが緊急事態かどうか

を見極めることは難しい。しかし私たちはそのことに気づくことなく，自分がとるべき行動の手がかりを他者に求めてしまう。そして同じことを誰もがすることで，結局は，その状況を誰も正しく把握することができなくなってしまう。またそればかりか，むしろ特別な状況ではないと確認し合うことで，本来とるべき行動が抑制されてしまうのである。これが集合的無知という現象である。集合的無知が生じるのは，援助が必要な場面だけではない。たとえば災害が起き，避難が必要な状況でも，事態の深刻さを把握できていない人々が，互いの様子を確認して非常事態ではないという誤った認識をもち，逃げ遅れてしまうことなどが指摘されている。

　ところで，援助行動における傍観者効果の研究は，援助する側の立場から検討したものがほとんどである。そして，これらの研究では，緊急事態に他者が存在すると，一人でいるときよりも援助の手を差し伸べる可能性が低下するという傍観者効果が繰り返し示されている。しかしこれは，緊急事態に居合わせた少なくとも誰か一人が援助行動を行うという可能性を否定するものではない。

　最近行われた研究（Philpot et al., 2020）では，3つの都市（オランダのアムステルダム，南アフリカ共和国のケープタウン，イギリスのランカスター）で撮影された監視カメラの映像から自然発生した暴力事件219件を抽出し，そのトラブルを鎮める方向に働きかけた傍観者が一人でもいたかが調べられた。すると，それぞれの都市の治安や，安全についての認識が異なるにもかかわらず，どの都市においても9割の事件で，少なくとも一人の傍観者が介入する様子が観察された。加えて，傍観者の数が増えるほど，誰かが介入する可能性が高まるという傾向も見られた。

　傍観者が増えるというのは，援助できる人の数が増えるということでもある。その結果として，援助の手を差し伸べる人が少なくとも一人以上，現れたのだと考えられる。つまり，キティ・ジェノヴィーズ事件は例外的な事件で，実際にはその背後に，誰かが介入したことで未遂に終わった事件が数多く存在する可能性が示唆される。このことは，現実生

活で自分が被害者になったとき，誰も助けてくれないという不安を払拭するものである。同時に，なぜ人は，ときに危険をおかしてまでも，見ず知らずの他者を助けようとするのかという興味深い問いを投げかける（第 12 章「進化心理学と社会心理学」参照）。

　本章では，社会心理学の根源的な関心である「私たちが社会（他者の存在）からどのような影響を受けているのか」という問題について考えてきた。しかし前章の最後で説明したように，社会から個人へと向かう過程を追究するには，同時に「私たちが社会（他者の存在）をどのように認識しているのか」という個人から社会へと向かう過程，すなわち社会的動物である人間の認知過程がどのようなものかを理解することが不可欠である。

　実際，本章で紹介した社会的影響に関する知見の数々も，随所で認知の重要性がうかがえるものとなっている。たとえば，その場の状況に明るいと認識される人の行動ほど，情報源として利用される可能性は高まり，情報的影響による同調が起きやすくなる。また，嫌われても構わないと認識されるような人ばかりに囲まれていれば，規範的影響による同調は起きないだろう。一方で，第 6 章「態度と行動」で解説するように，自分が好きな人，あるいは好かれたいと認識している人たちに対しては，個人的な好みすら合わせる場合がある。社会的影響を考える際に重要なのは，客観的な現実以上に，当事者にとっての主観的な現実，つまり認知なのである。

引用文献

Asch, S. E. (1955). Opinions and social pressure. *Scientific American*, 193, 35-35.

Bond, C. F., & Titus, L. J. (1983). Social facilitation: A meta-analysis of 241 studies. *Psychological Bulletin*, 94, 265–292.

Darley, J. & Latane, B. (1968). Bystander intervention in emergencies: Diffusion of responsibility. *Journal of Personality and Social Psychology*, 8. 377-383.

Philpot, R., Liebst, L. S., Levine, M., Bernasco, W., & Lindegaard, M. R. (2020). Would I be helped? Cross-national CCTV footage shows that intervention is the norm in public conflicts. *American Psychologist*, 75, 66–75.

Sherif, M. (1936). *The psychology of social norms*. New York: Harper and Row.

Triprett, N. (1898). The dynamogenic factors in pacemaking and competition. *American Journal of Psychology*, 9, 507-533.

Zajonc, R. B. (1965). Social Facilitation, *Science*, 149, 269-274.

研究課題

1. 自分の過去の経験の中で，規範的影響によって同調した例や，情報的影響によって同調した例がないかを考えてみよう。

2. たとえば，宿泊しているホテルで火災報知器が鳴った場合に起こりうる集合的無知の状態を考えてみよう。

3. 自尊感情の低い人（第 8 章「自己」を参照）は同調しやすいという知見がある。その理由を考えてみよう。

3 | 社会的認知

《学習のポイント》
　社会的影響は，人が「社会」をどのように理解するかに依存している。これを検討するのが社会的認知研究である。その基礎となる情報処理アプローチと，社会的認知研究によって明らかにされた人間の情報処理の特徴を概観する。
《キーワード》　社会的認知，情報処理アプローチ，認知的倹約家，動機を持つ戦略家，二重過程モデル

1．社会的認知

　「認知（cognition）」とは，認識すること，理解すること，思考することなど，高度な知的活動を包括的に表す言葉である（道又，2003）。したがって，本章で扱う社会的認知（social cognition）とは，人間の社会性に関連する高次の心的活動を指すことばである。しかし「社会的認知」は，同時に，20世紀中盤に端を発する情報処理アプローチを取り入れた社会心理学の研究全般を指す用語でもある。社会的認知の研究者の国際的なネットワークである ISCON（international social cognition network）の公式ウェブサイトでは，社会的認知が次のように説明されている。

　社会的認知は，その研究内容に基づいた領域の名称というよりは，社会心理学を理解するためのアプローチのことを言う。つまり社会的認知は，社会心理学的現象の基礎にある認知過程を調べることによって，その現象を理解することを目的とした分析の水準を示している。社会的

認知アプローチの主要な関心は，社会的刺激の知覚，判断，記憶に含まれる過程や，社会的，感情的要因が情報処理に及ぼす影響，認知過程がもたらす行動的，対人的帰結である。この水準での分析は，社会心理学で扱うあらゆる研究内容に適用可能だろう。そこには，個人内過程のみならず，個人間，集団内，集団間の過程が含まれる。

　このように社会的認知は，社会心理学の下位の領域というだけでなく，多くの領域に汎用可能な研究アプローチという側面を持つ。その経緯は後ほど説明するが，ここではまず，社会心理学という学問が，もともと，心理学のなかでも，特に人間の認知に強い関心を抱いてきた分野だったことを強調しておきたい。この点についてザイアンスは，「社会心理学は かなり長きに渡って認知的であり続けてきた。実験心理学における認知革命以前から，ずっと認知的であったのである」と述べている（Zajonc, 1980）。

　実際，社会心理学の根幹を成しているのは，長きにわたって，態度，信念，ステレオタイプといった認知構造を表す概念や，態度変容，印象形成，原因帰属などの認知過程を表す概念である。また認知的斉合性理論（第6章「態度と行動」参照）のように，社会心理学において古典的ともいえる理論の名称に，"認知"ということばが使われているのも，社会的認知アプローチが登場する以前から，社会心理学には認知的な志向性があったことをうかがわせるものだろう。第1章で紹介したオルポートによる社会心理学の定義も，極めて認知的である。「他者が実際に存在したり，想像の中で存在したり，あるいは存在することがほのめかされていることによって，個人の思考，感情，および行動がどのような影響を受けるかを理解し説明する試み」という定義には，他者が目の前に実在しなくても，その存在を認識したり，他者について考えたりするだけで，社会的影響を受ける可能性が指摘されており，これは認知の重要性を強調したものと解釈することができる。

　このように，古くから認知への志向性を持った社会心理学ではあるが，認知の構造や過程を検証するための方法論を最初からもっていたわ

けではない。つまり後述する認知革命や，そのもとで発展した情報処理アプローチは，社会心理学的事象の基礎にある認知の構造や過程に強い関心を抱き続けてきた社会心理学者が，ようやく手にした方法論だったといえる。

2. 認知革命と情報処理アプローチ

（1）内観報告という方法

　既述のように，現代の社会心理学（心理学的社会心理学）は，心理学の下位領域としての色彩が濃いため，人間の心のしくみや働きに焦点を当てて実証的な研究を行っている。しかし，自然科学など，実証性を重んじる他の学問分野が，相応の測定機器を用いることで，研究対象を客観的に観察したり，操作したりするのに対し，心理学は，研究対象である「心」を，第三者が直に観察したり，操作することができない。そのため，心理学の歴史は，いかにして「心」というとらえどころのないものを客観的に測定，操作するかという方法論の歴史としても捉えることができる。

　心理学が誕生した当初，心のしくみや働きを調べるために，まず採用された方法は内観報告だった。これは，実験状況におかれた実験参加者に，心の内を自ら観察してもらい，それを言語で報告してもらうという方法である。他者の心の状態を知るために，その人にいま何を感じ，考えているかを尋ねるというのは，私たちが日々の生活のなかでもしていることであり，一定程度は有効な方法だといえる。しかし，これを科学的研究の手法と考えたとき，内観報告にはさまざまな問題がある。なかでも深刻なのは，報告された内容が，その人の心を正しく反映していない可能性があるということである。具体的には，次の3つの可能性が考えられる。

　第1に，内観報告をする本人が，自らの心の状態を，観察したとおりに報告しない可能性が考えられる。自分が感じ，考えていることを包み隠さずに第三者に報告することは，それ自体に抵抗を覚える人も多いだろう。まして，そのときに心に浮かんだことが社会的に望ましくないこ

とであった場合，報告される内容は，現実の心の状態とは大きく異なる
ものになるかもしれない。

　しかし，心の状態が正確に報告されないのは，報告者が偽りの報告を
する場合に限定されない。つまり，第2の可能性として，報告者本人は，
自ら観察した心の状態をありのまま報告しているつもりでも，それが現
実の心の状態を反映していないことが考えられる。人間の言動の多くは
自動化され，意識的な関与を伴っていない。そのため，自らの心であっ
ても，そのすべてを観察し，言語化することはもとより不可能である。
言い換えれば，心理学の研究法を内観報告のみに頼る場合，当人が言語
化できる心の状態に，研究の対象が限定されることになる。

　最後に第3の可能性として，心の状態を報告するために，自分の心を
観察するという行為それ自体が心の状態に影響を与えうる。自分の心を
自分で観察するのは，メタ認知と呼ばれる高次の心的活動である。実際
に試してみるとわかるが，心の状態に影響を与えることなく，自分の心
を観察するというのは，困難な作業であり，内観報告には相応の事前訓
練が必要である。

　このように内観報告には，その内容の信頼性や妥当性を脅かす問題が
多数存在する。しかし，得られた報告がどの程度，現実の心の状態を反
映したものかどうかを第三者が客観的に評価する術はないことから，内
観報告のみを頼りにした研究は，徐々に下火になっていった。現在も補
助的なデータとして内観報告を利用することはあるが，内観報告のみに
頼る研究はほとんどない。

（2）行動主義の台頭

　内観報告は，心の状態を観察することを目指すという意味で，紛れも
なく高次の心的活動（認知）に焦点を当てた研究法だったが，既述のよ
うな問題を含むことから，他の研究法が模索されるようになった。特に
20世紀初頭の心理学は自然科学に傾倒し，物理学的手法を取り入れた
精神物理学が発展した。

　その一方で，行動主義と呼ばれる立場が台頭し，なかでも，行動主義

的心理学の先駆者とされるワトソン（Watson, J. B.）は「心理学は行動の科学である」と宣言し，人間の行動はすべて刺激（S: stimulus）と反応（R : response）の単純な結合に還元できると主張した。そして「心」のように，第三者が客観的に観察できない対象は，科学的研究には相応しくないとして，心理学の世界から排除することを推奨した。その後，20世紀中盤までは，行動主義が心理学の世界を席巻することになる。しかし，「心なき心理学」という自己矛盾を含む立場は次第にほころびを見せ，認知革命（cognitive revolution; Gardner, 1985）と呼ばれる時代的潮流に飲み込まれることになる。

（3）認知革命

　認知革命とは，1950年代に始まった心理学を含む学際的な運動であり，「心」をもう一度，研究の俎上に載せようとする動きとして位置づけられる。ただし，認知革命は行動主義以前の心理学と同じ轍を踏んだわけではない。そもそも行動主義は，心理学をより科学的な学問にするという志の中で生まれたものであり，その取り組み自体が間違っていたわけではない。心という第三者からは観察不可能なものを，ただ当人の内観によって観察し，言語で報告するだけでは，客観性が保証されない。ならばいっそ他者から観察可能なものにのみ，研究の対象を絞ろうというのが行動主義の基本的な理念であり，その姿勢には一定の意義があったと言える。したがって，認知革命が単に行動主義を否定し，それ以前の心理学に回帰しようという動きでしかなかったのなら，心理学にも，社会心理学にも，これといった進展はなかっただろうし，認知革命と呼ばれることもなかっただろう。"革命"ということばが用いられたのは，これを機にある種のパラダイム転換が起きたからである。

　認知革命が起きた背景には様々なものが指摘できるが，特に大きな影響を及ぼしたのが情報科学の進展である。コンピュータに複雑な情報処理ができるようになると，人間をコンピュータ（情報処理システム）に見立て，人間の心のしくみや働きをコンピュータが行う情報処理過程になぞらえて考えるという研究アプローチが発展した。これを情報処理ア

プローチといい，やがて，このアプローチを採用した心理学の研究は，認知心理学という学問分野を確立するに至る。

　情報処理アプローチは，人間の心をコンピュータになぞらえるため，心のしくみや働きは情報科学の用語によって記述される。たとえば，情報の入力，出力といった言葉が使用されたり，記憶における記銘，保持，想起というプロセスが情報の符号化，貯蔵，検索といったことばで説明されたりする。また，このような人間の情報処理の過程は，流れ図（フローチャート），すなわち処理の系列として表現される。なお，この流れ図は，人間の高次の心の働き（認知機能）を抽象的に表現したモデルであり，想定された認知機能が実際に脳というハードウェアにどう具現化されているかは，また別の話である。つまり，情報処理アプローチによる心理学の研究は，あくまでソフトウェアとしての心の機能を検討することに主たる目的がある（道又，2003）。もっとも，第11章「脳神経科学と社会心理学」で紹介するように，近年は，脳の活動を容易に計測できる技術の発展により，両者を対応づける研究が爆発的に増えている。

（4）社会心理学への導入

　情報処理アプローチは，心理学のあらゆる分野に取り込まれたが，社会心理学では，その影響が特に大きく，社会的認知という研究領域が誕生するに至った。また冒頭で触れたように，社会的認知ということばが，単に人間の社会性に関連する高次の心的活動を指すのではなく，情報処理アプローチを取り入れた社会心理学の研究全般を指す用語として浸透するなかで，その地位を固めていったともいえる。アメリカの大学で社会心理学の教科書としてよく利用されている『ザ・ソーシャル・アニマル』という書籍がある。これまでに何度も改訂されているが，目次の構成は初版からほとんど変更されておらず，新たな研究成果やその時期に話題となった社会心理学的事象・事件を取り入れるという情報の更新が改訂の中心である。その中で唯一といってよい大きな変更は，第6版の改訂時に行われた「社会的認知」と題した章の追加だった（Aronson,

1992)。この事実一つをとっても，社会的認知研究が，社会心理学に与えた影響の大きさをうかがい知ることができる。

　社会的認知の研究がこれほどまでに受け入れられたのは，既述のような事情によるものと考えられる。つまり，社会心理学には，当初より認知的な志向性があったにもかかわらず，それを検証する手段を持ち合わせていなかった。社会心理学者の認知に対する強い関心と方法論とのギャップを埋めるものとして，社会的認知の研究は大きな発展を見せたのだと考えられる。

3. 社会的心理学にもたらしたもの

(1) 情報処理アプローチ導入による変化

　では，社会的認知研究が発展したことによって，社会心理学にはどのような変化が生まれたのだろうか。ここでは，次の2つの変化を挙げておきたい（Smith, 2000）。

　1つ目は理論における変化である。社会心理学の研究は，印象形成，態度，援助行動など，トピックごとに行われる傾向にある。そのため，個別の問題に対しては，説得力のある理論が構築できたとしても，他のトピックに関する理論との間に接点や共通性がなく，理論の拡張や統合が難しい。このような問題は，現代においてもなお，解消されたとは言い難いが，情報処理アプローチが導入されたことで，外形的には異なる社会心理学的事象の背景に共通した心のしくみや働きがあり，それは情報処理過程として記述することができるという理解が進んだ。これにより，異なるトピックに対しても，共通の概念や術語（テクニカル・ターム）が使用されるようになり，領域横断的な研究や理論の構築が進んだ。また，人間の心をコンピュータに見立てて理解するという情報処理アプローチは，コンピュータからの類推によって，人間の認知機能について仮説を立てるという，新たな研究の進め方を生むことになった。

　2つ目の変化は，方法論についてのものである。たとえば，課題遂行時の反応時間の測定や，記憶の量や正確さを測定する再生・再認テストなど，認知心理学において開発された実験手続きが，社会心理学に持ち

込まれ，人間の心のしくみと働きを検証するツールとして幅広く利用されることとなった。このような立場は，客観的な行動指標の測定にこだわることから，方法論的行動主義と呼ばれることもある。ただし，このような立場がかつての行動主義と異なるのは，行動主義が「行動」それ自体を研究対象とし，「心」を排除したのに対し，方法論的行動主義では，「心」に科学的に迫る手段として，「行動」を利用しているということである。つまり，「行動」という客観的に観察可能な手がかりを利用することで，その背後にあるはずの「心」をなるべく正確にモデル化していこうというのが，現在の認知心理学や社会的認知研究の立場だということができる。

　情報処理アプローチが導入されて以降，社会心理学の研究も，行動のように外側から観察可能な"結果"を探求するだけでなく，その結果が生み出される"過程（プロセス）"に着目したものが増えている。情報処理アプローチ導入以前の研究では，ある原因が，特定の認知的なプロセスを経て行動に影響を与えるという理論があったとしても，そのプロセスを直接，検討するような実験を計画することは難しかった。そのため，多くの研究は，原因と考えられる要因を実験的に操作し，それが行動に影響するかを調べるところまでで完結していた。つまり，そこで観察された結果のパターン（行動変化）が，理論から導き出される予測と矛盾しなければ，途中のプロセスも含めて，理論が支持されたと見なしていた。想定された認知プロセスに関する直接的な検証を行っていないため，実際には異なる認知プロセスが行動変化を導いた可能性もあるが，それを検証する手段を持っていなかったのである。

　それに対し，情報処理アプローチを取り入れた社会的認知研究では，原因と結果（行動）との間に介在するであろう認知プロセスを複数の段階に分けてモデル化し，その1つ1つをなるべく客観的な指標を使って検証することで，プロセス全体の妥当性を検証する。つまり，ザイアンスが言うように，社会心理学は認知革命以前から認知に対して強い関心を持っていたが，社会的認知研究が発展し，具体的な方法論を手に入れたことで，その傾向はさらに加速したのである。情報処理アプローチ導

入前後で起きた社会心理学の研究の具体的変化は，第 4 章「対人認知」のなかで改めて見ていくことにする。

（２）認知的倹約家と動機を持つ戦略家

　本書では，これ以降，情報処理アプローチ導入後の研究成果を中心に紹介していくが，その理解を深めるために，社会的認知研究を通じて，明らかになった人間の特徴について，あらかじめ説明をしておきたい。それは，人間は「認知的倹約家（cognitive miser）」であると同時に，「動機を持つ戦略家（motivated tactician）」であるというものである（Fiske & Taylor, 2020）。

　私たちの身の回りは，常に無数の情報があふれている。情報処理アプローチの考え方に基づけば，人間は，こうした情報を感覚器官から入力し，必要な処理を加え，行動として出力する。しかし，コンピュータと同じように，人間の情報処理能力には限界がある。つまり，自分を取り巻く情報をすべて入力し，それを逐一処理しようとすれば，すぐにオーバーフローしてしまうということである。

　また，情報処理には時間や労力というコストがかかるので，常に限界いっぱいの認知処理を行えば，あっという間にオーバーヒートしてしまう。そこで人間は，特別な必要性がない限り，情報処理には最小限の時間や労力のみをかけ，無駄遣いをしないよう努めていると考えられる。これが「認知的倹約家」というメタファの意味するところで，現実に，人間にはこのような傾向が見られることが，多くの社会的認知研究で確かめられている。

　しかし，いくら人間が認知的倹約家であるといっても，常に倹約ばかりをしているわけではない。普段は節約に勤しんでいる人が，自分にとって重要な買い物をするときには，価格よりも品質を重視し，時間をかけて注意深く吟味するのと同じように，人間は目的や状況に応じて情報処理にかけるコストを調節することが知られている。それを表現したのが，「動機を持つ戦略家」というメタファである。

　「認知的倹約家」が選ぶような認知的負担が軽い情報処理は，入力し

た情報に対して効率的な処理が行えるという点では軍配が上がる。しかし，このような情報処理を経て得られた出力結果は，合理性や正確性などの質を犠牲にすることも多い。一方で，出力結果の質を高めようとすれば，それだけ認知的な負担は重くなるため，認知的な負担と結果の質は，おおむねトレードオフの関係にあるといえる。こうしたことから，人間は，目的や状況に応じて，情報処理の仕方を変えていると考えられているのである。

（3）二重過程モデル

「認知的倹約家」と「動機を持つ戦略家」というメタファは，二重過程モデル（dual process model）と関係が深い。二重過程モデルとは，異なる特徴を持つ2つの情報処理過程が補完的に働くとするモデルである。情報処理過程の一つは，自動的過程（automatic process）と呼ばれるもので，a. 無自覚（行動の生起に，行為者の意識的関与はない），b. 非意図的（行動は行為者が意図したものではない），c. 効率的（行動の生起に，特別な努力や認知資源を必要としない），d. 統制不能（行為者が望む方向に，行動をコントロールすることが困難）を特徴とする（Bargh, 1994）。そしていま一つは，自動的過程とは対照的に，a. 自覚的，b. 意図的，c. 非効率的，d. 統制可能を特徴とする，統制的過程（controlled process）である（ただし，4つの特徴はあくまでも相対的なものである）。

二重過程モデルは，もとをたどれば，認知心理学のモデルだが，汎用性が高いことから，社会心理学が扱うテーマにおいて，広く活用されており，独自の発展を見せている，（Chaiken & Trope, 1999; Smith & DeCoster, 2000 Table 3-1）。たとえば，このあと第4章「対人認知」で紹介する印象形成の二重過程モデル，第6章「態度と行動」で紹介する精緻化見込みモデル，第7章「原因帰属」で紹介する特性推論モデルは，いずれも二重過程モデルをそれぞれのテーマに適用したものである。各々のモデルにおいて，2つの情報処理過程の名称や概念化の方法，2つの過程の関係性など，細かな点で相違はあるが，「認知的な労力の少ない，ヒューリスティックに基礎をおいたすばやい情報処理過程」と，

Table 3-1 代表的な二重過程モデル (Smith & DeCoster (2001) をもとに作成)

適用領域とモデル	低労力処理モードを示す用語とその特徴	高労力処理モードを示す用語とその特徴	処理モード間の関係に関する仮定
説得 Petty & Cacioppo (1981)	**ヒューリスティック** 情報源の魅力や，ポジティブ／ネガティブな評価を伴ったメッセージの長さのような顕現的な手がかりに関して学習した連合を使用する	**システマティック** 関連する情報を労力をかけて探索したり，議論を合理的に評価したりする	主観的な自信が特に強く求められ，かつ処理資源が利用可能な場合は，システマティックな処理がなされる； 2つのモードは同時に起きる
態度へのアクセス Fazio (1986)	**連合的アクセス** 反復対提示により，態度対象に結びついた評価が使用される	**態度の構成** 態度に関連した情報が探求され，集約される	強力に連合した態度が存在する場合は連合的な処理がなされる； いずれかのモードが働く
対人認知 Brewer (1988)	**カテゴリー化** 対象人物に顕現的なカテゴリー成員性（性，人種など）と結びついた情報と評価が使用される	**個人化** 複数の個人的特徴が処理され，集約される	個人化には，特別な動機づけ（相互依存性など）か，カテゴリーへの不適合性が知覚されることが必要である； いずれかのモードが働く
対人認知，属性推論 Gilbert (1989)	**対応推論** 対象人物について観察された行動に（意味的な類似性により）結びついた特性が使用される	**属性思考** 行動を引き起こした状況的原因など，属性に関連した情報の適用範囲を処理する	属性思考は認知容量を必要とする； モードは継時的段階を踏む； 属性思考は対応推論の後に起きる
社会的判断と修正 Martin, Seta, & Crelia (1990)	**自動的な文脈の影響** プライムや他の文脈的要因（ムードなど）が判断に影響する	**修正** 文脈的影響を検出し，それを修正したものへと判断を変更するために，属性思考がなされる	修正は，動機づけと認知容量のいずれもがある場合にのみ起きる； モードは継時的段階を踏む； 修正は文脈的影響を受けた後に起きる
ステレオタイプの使用と抑制 Devine (1989)	**自動的なステレオタイプ化** 過去の学習により対象集団に結びついたステレオタイプ的情報を適用する	**抑制** 対象集団に関する個人的な信念に労力をかけてアクセスし，ステレオタイプを乗り越えるために使用する	偏見の低い人は抑制に従事するよう動機づけられている； モードは継時的な段階を踏む； 抑制は自動的なステレオタイプ化の後に起きる

Smith & DeCoster（2000）を一部修正して作成

「労力の多い，システマティックな推論に基礎をおいた入念な情報処理過程」を仮定し，状況に応じてそれらが使い分けられるとしている点で共通している。ヒューリスティックとは，確実に正答にたどりつける保証はないが，だいたいはうまく物事を解決することができる方略や，直観的（直感的）で解決への道のりが短い方略のことである（第10章「行動経済学と社会心理学」参照）。すなわち，前節で取り上げたメタファと関連づけると，「認知的倹約家」である人間は，基本的には「認知的な労力の少ない，ヒューリスティックに基礎をおいたすばやい情報処理過程（自動的過程）」を好んで使用するが，人間は同時に「動機を持つ戦略家」でもあるので，必要があれば，「労力の多い，システマティックな推論に基礎をおいた入念な情報処理過程（統制的過程）」を使用するという考えが，どのモデルにも含まれているということである。

　なお，二重過程モデルは，自動的過程と統制された過程という2つの情報処理過程に着目したものだが，これらの情報処理過程を支えるシステムをそれぞれ「システム1（自動的過程）」，「システム2（統制された過程）」と呼ぶこともある（Table 3-2）。最近は，これらを脳の部位（第11章「脳神経科学と社会心理学」）や，進化の過程（第13章「進化心理学と社会心理学」）と対応づける試みもされている。以降の章でも，二重過程モデルはたびたび登場するので，記憶の隅に留めておいてほしい。

Table 3-2 システム1とシステム2の特徴

システム1	システム2
連想的	規則に基づく
全体論的	分析的
並列的	直列的
自動的	制御的
認知能力への負荷が比較的少ない	認知能力への負荷が大きい
比較的迅速	比較的遅い
高度に文脈依存	文脈から独立

（Stanovich（2004）より作成）

引用文献

Aronson, E. (1992). *The social animal (6th ed)*. San Francisco, W. H. Freeman.

Bargh, J. A. (1994). The four horsemen of automaticity: Awareness, intention, efficiency, and control in social cognition. In R. S. Wyer & T. K. Srull (Eds.), *Handbook of social cognition (2nd ed., vol.1)*. Hillsdale, NJ: LEA. pp. 1-40.

Chaiken, S. Trope, Y. (1999). *Dual-process theories in social psychology*. NY: Guilford Press.

Fiske, S. T.. & Taylor, S. E. (2020). *Social Cognition: From Brain to Culture (4th ed.)*. London: Sage.

Gardner, H. (1985). *The Mind's New Science: A History of the Cognitive Revolution*. NY: Basic Books. (佐伯胖・海保博之監訳 (1987) 認知革命産業図書)

道又 爾 (2003). 認知心理学：誕生と変貌　道又 爾・北崎充晃・大久保街亜・今井久登・山川恵子・黒沢 学 (著)　認知心理学：知のアーキテクチャを探る　有斐閣アルマ　pp.2-26.

Smith, E. R. (2000). *Social cognition*. In A. E. Kazdin, (Ed). *Encyclopedia of psychology* (Vol. 7). NY: Oxford University Press. pp. 324-329.

Smith, E. R., & DeCoster, J. (2000). Dual-process models in social and cognitive psychology: Conceptual integration and links to underlying memory system. *Personality and Social Psychology Review*, 4, 108-131.

Stanovich, K. E. (2004). *The robot's rebellion: Finding Meaning in the age of Darwin*. Chicago: University of Chicago Press.

Zajonc, R. B. (1980). Cognition and social cognition: A historical perspective. In L. Festinger (Ed.), *Retrospection on social psychology*. NY: Oxford University Press, pp. 180-204.

研究課題

1．社会的認知研究とはどのようなものかを説明してみよう。
2．人間をコンピュータと見なして研究をすることの長所と短所を考えてみよう。
3．自らの経験の中に，認知的倹約家と動機を持つ戦略家のメタファにあてはまるようなものがないかを考えてみよう。

4 | 対人認知

《学習のポイント》
　他者が存在する環境が「社会」なのだとすれば, 社会的認知研究において, 最も重要な認知の対象は他者である。人の認知と物の認知の違いを考察したあと, 印象形成に関する新旧の代表的理論を解説し, 対人認知の特徴と機能を考える。
《キーワード》　対人認知, 印象形成, 中心特性, ネガティビィティ・バイアス

---

1. 人の認知と物の認知

（1）対人認知とは何か

　対人認知（person perception）とは, 他者の外見や言動, 社会的背景などの情報を手がかりにして, その人物の印象を形成したり, 内面にある感情や意図, パーソナリティ特性などを推測したりすることを指す。前章では, 社会的認知研究について解説したが, 初期の社会的認知研究は, その多くが対人認知の研究だった。それは, 「私たちが社会からどのような影響を受けているのか」を知るには, 「私たちが社会をどのように認識しているのか」を明らかにする必要があり, ここでいう「社会」とは, 「他者の存在」が仮定される環境だからである（第1章「社会心理学とは何か」参照）。つまり, 「私たちが社会をどのように認識しているのか」という問いは, 「私たちが他者をどう認識しているのか」という対人認知の問いと直結している。

　ただし, 社会的認知研究が発展する以前に, 対人認知に関する社会心理学の研究がまったくなかったわけではない。後述するように, いまと

なっては「古典」と呼ばれるような理論もあり，社会心理学者の対人認知への関心はかなり早い時期からあったと言える。しかし社会的認知研究の発展によって，対人認知についての研究が活発化し，新たな展開を見せたことも事実である。それに呼応するように，社会的認知研究も，対人認知への適用を足がかりにした他の研究テーマへの適用が加速していった。

（２）　物の認知との違い

　社会的認知研究の基礎となるのは，情報処理アプローチと呼ばれる，人間をコンピュータと見なす考え方であること，またこれにより，認知心理学という新たな心理学の分野が誕生したことは，すでに説明したとおりである（第3章「社会的認知」参照）。認知心理学は，物の認知について研究する学問である。そのため，対人認知，すなわち，人の認知を検討する社会的認知研究は，認知心理学が行う研究の対象を，人に置き換えただけで，目新しいものはないと揶揄されることもある。確かに，対人認知の研究で利用される手続きは，認知心理学の方法論に負うところが大きい。しかし物を対象とした認知と人を対象とした認知では，少なくとも次の2つの点で大きく異なり，またこの違いこそが人の認知を研究する意義でもある。

　1つ目の違いは，それぞれの認知において何が重視されるかという点である。物の認知では，大きさ，形，色といった物理的・表面的な特徴の把握に重点が置かれるのに対し，人の認知では，性格，能力，感情といった心理的・内面的特徴の把握がより重視される。もちろん，背が高いとか，髪が短いとか，顔に笑みを浮かべているといった人の物理的・表面的特徴にも着目するが，それ以上に重要なのは，この人は優しいか，頭がよいか，怒っているかといった心理的・内面的特徴を知ることである。しかし心理的・内面的特徴は，対象をただ外側から観察するだけでは把握できないため，そこには推論の過程が含まれる。この意味で人の認知は，社会的推論の一つと考えられ（第7章「原因帰属」参照），物の認知よりも，高次で複雑な心的過程が含まれると考えられる。

　また，2つ目の相違点として，物の認知は，認知の対象（客体）がもつ物理的な特徴に規定される部分が大きいのに対し，人の認知は，対象の特徴だけでは決まらないことが挙げられる。むしろ，対象を認知する側（主体）の知識，期待，欲求，感情によって，人の認知は左右され，同じ X という人物に対する印象でも，A さんと B さんとではまったく異なるということが起こりうる。この点については，以降の章で詳しく解説する。

（3）擬人化と非擬人化

　このように人の認知と物の認知には，異なる部分が多いが，私たちは時として，「物」を「人」として認知することがある。たとえば，ロボット掃除機を相棒のように感じ，名前を付ける人は多いという。擬人化と呼ばれる現象である。擬人化は誤った認知だが，なぜ「物」を「人」と認知してしまうのかを紐解くことで，対人認知という心の働きの一端を，理解することができる。

　まず，擬人化と関係が深いパレイドリアと呼ばれる現象について見ていこう。これは，本来は無意味なものを，意味のあるものや，知っているものとして解釈する現象のことで，たとえば，月の模様がうさぎの餅つきをしている様子に見えるなどが典型例である。ただし，この例のように人間以外の動物が認識されるパレイドリア現象というのはむしろ稀で，無意味な模様が「人の顔」と誤認識される顔パレイドリアが際立って多いことが知られている。

　パレイドリア現象における人の顔の認識は，知覚的な類似性が引き金となっていることが多い。たとえば，点が2つ並び，その下にもう1つ点があると，そこに人の顔を見てしまう（シミュラクラ現象と呼ばれることもある）。しかし「物」を「人」として誤認識する引き金はほかにもある（Epley, et al., 2007）。実際，人として扱うにはまるで似つかわしくない物，たとえば単なる幾何学図形であっても，その動きを見て人であるかのように認識することがある。ハイダーとジンメルによる有名な研究（Heider & Simmel, 1944）では，大きさの異なる2つの三角形

と小さな丸が画面を動き回るだけの動画を学生に見せた。すると学生のほとんどが，動画の内容を説明する際に，大きな三角形が小さな三角形をいじめているとか，小さな三角形が小さな丸を守ろうとしているなど，ただの図形を感情や意思をもった人間であるかのような表現を用いた。このように私たちは，その動きに自律性や予測不能性を感じるとき，擬人化することで対象を理解しようとする。

　擬人化は，心のつながりがある，あるいはつながりをもちたいという対象に起きやすいという指摘もある。飼い猫など，ペットがその典型で，愛着がある対象ほど擬人化が起きやすい。さらに孤独を感じ，他者とつながりをもちたいと思っている人ほど，擬人化をしやすいという研究報告もある（Epley, et al., 2008）。

　「物」を「人」と認知する擬人化とは反対に，「人」が「物」であるかのように扱われることがある。非人間化と呼ばれる現象は，擬人化とはちょうどコインの裏と表のような関係にあり，擬人化の引き金は非人間化の引き金にもなる（Waytz, et al., 2010）。たとえば，知覚的に類似した「物」が擬人化されるのとは対照的に，知覚的に類似していない「人間」は「物」のように扱われやすい。ただし，この場合の類似性は自分を基準に判断されるため，非人間化の対象となるのは外集団（自分を含まない集団）の成員である。具体的には，外国人のように見た目が異なる他者は非人間化の対象となりやすい。

　同様にして，自律性や予測不能性が"ない"相手は「物」として扱われやすい。したがって，他者を自分の意のままに操ることができる権力者は，「人」を道具とみなす傾向が見られる（Gruenfeld, et al., 2008）。さらに，心のつながりを欲する人が擬人化をするのとは反対に，他者との関係に満足している人が，その関係の外にある「人」を非人間化する可能性も指摘されている（Waytz, et al., 2010）。

2.　対人認知の代表的理論

　ある人物について得られたさまざまな情報を総合して，全体的な印象を作り上げる過程は印象形成（impression formation）と呼ばれ，対人

認知研究の大きな部分を占めている。これは，人の認知は，結局のところ，その人にまつわる情報を一人の人物の表象としてまとめあげることだと考えられるからである。人物の印象とは，抽象化されたその人物の表象であり，したがって，印象形成がどのように行われるのか，またどのような情報が中心となって，一人の人物の印象として束ねられるかは，対人認知研究における重要なトピックである。そこでここでは，印象形成に関する新旧の代表的理論を紹介し，両者の比較を通して，対人認知について考えていくこととする。

（1）アッシュの印象形成理論

　対人認知について，初めて体系的な研究を行ったのはアッシュ（Asch, S.）である。彼が行った典型的な実験では，実験参加者に，「ある人物の特徴を示したもの」として，性格を表すことば（特性形容詞；Table 4-1）を順に読み上げ，その人物の印象を答えてもらった（Asch, 1946）。すると，断片的な情報が与えられただけにもかかわらず，参加者は，これらの特性を持つ人物について生き生きとした描写をすることができ，また，情報が与えられていない特性についても推測することができた。

　さらに，最も興味深いこととして，一方のリスト（Table 4-1 のリスト A ）の「温かい（warm）」という特性形容詞を，「冷たい（cold）」という対義語に入れ替えると（Table 4-1 のリスト B），人物の印象が大きく変わることが明らかになった。「温かい」という特性形容詞が含まれたリストを読み聞かされた実験参加者は，「冷たい」という特性形容詞が含まれたリストを読み聞かされた参加者に比べ，この人物に良い印象を持ち，リストに含まれない特性（たとえば「ユーモアがある」）についても，肯定的に評価したのである。

　ただし，対象人物の印象が劇的に変化したのは，「温かい」と「冷たい」ということばを入れ替えた場合だけで，他の特性形容詞，たとえば，「礼儀正しい（polite）」を，対義語である「無愛想（blunt）」に入れ替えても，印象の変化はあまり見られなかった。そこでアッシュは，すべて性格特性が，人の印象に対して同じように寄与するのではなく，印象形成にお

いて中心的な役割を担う性格特性があるのだと考えた。　そして，「温かい」「冷たい」のように，他の特性の意味合いにも影響し，人の印象全体を左右する特性を中心特性（central trait），全体的な印象にはあまり影響しない特性を周辺特性（peripheral trait）と呼んでいる。なお，アッシュが中心特性として位置づけた「温かい」という性格特性は，近年になって，改めてその重要性が再評価されている。このことについては，次章で解説する。

Table 4-1　アッシュの実験で用いられた特性形容詞リストの例

リスト A	知的な→器用な→勤勉な→温かい→決断力のある→実際的な→注意深い
リスト B	知的な→器用な→勤勉な→冷たい→決断力のある→実際的な→注意深い

　アッシュはまた，人の印象はその人に関する断片的な情報を単純に加算して出来上がるものではなく，特性同士の関係性によって変わるものだと考えた（Figure 4-1）。　彼の主張は，「全体は部分の単なる総計ではない」と主張するゲシュタルト心理学の系譜をひいていることから，印象形成のゲシュタルト理論とも呼ばれている。

Figure 4-1　アッシュの印象形成理論の概念図 (Asch, 1946)

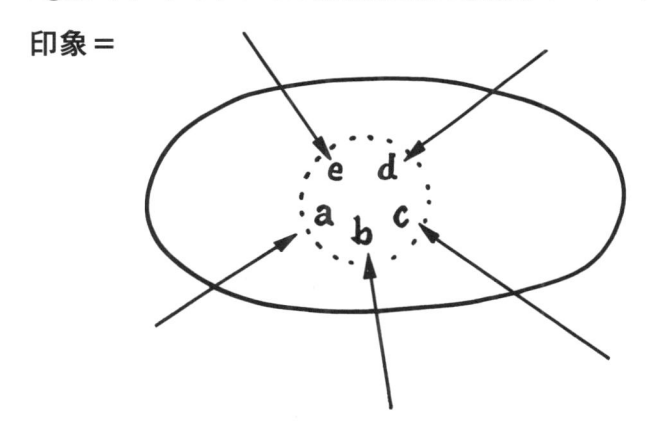

（2）ブリューワーの印象形成の二重過程モデル

　アッシュの理論が，情報処理アプローチが導入される以前の代表的な対人認知の理論であるのに対し，次に紹介するブリューワー（Brewer, M. B.）の二重過程モデル（dual process model; Brewer, 1988）は，情報処理アプローチ導入後の社会的認知研究を代表する対人認知のモデルである。このモデルでは，人物の印象が形成されるまでの過程として，第3章「社会的認知」で紹介した二つの情報処理過程が想定されていることから，印象形成の二重過程モデルと呼ばれている（Figure 4-2)。

　ブリューワーによれば，私たちが初対面の他者に出会ったとき，まず行われるのは性別，人種，年齢などの社会的カテゴリーによるその人物の同定である。相手が女性か男性か，アジア人か欧米人か，年齢は何歳くらいかといった認識は，その人物に会った瞬間に行われる。そしてその時点で，この人物は自分が求めているものとは関連性がない，つまりこの人物についてそれ以上知る必要がないとみなされた場合は，認知者の情報処理は停止し，その人物の印象は形成されない。ここまでの情報処理は，認知者が特別な意図を持たなくても行われるため，自動的過程の段階とされている（Figure 4-2 の上段）。

　一方，この人物が認知者が求めているものと関連性があるとみなされた場合，すなわち，何らかの理由でその人物について，さらに知る必要があるとされた場合には，統制的過程へと進む（Figure 4-2 の下段）。しかしこの段階でさらに，認知者の個人的関与の有無に応じて，二つの情報処理過程のいずれかが選択される。具体的には，認知者がその人物との間に個人的な関与があり，認知者がその人物から重大な影響を受ける可能性があると判断される場合には，その人物に特有の特徴に着目した印象形成が行われる。これを個人化（personalization）という。一方，個人的な関与がないと判断された場合には，性別，人種，年齢などの社会的なカテゴリーに基づいたカテゴリー化（類型化）が行われる。これは「女性だから～だろう」とか，「ドイツ人だから～だろう」とかといったステレオタイプ的な印象形成であり（第5章「既有知識とステレオタイプ」参照），その印象が人物に適合するものであれば情報処理は停止する。

Figure 4-2　**ブリューワーの印象形成の二重過程モデル** (Brewer, 1988)

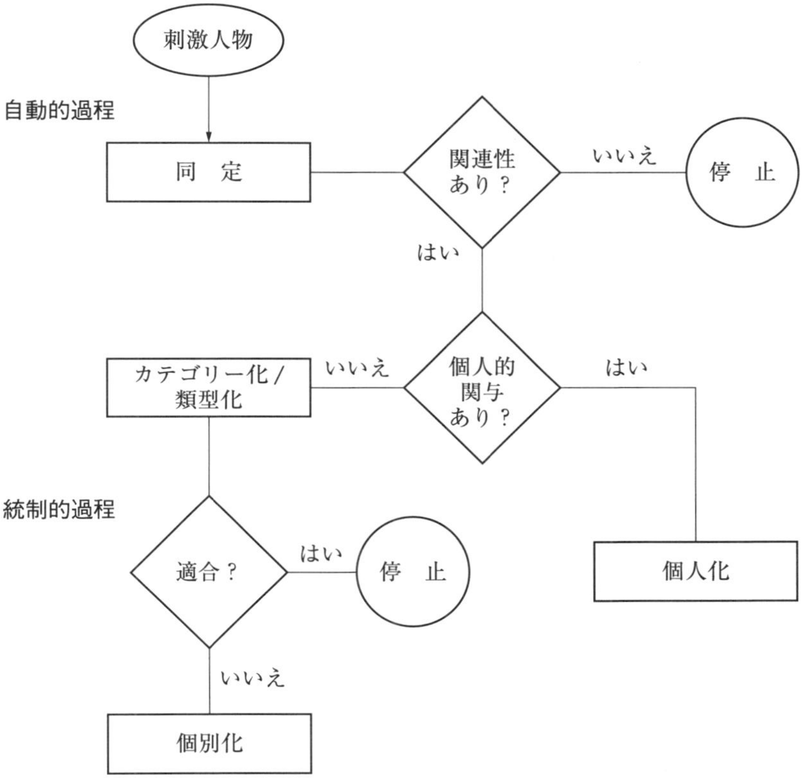

　ただし，社会的カテゴリーに基づいた印象形成は常にうまくいくわけではない。たとえば，女性のステレオタイプに基づいて形成された印象がうまく適合しない場合もある。そのような場合，その人物は，当該の社会的カテゴリーにおける特殊事例として位置づけられる。これをブリューワーは，個別化（individuation）と呼んでいる。

（3）新旧モデルの比較

　アッシュの印象形成理論と，ブリューワーの印象形成の二重過程モデルを比較すると，社会的認知研究の始まりによって，対人認知の理論が少なくとも次の 3 つの点で変化していることがわかる（cf. 池上，2001; 山本，1998）。

a. プロセスの詳述

　1つ目の相違点は，二重過程モデルのほうが，対人認知のプロセスを詳しく描写しているということである。繰り返し述べているように，情報処理アプローチを採用する社会的認知研究では，人間をコンピュータにたとえるため，人間という情報処理システムに入力された情報が，どのような情報処理の過程を経て，出力結果を生み出すかに関心を向ける。これを印象形成にあてはめると，対象となる人物についての情報が入力された時，どのような過程を経て，印象という出力結果が生み出されるか，その過程に着目することになる。ブリューワーのモデル（Figure 4-2）を見ると，入力情報と出力情報の間にある情報処理のプロセスが流れ図として，段階的に描写されていることがわかるだろう。これに対しアッシュの理論では，中心特性や周辺特性といった概念を使って，情報の入出力の間で起きていることを説明しようとはしているものの，その様子は概念的に描かれているだけで（Figure 4-1），具体的なプロセスは不明である。またアッシュの理論では，入力情報として，特性形容詞という，かなり限定された情報しか扱われていなかったが，ブリューワーのモデルでは，人物に関わるあらゆる情報が入力情報として仮定されている。このような点においても，より複雑なモデルが想定されていると考えることができるだろう。

b. 複数のプロセス

　2つ目の相違点として，アッシュの理論では，プロセスは単一で，複数のプロセスが想定されているようには見えないのに対し，ブリューワーの二重過程モデルでは，その名のとおり，2つの情報処理過程が想定され，認知者の目標や対象者との関係性などによって，一方，ないし両方のプロセスを辿る様子がモデル化されている。それぞれのプロセスは性質が異なり，認知者が対象者との間に，個人的関与がある場合には，個人の属性に基づくボトム－アップ的な情報処理が行われるのに対し，個人的な関わりがない場合には，社会的カテゴリーに基づくトップ－ダウン的な情報処理が行われると考えられている。

　ボトム－アップ処理とは，入力された情報が積み上げられるようにして帰納的に処理されていく過程のことである。したがって印象形成の二重過程モデルは，私たちが個人的に重要だと思う他者に対しては，その人物に特有の情報，たとえば，その人ならではの外見的特徴や趣味，考え方，行動傾向などをもとに，固有の印象を形成することを予測している。一方，トップ－ダウン処理とは，認知者が以前から持っている知識（既有知識）を使って，情報の解釈を積極的に行い，仮説検証的・演繹的に情報が処理されることを指す（道又，2003）。したがって，印象形成の二重過程モデルは，認知者にとってさほど重要でない他者に対しては，性別や人種，年齢など，一般的で汎用性がある情報に基づいて，相手の印象を形成すると予測するのである。

c. 既有知識の影響

　トップ－ダウン処理に用いられるのは，社会的カテゴリーなどに関する構造化された知識（第 5 章「ステレオタイプと対人行動」参照）であり，そうした知識は，認知者がその人物に出会う前から所持している既有知識である。ブリューワーのモデルは，このような既有知識の働きを，モデルにとり込んでいるというのも，アッシュの理論との大きな相違点である。たとえば，あなたが初対面の他者と出会った際，その人を女性と認識するのは，「女性とはどのような人のことか」について，あらかじめ知識を持っているからである。

　このような既有知識を利用したトップ－ダウン型の対人認知の場合，その情報処理には，認知的な労力があまりかからないと考えられている。たとえば，相手が女性の大学教員であることが分かった場合，性別カテゴリーに関する知識によって「あの人は女性だからこんな性質を持っているはずだ」と考えたり，職業カテゴリーに関する知識を使って「大学の先生だからきっとこういう人に違いない」と考えたりするのは，それが正しいかどうかは別として，たやすいことだろう。性別や職業など，何らかの社会的カテゴリーに所属するメンバーに対して，私たちはさまざまな知識，あるいはイメージ持っている。このような既有知識は，

ステレオタイプ（stereotype）と呼ばれ，良くも悪くも対人認知に大きな影響を与える。ステレオタイプについては，第5章「既有知識とステレオタイプ」で詳しく解説する。

ステレオタイプのような既有知識に頼ることなく，その人物の印象を作り上げようとすると，その人にしか見られない言動や趣味，信念など，個別的な情報を幅広く集め，それを積み重ねるようにして，印象を形成する必要がある。これがボトム－アップ型の対人認知で，時間も労力もかかる作業である。しかしたとえコストがかかるとしても，たとえば，その女性大学教員が自分の研究指導教員だとしたら，時間や労力を惜しむだろうか。相手がどのような人物かを見極めるために，性別や職業に関する既有知識を使うだけではなく，相手に関する情報をできるだけ集めて，より正確な印象を形成しようとするのではないだろうか。ブリューワーのモデルでも，対人認知の対象が認知者にとって意味のある存在であるほど，個別情報に基づくボトム－アップ処理が行われると考えられている。

このような対比は，前章で紹介した「認知的倹約家」としての人間と，「動機を持つ戦略家」としての人間というメタファーに対応している。すなわち，認知的倹約家である人間は，個人的な関与がない他者に対しては既有知識に基づくトップ－ダウン処理を行う。しかし動機を持つ戦略家でもある人間は，自分にとって重要な相手には，既有知識に頼るのではなく，よりボトム－アップ的に情報を積み上げ，相手の印象を形成しようとするのである。

一方，アッシュの理論のような古典的モデルでは，トップ－ダウン処理，ボトム－アップ処理といった区別はなく，他者の印象は，その時点で収集された情報（アッシュの実験では特性形容詞）をもとに形成されることが想定されている。これはボトム－アップ処理に相当するが，「温かい」という性格特性が中心特性として機能するのは，この性格特性に対して，私たちが一定程度の知識や理論を持っているからとも解釈できる（第5章「既有知識とステレオタイプ」参照）。その意味においては，アッシュの理論も，ボトム－アップ処理とトップ－ダウン処理の

両方を含むものと言うことができるかもしれない。

3. 対人認知の機能

　人間は，多くの野生動物に比べ，単体では極めて脆弱な存在である。しかし社会的動物として，集団生活を営み，互いに協力しあうことで，ここまでの繁栄を遂げたと考えられている。ただし集団生活には，別の困難が伴う。他者も同じ人間である以上，独立した感情や意思を持ち，それに基づいて行動をするからである。したがって，他者とうまくやっていくためには，相手がどのような人物で，どのような感情や意図を持っているのかを推測し，将来の行動を予測する必要がある。これは端的に言えば，相手が接近し関係を築くべき存在なのか，回避して関係を断つべき存在か，あるいは最初から無視しても良い存在なのかを，初対面の他者に会った瞬間に見極めなくてはならないということである。「人」の認知と「物」の認知が異なるのは，「人」の認知には，このような差し迫った必要性があるからでもあり，つまり対人認知は，他者理解を超え，他者の評価や，それに基づく他者との関わり方の決定をも含む心の働きなのだと考えられる。

　このことに関係して，他者の印象形成には，興味深いバイアスがあることが知られている。ネガティビティ・バイアスと呼ばれるもので，人物に関する情報のうち，ネガティブ（否定的）なものはポジティブ（肯定的）なものよりも重視されるというバイアスである（Kanouse & Hanson, 1972; 吉川，1989）。バイアスとは，認知の歪みや偏りのことである。したがって，ある人物について望ましい情報と望ましくない情報の両方が与えられた場合，たとえ 2 つの情報の極端さの程度が同じくらいであっても，望ましくない情報は望ましい情報に比べ，全体の印象に大きな影響を及ぼす（Hamilton & Zanna, 1972）。

　なぜネガティビティ・バイアスが生じるかという疑問に対しては，さまざまな説明が試みられている。その一つは，私たちは自分が住む世界に対してポジティブな期待を持っているというものである。つまり私たちは，世の中には悪い出来事より良い出来事のほうが多く，悪人よりも

善人が多いと信じる傾向があるため，それに反する情報があると目立ちやすく，影響が大きいのだと考えられる。このような解釈は，エレナ・ポーターの小説に出てくる楽天的な性格の主人公ポリアンナの名をとってポリアンナ仮説と呼ばれている（Boucher & Osgood, 1969）。

ネガティブな情報は，他者を識別する情報として，より価値が高いために重視されるという仮説もある。ポジティブな性格特性や行動とは，結局のところ，社会的に望ましいもの，つまり社会規範に沿ったもののことである。それゆえ大半の人は，円滑な社会生活を営んだり，他者に受け入れられたりするためのポジティブな性格特性を身につけ，ポジティブな行動をとる。対照的に，ネガティブな性格特性や行動は社会規範に反しているため，他者から非難を浴びたり，拒絶されるというリスクを伴う。したがって，リスクを冒してもなお，ネガティブな性格特性や行動を維持しているのであれば，それはポジティブな特性や行動よりも，その人物の本質をより強く反映していると見なされ，印象形成の際に重きが置かれるのである。

最近では，進化的適応という観点から（第12章「進化心理学と社会心理学」参照），ネガティビティ・バイアスを説明する研究者もいる（村田，2000; Taylor, 1991）。他者が持つネガティブな性格特性や行動は，将来，自分に対して危害や損失をもたらす可能性があり，それは生存や子孫の存続を脅かすものであるため，敏感に察知できる個体が生き残り，人間の心の特徴として進化してきたという説明である。ポジティブな情報とネガティブな情報では，その極端さの程度が同じでも，社会行動への影響の及び方が対称ではないという現象は，対人認知に限らずさまざまな場面で見られ，ポジティブ－ネガティブ非対称性（PNA：positive-negative asymmetry）と呼ばれている（第9章「感情と認知」参照）。

引用文献 ▍

Asch, S. E. (1946). Forming impression of personality. *Journal of Abnormal and Social Psychology*, 41, 258-290.

Boucher, J. & Osgood, C. E. (1969). The Pollyanna hypothesis. *Journal of Verbal Learning and Verbal Behavior*, 8, 1-8.

Brewer, M. B. (1988). A dual process model of impression formation. In T. K. Srull & R. S. Wyer, Jr. (Eds.). *Advances in Social Cognition (Vol. 1)*. Hillsdale, NJ: Erlbaum. pp. 1-36.

Epley, N., Akalis, S., Waytz, A., & Cacioppo, J. T. (2008). Creating Social Connection Through Inferential Reproduction: Loneliness and Perceived Agency in Gadgets, Gods, and Greyhounds. *Psychological Science*, 19, 114–120.

Epley, N., Waytz, A., & Cacioppo, J.T. (2007). On seeing human: A three-factor theory of anthropomorphism. *Psychological Review*, 114, 864–886.

Gruenfeld, D. H., Inesi, M. E., Magee, J. C., & Galinsky, A. D. (2008). Power and the objectification of social targets. *Journal of Personality and Social Psychology*, 95, 111–127.

Hamilton, D. L. & Zanna. M. P. (1972). Differential weighting of favorable and unfavorable attributes in impression of personality. *Journal of Experimental Research in Personality*, 6, 204-212.

Heider, F. & Simmel, M. (1944). An experimental study of apparent behavior. *American Journal of Psychology*, 57, 243-249.

池上 知子 (2001).　対人認知の心理機構：情報処理アプローチは何を明らかにしたのか　唐沢 穣・池上 知子・唐沢 かおり・大平 英樹（著）社会的認知の心理学：社会を描く心のはたらき　ナカニシヤ出版 pp. 14-45.

Kanouse, D. E. & Hanson, L. R., Jr. (1972). Negativity in evaluations. In E. E. Jones, D. E. Kanouse, H. H. Kelley, R. E. Nisbett, S. Valins. & B. Weiner (Eds.), *Attribution: Perceiving the cause of behavior*. Morristown, NJ: General Learning Press. pp. 47-62.

吉川 肇子 (1989). 悪印象は残りやすいか？　実験社会心理学研究 29, 45-54.

道又 爾 (2003).　高次の知覚と注意　道又 爾・北崎 充晃・大久保 街亜・今井 久登・山川 恵子・黒沢 学（著）　認知心理学：知のアーキテクチャを探る　有斐閣アルマ pp. 66-99.

村田 光二 (2000).　社会的認知のメカニズム　亀田 達也・村田 光二（著）　複雑さに挑む社会心理学：適応エージェントとしての人間　有斐閣アルマ pp. 164-198.

Taylor. S. E.（1991）. Asymmetrical effects of positive and negative events: The mobilization minimization hypothesis. *Psychological Bulltin*. 110, 67-85

Waytz, A., Epley, N., & Cacioppo, J. T.（2010）. Social cognition unbound: Insights into anthropomorphism and dehumanization. *Current Directions in Psychological Science*, 19, 58–62.

山本 眞理子（1998）. 対人情報処理過程：印象形成過程における社会的認知　山本 眞理子・外山 みどり（編）　社会的認知　誠信書房　pp. 103-128.

研究課題

1. 友人や恋人，配偶者など，身近な人と初めて会ったときの印象を思い出してみよう。

2. 1で思い出した印象は，どのような情報をもとに，どのようにして形成されたものだったかを考えてみよう。

3. あまり付き合いはないが良い印象を持っている人，悪い印象を持っている人をそれぞれ思い浮かべ，なぜそのような印象が形成されたのかを考えてみよう。

5 │ 既有知識とステレオタイプ

《学習のポイント》
他者の印象は，対人認知をする側の要因によっても左右される。なかでも既有知識は，認知対象である他者への期待となり，対人認知を方向づける働きをする。ステレオタイプも既有知識の一つであり，対人認知に利用される知識には，共通の構造的特徴がある。
《キーワード》 既有知識，ステレオタイプ，暗黙の性格理論，確証バイアス，自己成就的予言

1. 既有知識の働き

（1）知識による省力化

　対人認知に利用できる情報は多岐にわたり，その量も際限がない。そのため，認知的倹約家である人間は，特別な事情がない限り，情報処理にかかる負担を軽減しようすることは，前章までに説明したとおりである。

　情報処理の負担を軽減する方略として有効なのが，知識を利用するという方略である。たとえば，私たちが一時的に記憶できる量の上限は 7 ± 2 程度とされている（Miller, 1956）。これは無意味な数字の羅列の場合，郵便番号程度の数字しか，一度に記憶できないということであり，またこうして記憶した数字も数十秒以内に忘れられてしまう。人間が短時間で処理できる情報処理量の限界を示す一例と言えるだろう。しかし，このような短期記憶の限界とは対照的に，いったん長期記憶に送られた情報は半永久的に保持され，その容量も事実上，無限だと考えられている。つまり，人間が限られた認知資源の中で効率よく情報処理をこ

なすには，すでに保有している長期記憶（既有知識）を利用することが有効である。

　運転免許を取得したばかりのドライバーを想像してみよう。初心者のドライバーは，限られた認知的な資源をすべて運転に費やしてしまうため，隣の人と会話をすることも，手元の飲み物を手にとることもできない。しかし，経験を積み，運転に慣れれば，同乗者と会話を楽しむのはもちろんのこと，時には考えごとをしているうちに，目的地に着いてしまうことさえあるだろう。これは，運転に必要な知識が長期記憶に蓄積された結果といえるだろう。このように知識は，認知の負担を軽減する役割を持つのである。

（2）知識の体制化とスキーマ

　長期記憶内に保持されている知識は，ただ雑多に蓄積されているわけではなく，まとまりや秩序のある状態で蓄積されている。これを体制化もしくは，構造化という。具体的にどのように体制化されているかについては諸説があるが，有力な説の1つが，Figure 5-1 に模式化したネットワーク・モデルである。このモデルでは，関連が深い知識同士はリンク（概念間を結ぶ線）で結ばれ，近い場所に配置されている。たとえば，「バス」「トラック」「消防車」はいずれも「車」の事例として意味的な関連性を持っているため，それぞれリンクで結ばれているが，「バス」や「トラック」に比べ，「消防車」は「車」からより遠い場所に配置されている。これは，「消防車」が「バス」や「トラック」に比べ，「車」との意味的関連性が低い特殊な事例であることを示している。

　関連のある知識や概念のまとまりはまた，スキーマと呼ばれる一連の知識体系を形成していると考えられ，さまざまな事物や事象を理解する際の枠組みとして働いている。たとえば，犬スキーマには，動物である，四本足である，毛が生えている，ワンワンと鳴く，人間に飼われることが多い，"お手"，"おすわり"などの芸を覚えるといった知識が含まれ，こうした知識が，「犬」を理解する際の助けになっている。

　ここで簡単なデモンストレーションをしてみよう。Table 5-1 に書か

Figure 5-1 連合ネットワーク・モデル (Collins & Loftus. 1975)

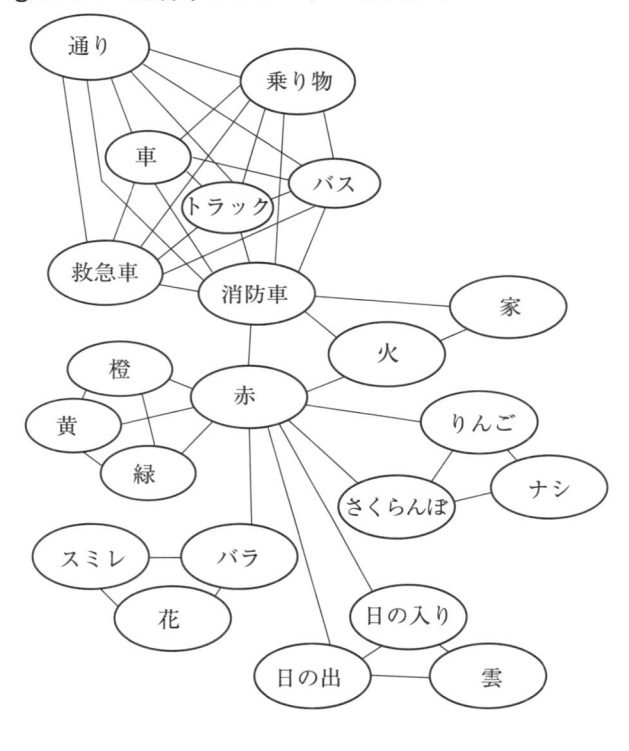

れている文章をひととおり読み，読み終わったら，本書を伏せて，そこ
に書いてあった内容を書き出してみよう。うまく思い出せただろうか。
また，この文章が何のことを説明しているかがわかっただろうか。「答
え」を章末に示しているので，確認したら，再度，文章の記憶に挑戦し
てみよう。今度はうまくいくだろうか。

　スキーマは経験を通じて蓄積された知識から形成される。そのため，
このデモンストレーションの答えに関する経験が豊富な人であれば，容
易に思い出すことができるだろう（ただし，30年ほど前の状況なので，
最近の経験しかない人にとっては難しいかもしれない）。あるいは，「答
え」がすぐにわかった読者にとっても，文章の記憶はさほど難しいもの
ではなかっただろう。それは自らが保有するスキーマにより，この文章
の理解が促進されたためだと考えられる。一方，経験が乏しい人にとっ

ては，「答え」は思いつきにくいものであったであろうし，「答え」を知ったとしても，それによって文章の理解が促進されることは望めないだろう。それは，この知識についてのスキーマが形成されていないためだと考えられる。

　この例のように，スキーマは情報の理解に大いに役立ち，逆に適切なスキーマを持っていなかったり，持っていてもうまく適用できなかったりする場合には，情報の理解は困難になる。私たちはスキーマという体制化された知識を数多く持っているために，複雑な情報を効率よく処理し，理解することができるのである。

Table 5-1　ある状況を説明した文章 (市川, 1997)

> 　部屋にはいると，低めのテーブルの上にメニューがあった。本が2冊おいてあった。壁には電話がかかっていた。今日の人数は6人である。全員が席についた。1人の男性が本を配った。受け取った2人の男性は，中を見ずにとなりの人に渡した。もう1人の女性は，さっそく熱心に読み始めた。メニューを手にとった男性は一目見て，となりの女性に渡した。

2. 対人認知に利用される既有知識

（1）暗黙の性格理論

　前節の説明は，事物の認知における既有知識の働きについてのものだったが，既有知識は，対人認知においても役割を果たす。人についての知識も体制化されていると考えられるからである。たとえば，ある人が「正直な」人だと知ると，きっと「寛容な」人だろうと，自然に推測することがある。これは，人の性格特性について，私たちが体制化された知識を持っており，ある種の理論として，対人認知に利用されているからだと考えられる。これを暗黙の性格理論（implicit personality theory）という（Bruner & Tagiuri, 1954 ; Cronbach, 1955）。ローゼンバーグら（Rosenberg et al, 1968 ; Rosenberg & Sedlak, 1972）は，私たちが他者を性格特性を使って形容する際，どのような性格特性を同時に選択しやすいかを調べ，それを多次元尺度法という統計的手法に

よって分析した。その結果によれば，対人認知に利用される性格特性は，Figure 5-2 に示すように，社会的望ましさと知的望ましさを軸とする二次元の空間に布置される。これは，この2つの次元が，対人認知における主要な次元であることを示唆している。また，このうち社会的望ましさの次元は，この軸の周辺に布置されている性格特性から，アッシュが中心特性として挙げた「温かい－冷たい」という性格特性と関係が深いことがわかる。

（2）ステレオタイプ

　対人認知に用いられる既有知識は，暗黙の性格理論だけではない。性別，人種，職種，年齢など，様々な社会的カテゴリーで区分された集団の成員に対しても，私たちは体制化した知識，すなわちスキーマを持っている。これは，「女性は依存的である」とか，「黒人は運動神経がいい」とか，「大学の先生は社会性がない」といった知識であり，ステレオタイプ（stereotype）と呼ばれる。

　ステレオタイプというと，ネガティブなもの（例：黒人は暴力的である）を思い浮かべがちだが，ポジティブなステレオタイプ（例：黒人は運動神経がいい）もある。ただいずれの場合にも，それが正しい知識とは限らない点には注意が必要である。たとえば，「犬」といってイメージされるものが，目の前にいる犬にあてはまるとは限らないように，ステレオタイプも，その社会的カテゴリーに対する抽象化されたイメージに過ぎず，目の前の個人にあてはまるとは限らない。またステレオタイプが，当該の社会的カテゴリーの特徴を反映しない，間違った知識であることもある。ステレオタイプは，スキーマとして対人認知に伴う情報処理を効率化するが，それが誤った知識だった場合，偏見となって対人認知に暗い影を落とすこともある。

　近年，ステレオタイプ内容モデルと呼ばれる，ステレオタイプに関する包括的なモデルが提出されている（Fiske et al, 2002）。このモデルによれば，既存のステレオタイプの内容は，「人柄」と「能力」という2つの次元の組み合わせによって説明できる。このモデルが興味深いの

68

Figure 5-2　暗黙の性格理論 (Rosenberg et al. 1968)

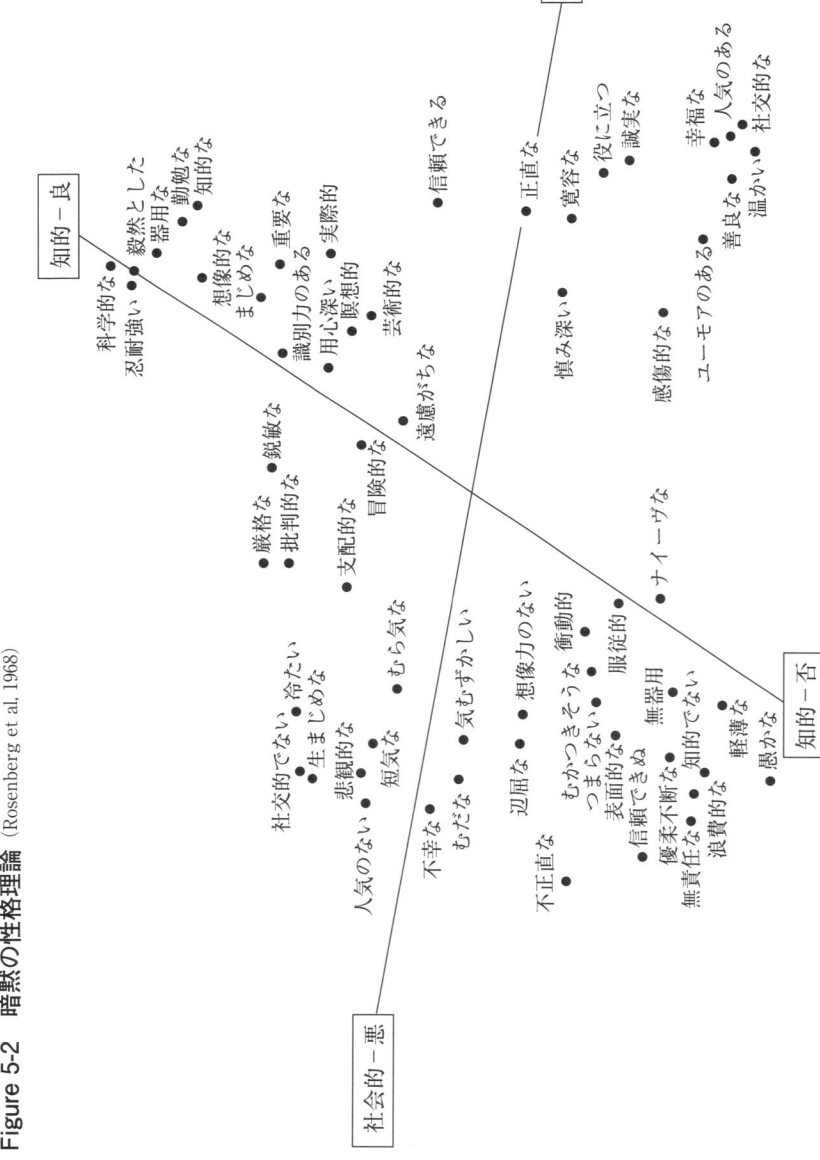

は，ステレオタイプの内容は，その社会的カテゴリーに属する成員の特徴とは必ずしも一致しないとしていることである。むしろこのモデルでは，ステレオタイプの内容は，それを付与する側と付与される側との関係性によって規定されることを予測しており，「人柄」と「能力」の2つの次元の組み合わせによって，賞賛，同情，羨望，軽蔑といった異なる感情が生じるとしている（Figure 5-3）。

　たとえば，自分と敵対関係にあったり，目標が競合したりする集団の成員に対しては，その実態にかかわらず，人柄が悪い（冷たい，性格が悪い）というステレオタイプが付与される。一方，自分の味方だったり，競争相手にならない集団の成員に対しては人柄が良い（温かい，性格が良い）というステレオタイプが付与されやすい。また経済的成功や教育的成功により，自分と同等以上の社会的地位を築いている集団の成員に対しては，能力が高い（頭がよい，知的である），社会的地位の低い集団成員に対しては，能力が低い（頭が悪い，知的でない）というステレオタイプが付与されやすいとされている。

　したがって集団によっては，2つの次元のうち一方の評価は高く，一方の評価は低いというアンビバレント・ステレオタイプ（両面価値的ステレオタイプ）が付与される。実際，先進国のように，平等主義的な信

Figure 5-3　ステレオタイプ内容モデル

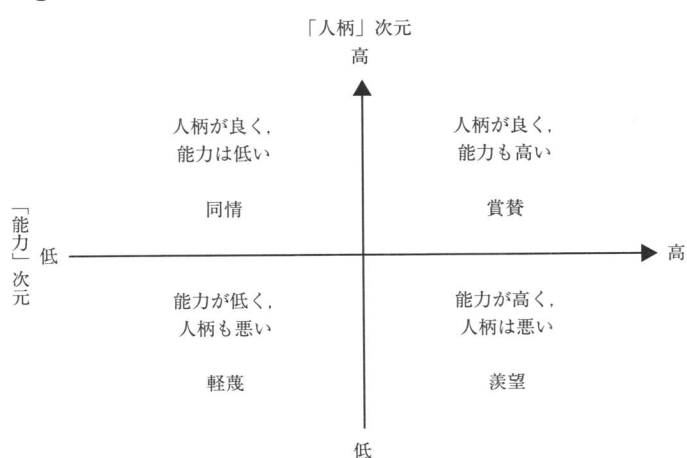

念が浸透している社会においては，特定の社会的カテゴリーの成員に否定的な特徴のみ（性格も頭も悪い）を付与することは許容されない。そのため，外集団（自分を含まない集団）に対するステレオタイプのほとんどは，両面価値的な性質を帯びるとされている。たとえば，敵対関係にある集団であっても，社会的地位が高く，支配的な立場にある集団の成員に対しては「人柄は悪いが能力は高い」といったステレオタイプが付与され，敵対関係になくても，従属的な立場にある集団に対しては，「人柄は良いが能力は低い」といったステレオタイプが付与されやすい。前者の典型例には富裕層，高級官僚，キャリア・ウーマンなどが挙げられ，後者の典型例には高齢者や障がい者，女性全般（特に主婦層）などの社会的弱者が挙げられる。アンビバレント・ステレオタイプは，矛盾した評価を併せ持つがゆえに，ネガティブな評価がポジティブな評価に隠れてしまい，偏見や差別の実態が見えにくいという問題が指摘されている。たとえば，男性が殊更に女性の「人柄」の良さ（優しさ，温かさ）に言及するとき，その背後には女性の「能力」に対する低い評価があるかもしれない。

　このように現代のステレオタイプは，両面価値的な性質を持つことが一般的なため，両次元ともに評価が低い（人柄が悪く能力も低い）ステレオタイプや，両次元ともに評価が高い（人柄が良く能力も高い）ステレオタイプは例外的である。前者はホームレスや薬物中毒者など，ごく一部の外集団，後者は，ほとんどの場合，内集団（自分が属する集団）の成員に対するものに限られるとされている。

（3）対人認知次元の普遍性と「人柄」次元の優位性

　ステレオタイプ内容モデルにおける「人柄」と「能力」の次元は，それぞれ，暗黙の性格理論における「社会的望ましさ」と「知的望ましさ」の次元におおよそ対応し，対人認知における主要次元だと考えられる。このことには文化的な普遍性もあり，日本を含むアジア３カ国とヨーロッパ７カ国で，ステレオタイプ内容モデルを検証した研究によれば，いずれの国においても，「人柄」と「能力」の２つの次元からなる空間に，

ステレオタイプの対象となる集団を位置づけられることが明らかになっている（Cuddy et al., 2009）。ただし，どの集団がどこに位置づけられるかは国や文化によって異なる。たとえば日本では，日本人自身（内集団）に対しても，両次元ともに高い評価はされず，他のアジア諸国（香港と韓国）にも類似の傾向が見られたことから，文化的自己観の影響が指摘されている（第13章「文化心理学と社会心理学」参照）。

　「人柄」と「能力」が対人認知の主要次元であるのは，これらの次元に基づく対人認知が，他者との相互作用において重要な役割を果たすからだと考えられている。「人柄」の次元は他者が善意をもって人に接するのかを評価するもの，「能力」の次元はその意図を実現するだけの能力があるのかを評価するものと考えられる（Fiske et al, 2002）。すなわち，これらの次元における評価によって，接近すべき他者か，回避すべき他者かを判断することが可能となる。ただし2つの次元のうち，より優先され，重視されるのは「人柄」の次元である（Fiske et al, 2007）。相手が善意の人であれば，能力が低くても，実質的な被害をこうむることはないが，悪意をもっていれば，その能力の如何によって，生存の危機のような深刻な被害がもたらされる可能性があるからである（第12章「進化論と社会心理学」参照）。実際，「人柄」が良いけれども「能力」が低い人は，「能力」は高いけれども「人柄」が低い人よりもポジティブな印象をもたれやすい（Wojciszke et al., 1998）。また「人柄」次元における評価は，相手の印象が総じてポジティブか，ネガティブかという感情価（第9章「感情と認知」参照）を規定するのに対し，「能力」次元の評価は，その程度を規定するという指摘もある。なお「人柄」次元は，「温かさ」の次元と呼ばれることもあることから，アッシュが中心特性と位置づけた「温かさ」という性格特性の役割が，近年，再評価されている（第4章「対人認知」参照）。

3. 既有知識がもたらす帰結

（1）確証バイアス

　暗黙の性格理論やステレオタイプが，他者に関する既有知識として対

人認知に利用されるとき，これらの知識は期待となって，対人認知を特定の方向に導く役割を担う。

　具体的な実験例を見てみよう。前章で紹介したアッシュの研究では，「温かい」もしくは「冷たい」という中心特性の働きにより，他者の印象が大きく変わることを示した。ケリー（Kelley, 1950）はこの研究をより現実的な場面に持ち込むことで，中心特性が対人認知を誘導する可能性を示している。

　この実験では，ある日の特別授業が始まる前に，臨時講師の経歴や人となりを紹介する文章が学生に配られた。この際，半数の学生には「講師は非常に温かい人だ」という説明が含まれる紹介文が，残りの半数の学生には「講師はやや冷たい人だ」という説明が含まれる紹介文が配布された。それ以外の内容はまったく同じであった。つまり，アッシュの研究と同じように，「温かい」と「冷たい」という特性形容詞のみが入れ替えられていたのである。学生は紹介文を読んだ上で臨時講師の授業を受講した。その結果，紹介文に，講師は「温かい」と説明されていた場合には，「冷たい」と説明されていた場合よりも，授業終了後に，講師を好意的に評価する傾向が見られた。具体的には，「温かい」という紹介文を読んだ学生は，講師のことを，他者に対してより配慮があり，形式ばっておらず，社交的で，人望があり，性質が穏やかで，ユーモアにあふれ，人情味があると評価していたのである。また，授業内で行われたディスカッションでは，講師が「冷たい」と紹介された学生よりも，積極的に討論に参加する様子が見られた。

　アッシュの研究では，単に人物を描写する特性形容詞が読み上げられ，実験参加者はその人物をイメージして印象を答えるだけであった。それに対しケリーの研究では，「温かい」もしくは「冷たい」と描写された人物に参加者が実際に対面し，同じ授業を受けている。にもかかわらず，事前に与えられた紹介文の内容の違いによって，その人物に対する評価や，その人物に対する行動に違いが見られたのである。このように私たちは，事前知識を持っていると，その後の認知において，与えられた情報を容易に飛び越してしまう（Bruner, 1957）。事前知識によって，「きっ

とこうだろう」という期待を持つことで，それを支持する情報ばかりに目がいくようになるからである。ケリーの研究の場合，紹介文を読んだ学生は，これから会う講師に対して，「温かい人だ」もしくは「冷たい人だ」という期待を持ったはずである。そのために，同じ講師の行動が，ある人にとっては「温かい」，別の人には「冷たい」という性格特性に沿って解釈されたと考えられる。このように，期待や仮説を確証する情報は，注目されたり重要視されたりするのに対し，期待や仮説に沿わない情報は無視されたり，軽視されたりする。このような認知の歪みのことを確証バイアス（confirmation bias），もしくは仮説確証バイアス（hypothesis confirmation bias）という。

　ステレオタイプもまた，期待を形成し，対人認知を導く役割を持つ。ダーリーとグロス（Darley & Gross, 1983）は，実験参加者に小学生の女の子についてのビデオを見せ，その子の学力を評価させるという実験を行った。ビデオは少女の住まいや学校の様子を映した前半と，少女が学力テストを受けている様子を映した後半に分かれており，前半部のみ，2種類の内容が用意されていた。1つは少女が学歴の低い両親のもとで育った貧しい家の子どもである（社会経済的地位が低い）ことを，もう1つは学歴の高い両親のもとで育った裕福な家の子どもである（社会経済的地位が高い）ことをほのめかすもので，実験参加者にはいずれかの映像が見せられた。一方，後半の学力テストを受けている場面は，どの参加者が見たものも同じ内容で，少女が難しい問題に正解することもあれば，簡単な問題を間違えることもある様子が描かれていた。つまり，後半の映像は，少女が学力が高いとも低いとも判断できるようなものになっていた。実験参加者は，ビデオの前半部のみを見るか，後半部も含めて見るか，また2種類用意された前半部のうち，いずれの内容のビデオを見るかによって，4条件に割り振られた。

　結果を見てみよう。Figure 5-4 には，一般教養，読解，算数という3つの側面について，実験参加者が推測した少女の学力レベルの平均値が示されている。図の左側はビデオの前半部のみを見て，学習場面を見ずに少女の学力を推測した条件の結果，図の右側は後半の学習場面も含め

Figure 5-4　ダーリーとグロスの実験の結果 (Darley & Gross. 1983)

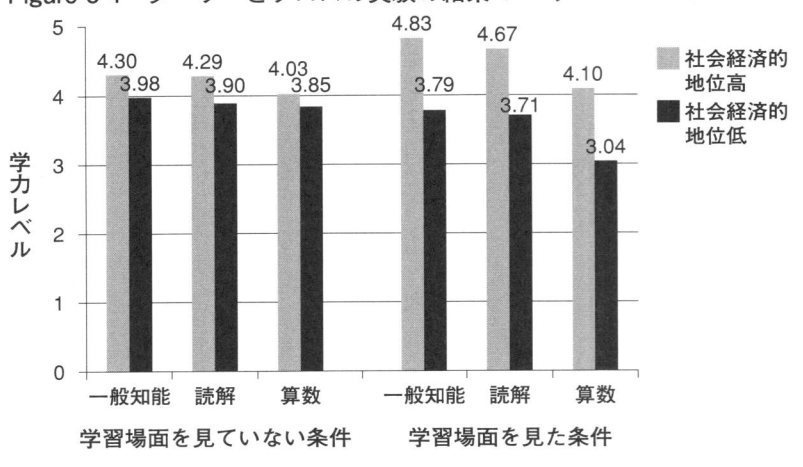

てすべての映像を見たのちに少女の学力を推測した条件の結果である。左半分に示された棒グラフでは，推測された学力レベルが社会経済的地位の高低によって，ほとんど差がないのに対して，右半分に示された棒グラフでは，平均値の開きが大きくなっていることがわかる。つまり，単に少女の社会経済的地位がほのめかされるだけでは（ビデオ前半部の内容を見るだけでは），少女の学力について，ステレオタイプに沿った推測はされなかったということである。社会経済的地位が高い子どもに対しては学力が高い，社会経済的地位が低い子どもには学力が低いというステレオタイプがあることが知られているが，この実験では根拠なく，ステレオタイプに基づいて，少女の学力が推測されることはなかったといえる。その一方で，ビデオを後半部まで見た参加者は，少女の学力について，ステレオタイプに沿った推測をしていた。すなわち，少女の社会経済的地位が高い場合には，社会経済的地位が低い場合に比べ，学力が高いと推測していたのである。

　注目すべきは，ビデオ後半部の内容は，どの条件の実験参加者でも同じだったということである。おそらく，ステレオタイプに基づいて，少女に高い学力を期待した参加者は，少女が難しい問題で正解する場面により着目したのに対し，低い学力を期待した参加者は，少女が易しい問

題で間違える場面をより重視したのだろう。つまり，各々が自分の期待に合致する“事実”により注意を向けたことによって，図の右半分のような実験結果が得られたのだと考えられる。このように，あらかじめ与えられた情報，あるいは既有の知識によって何らかの期待を持つと，確証バイアスが働き，当初は，単なる仮説であったはずの事柄が，確固たる事実として認識されてしまうことがある。間違ったステレオタイプが維持されるのも，このようなメカニズムによるものと考えられる。

（2）　自己成就的予言

　対人相互作用場面においては，ステレオタイプに基づく確証バイアスが自己成就することもある。認知者の対人認知の歪みが，現実化する場合があるということである。スナイダーら（Snyder et al, 1977）は，男女の実験参加者をペアにして，電話で会話をさせるという実験を行った。その際，男性参加者には，相手の女性の経歴に関する情報とともに，魅力的な女性の写真，もしくはあまり魅力的でない女性の写真のいずれかをランダムに渡した（写真は実際の話し相手の写真ではなく，あらかじめ用意されたものだった）。外見が魅力的な人は，ハロー効果により，思いやりがある，ユーモアがある，知性がある，仕事ができるなど，他の側面でも良い性質を持っていると期待されやすいことが知られている（Dion et al, 1972）。これを「美人ステレオタイプ」という。ハロー効果とは，ある1つの側面が際立って良い（もしくは悪い）と，その光に照らされるように，他の側面も良い（もしくは悪い）と評価されるという認知バイアスのことである。ハローとは後光や光背のことを指す。

　魅力的な女性の写真を渡された男性参加者は，美人ステレオタイプにより，電話の相手が外見以外も魅力的な女性だと期待していたと考えられる。一方，女性参加者には相手の男性の写真は渡されず，また男性が自分の写真（実際には偽の写真）を見ていることも知らされていなかった。結果は，男性が魅力的な女性と会話をしていると信じていた場合，相手の女性はより友好的で，社交的で，好ましい会話をしていたことが，第三者による評価で明らかになった。つまり男性が，相手は魅力的な女

性だと期待したことで，女性の振る舞いが実際に魅力的になったのである。このように，未来の出来事に対して，「こうなるだろう」とか，「こうなるに違いない」といった，ある種の予言をしていると，当初は真実でなかったとしても，現実化することがある。これを予言の自己成就，もしくは自己成就的予言（self-fulfilling prophecy）という。この実験の場合，相手が魅力的な女性であると期待した男性は，相手が心地よく感じるやり方で会話を進め，結果的に，女性の魅力を引き出すことに成功したのだと考えられる。

　なお，ステレオタイプはふつう他者にあてはめるものだが，時には，自己に対してステレオタイプをあてはめることがある。そしてこの自己ステレオタイプ化が，自己に対する期待を生み，自己成就する可能性も指摘されている。たとえば，若い頃に，年をとることに対して，ネガティブなステレオタイプを持っていた者は，年齢を重ねたときに病気（心臓発作や脳卒中など）を患う可能性が高くなるという予言の自己成就を報告した研究がある（Levy et al., 2009）。それとは対照的に，ポジティブなステレオタイプ持っていた人は，ネガティブなステレオタイプを持っていた人よりも，平均7.5年も長生きをしたという（Levy et al., 2002）。これは，自己ステレオタイプが内在化するためだと考えられている。

引用文献

Bruner, J. S. (1957). Going beyond the information given. In J. S. Bruner, E. Brunswik, L. Festinger, F. Heider. K. F. Muenzinger, C.E. Osgood, & D. Rapaport, (Eds.), *Contemporary approaches to cognition*. Cambridge, MA: Harvard University Press.

Bruner, J. S., & Tagiuri, R. (1954). The perception of people. In G. Lindzey (Ed.), *Handbook of social psychology (Vol.2)*. Addison-Wesley. pp. 634-654.

Collins, A. M., & Loftus, E. F. (1975). A spreading activation theory of semantic processing. *Psychological Review*, 82, 407-428.

Cronbach, L. J. (1955). Processes affecting scores on understanding of others' and assumed similarity. *Psychological Bulletin*, 52, 177-193.

Cuddy, A. J., Fiske, S. T., Kwan, V. S., Glick, P., Demoulin, S., Leyens, J. P., Bond, M. H., Croizet, J. C., Ellemers, N., Sleebos, E., Htun, T. T., Kim, H. J., Maio, G., Perry, J., Petkova, K., Todorov, V., Rodríguez-Bailón, R., Morales, E., Moya, M., Palacios, M., ⋯ Ziegler, R. (2009). Stereotype content model across cultures: towards universal similarities and some differences. *The British Journal of Social Psychology*, 48, 1–33.

Dion, K., Berscheid, E., & Waister, E. (1972). What is beautiful is good. *Journal of Personality and Social Psychology*, 24, 285-290.

Darley, J. M. & Gross, P. H. (1983). A hypothesis-confirming bias in labeling effects. *Journal of Personality and Social Psychology*, 56, 5-18.

Fiske, S. T. Cuddy, A. J. C. Glick. P., & Xu. J. (2002). A model of (often mixed) stereotype content: Competence and warmth respectively follow from perceived status and competition. *Journal of Personality and Social Psychology*, 82, 878-902.

Fiske. S. T., Cuddy, A. J. C., & Glick, P. (2007). Universal dimensions of social cognition: Warmth and competence. *Trends in cognitive sciences*, 11, 77-83.

市川 伸一 (1997). 考えることの科学：推論の認知心理学への招待　中公新書

Kelley, H. H. (1950). The warm-cold variables in first impressions of persons. *Journal of Personality and Social Psychology*, 18, 431-439.

Levy, B. R., Slade, M., Kunkel, S., & Kasl, S. (2002). Longevity increased by positive self-perceptions of aging. *Journal of Personality and Social Psychology*, 83, 261–270.

Levy, B. R., Zonderman, A. B., Slade, M. D., & Ferrucci, L. (2009). Age stereotypes held earlier in life predict cardiovascular events in later life. *Psychological Science*, 20, 296–298.

Miller, G. A. (1956). The magical number seven, plus or minus two: Some limits of our capacity for processing information. *Psychological Review*, 63, 81-87.

Rosenberg, S., Nelson. C., & Vivekanathan, P. S. (1968). A multidimensional approach to the structure of personality and impressions. *Journal of Personality and Social Psychology*, 9. 283-294.

Rosenberg, S., & Sedlak. A. (1972). Structural representations of implicit personality theory. In L. Berkowitz (Ed.), *Advances in experimental social psychology (vol.6)*. Academic Press. pp. 235-297.

Snyder, M. Tanke, E. D. & Berscheid, E. (1977). Social perception and interpersonal Behavior: On the self-fulfilling nature of social stereotypes, *Journal of Personality and Social Psychology*, 35. 656-666.

Wojciszke, B., Bazinska, R., & Jaworski, M.（1998）. On the dominance of moral categories in impression formation. *Personality and Social Psychology Bulletin*, 24, 1251–1263.

研究課題

1．男子高校生，関西人，医師と言われたら，それぞれどのようなイメージ（ステレオタイプ）を抱くだろうか。書き出してみよう。

2．初対面の人の印象に，ステレオタイプに基づいた確証バイアスが働いた経験がないか考えてみよう。

3．この人は意地悪な人だと思って接したばかりに，本当に相手から意地悪な行動を引き出してしまったというような経験はないだろうか。このような自己成就的予言の例を考えてみよう。

＊ Table 5-1 の文章についての答え：カラオケ

6 | 態度と行動

《学習のポイント》
　態度を知れば，その人の行動を予測できると考えられたことから，態度は，社会心理学において古くから重要な概念とされてきた。態度変容に関する新旧の理論を概観しながら，態度における認知の役割と，態度と行動との一貫性について考える。
《キーワード》　認知的斉合性理論，精緻化見込みモデル，態度変容，顕在態度と潜在態度，態度と行動の一貫性

----

1. 態度とは

（1）態度の定義

　「態度」は，日常会話でもよく使われることばだが，社会心理学における専門用語としての意味は少々異なる。よく知られるオルポート（Allport, 1935）の定義によれば，態度とは「関連するすべての対象や状況への個人の反応に，直接的あるいは力動的な影響を及ぼす，経験を通じて体制化された精神的および神経的準備状態（レディネス）」のことである。つまり，社会心理学における態度とは，心身両側面における行動の準備状態を指し，これが特定の対象や状況への行動に直接的な影響を及ぼすと考えられている。

　態度の研究は，社会心理学において特別な地位を与えられている。それは態度を知ることで，将来の行動を予測したり，それを制御したりすることができると考えられるためである。他の条件が同じであれば，私たちは好意的な態度を持つ商品を購入するし，政策に非好意的な態度を持っていれば，その候補者には投票しない。

Figure 6-1　**態度の成分** <small>(Rosenberg & Hovland, 1960)</small>

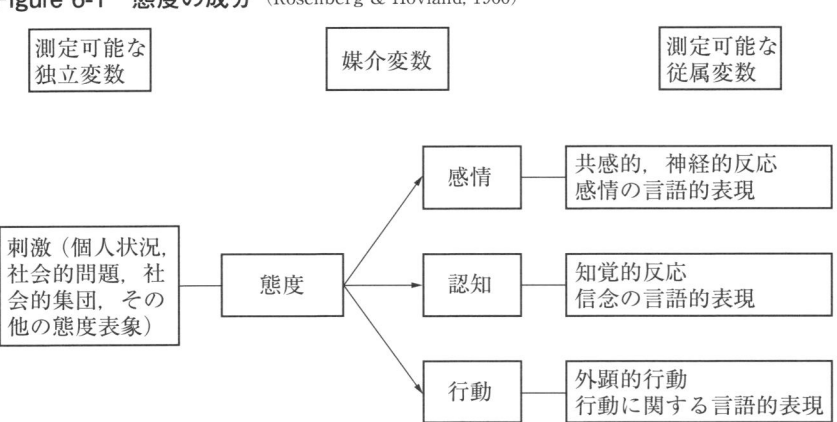

（2）態度の３成分

　態度は，感情，認知，行動の３成分からなる（Figure 6-1）。感情成分とは対象への感情的反応のことで，端的に言えば，それが好きか嫌いかということである。私たちは，政治家，流行のファッションといった具体的な事物から，自由，平等といった抽象概念まで，あらゆる対象に，好き－嫌いの感情を即座に抱くことが明らかにされている（Bargh et al., 1996; Fazio et al., 1986）。

　次に認知成分とは，良い－悪い，賛成－反対，望ましい－望ましくないなど，評価に関わる知識や信念，考え，記憶などを指す。たとえば，ひいきにしている野球チームへの態度には，そのチームの長所，短所の知識ほか，素晴らしい勝利をおさめた試合の記憶などが含まれているだろう。

　最後に，行動成分は，接近－回避，受容－拒絶といった，対象への反応を指す。たとえばある対象にポジティブな態度を持っていれば，その対象に接近しようとし，否定的な態度を持っていれば回避しようとする。

2.　態度の決定に係る諸理論

（1）認知的斉合性理論

　態度の研究で注目すべきは，情報処理アプローチが導入され，社会

的認知研究が活発になる以前から，認知の役割に焦点化した理論が提出されていたことである。本節で紹介する認知的斉合性理論（cognitive consistency theory）は，ほぼ同時期（1950年代後半）に提出された類似の理論の総称である。態度の理論としては古典に分類されるが，その名の通り，認知が理論の中心に据えられており，態度の決定には，態度対象についての認知要素の間にある矛盾の解消が求められることが強調されている。以下，代表的な2つの理論を紹介する。

a. バランス理論

バランス理論（balance theory）は，ハイダー（Heider, F.）が提唱した理論で，Figure 6-2 に示すように，態度を抱く本人（P）と，その態度の対象（X），およびその対象に関係する他者（O）の3者の関係性によって態度が決定するとしている（Heider, 1958）。関係性には，好き－嫌いといった情緒関係と，所有，所属などのユニット関係があり，関係がポジティブ（好き，所有・所属）な場合には "＋" の符号，ネガティブ（嫌い，非所有・非所属）な場合には "－" の符号で表される。そして，この3者の関係を表す符号を掛け合わせたとき，プラスになれば均衡がとれた状態で安定するが，マイナスになると不均衡状態で，これを解消する方向に変化が生じることが予測されている。

たとえば，「坊主憎けりゃ袈裟まで憎い」ということわざがあるが，これをバランス理論にあてはめると，私（P）は坊主（O）を憎いと思っているので，PとOの関係はマイナス（－）である。一方，袈裟（X）は坊主（O）の所有物のため，OとXの関係 はプラス（＋）である。このとき，もし私（P）が袈裟（X）に好意を持っていると，PとXの関係はプラス（＋）となり，3者の関係を示す符号（－，＋，＋）を掛け合わせるとマイナスになってしまう（Figure 6-2 下段の左から3番目）。したがって，この不均衡な状態を解消するため，私が袈裟を嫌う（すなわち，PとXの関係がマイナスになる）ことで，全体の均衡状態が保たれる（Figure 6-2 上段の左から2番目）。

このようにバランス理論は，私たちの態度がどのように決定されるか

Figure 6-2　ハイダーのバランス理論の模式図 (Heider, 1958)

均衡状態

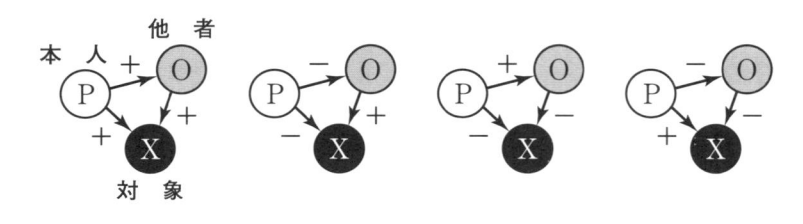

本人　他者
対象

不均衡状態

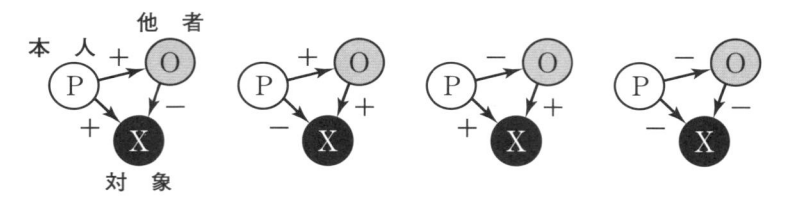

本人　他者
対象

を単純なかたちで定式化している。またこの理論は，態度が，人と対象との関係だけでなく，第三者を含む，3つの要素（PXO）の関係性で決定するものとしている点でも，興味深い理論となっている。

b. 認知的不協和理論

　バランス理論と並んでよく知られる認知的斉合性理論に，認知的不協和理論（cognitive dissonance theory; Festinger, 1957）がある。この理論を提唱したフェスティンガー（Festinger, L.）は，自分や自分を取り巻く環境についての認知（知識，意見，信念）に矛盾や食い違いがあったり，一方の認知が他方の認知から帰結しなかったりする状態のことを，認知的に不協和な状態と呼んでいる。そしてこのような不協和な状態は，不快感情を生み出すため，人は不協和を低減したり，除去したりするように動機づけられるとしている。

　わかりやすいのは，イソップ童話のすっぱいぶどうの話である。この童話では，ある日，キツネが，たわわに実ったおいしそうなぶどうを見つけ，食べようとして跳び上がる。しかし何度跳び上がってもぶどうに

は届かず，とうとうあきらめることになるが，去り際，キツネは「どうせあのぶどうはすっぱくてまずいから，誰が食べてやるものか」と捨て台詞を残すというお話である。この話では，キツネは，当初，「そのぶどうはおいしそうだ」という認知を持っていたはずである。その認知が「すっぱくてまずい」に変化したのは，「おいしそうだ」という認知と「ぶどうが手に入らない」という認知の間に矛盾が生じ，認知的不協和の状態が生じたためと考えられる。しかし，いくら跳び上がってもぶどうに届かない以上，「ぶどうが手に入らない」という認知を変えることはできない。そこで，「ぶどうはおいしそうだ」という認知を「ぶどうはまずくて食べるに値しない」に変化させることで，不協和を低減させたと考えられる。

　この理論において重要なのは，当人の主観（認知）の中で矛盾が解決されれば，たとえそれが客観的事実と一致していなくても，不協和は低減されるということである。なお認知的不協和理論では，既述のように，不快感情が，認知的不協和を低減する動因となると仮定している。その意味で，態度の決定に感情が役割を果たすことを想定した理論だといえる（第9章「感情と認知」参照）。

　以上，ここまでに2つの認知的斉合性理論を紹介したが，これらは社会心理学に情報処理アプローチが導入される以前に発表された理論である。当時は，行動主義が心理学全体を覆い尽くすほどに権勢を誇っていた時代だったが，そのような時代にあっても，社会心理学では，認知に着目した研究が行われていたことを示す好例といえるだろう（第3章「社会的認知」参照）。ただし，そうであったがために，態度の研究には情報処理アプローチは不要という声が長く続き，態度に関する社会的認知研究が発展するまでには時間がかかったとも言える。しかし現代の態度研究は大きく変貌しており，社会心理学の最先端の研究を紹介することで知られる Journal of Personality and Social Psychology という学術誌では，「態度と社会的認知」というセクションが設けられている。これは態度研究がいまも，社会心理学において主要な研究領域であることを

示すとともに，いまや社会的認知研究とは不可分の存在になったことを示唆しているといえるだろう。

（2）精緻化見込みモデル

　精緻化見込みモデル（ELM: Elaboration Likelihood Model; Petty & Cacioppo, 1986）は，情報処理アプローチを取り入れた態度のモデルの代表格である。このモデルでは，説得（態度変容）へと至る過程に精緻化の度合いの違いによる2つの情報処理過程（ルート）が想定されている（Figure 6-3）。精緻化見込みとは，説得の受け手が，送り手から発せられた説得メッセージの検討にどの程度の労力を割く可能性があるかということである。

　1つ目は中心ルート（central route）と呼ばれる過程で，このルートをたどる場合，受け手は説得メッセージの内容について注意深く，じっくりと考える。メッセージに含まれる議論の論理性や説得力に注目するとともに，取り上げられている事実や証拠にも目を向け，関連する経験や記憶があれば想起する。中心ルートでは，このような精緻化によって態度変容が起きるかどうかが決まる。

　2つ目は周辺ルート（peripheral route）と呼ばれる過程で，中心ルートとは対照的に，受け手は説得メッセージの内容とはあまり関係ない表面的な特徴に注目する。たとえば，メッセージがどれくらい長いかとか，メッセージの送り手（広告モデルなど）が魅力的かなど，本質的ではない手がかりである。

　中心ルートと周辺ルートのいずれの過程をたどるかは，説得の受け手に関する2つの要因によって決まると考えられている。1つは，説得メッセージに時間や労力を注ごうとする動機づけであり，いま1つはメッセージを処理する能力である。たとえば，態度変容を迫られる対象がその人にとって重要なものだったり，関連が深いものだったりする場合や，受け手がもともと深く考えることが好きな人であったりした場合には，動機づけは高くなる。しかし動機づけが高くても，それだけで中心ルートを経由するわけではない。疲労や騒音などによって受け手の思考

Figure 6-3 **精緻化見込みモデル** (Petty & Cacioppo, 1986)

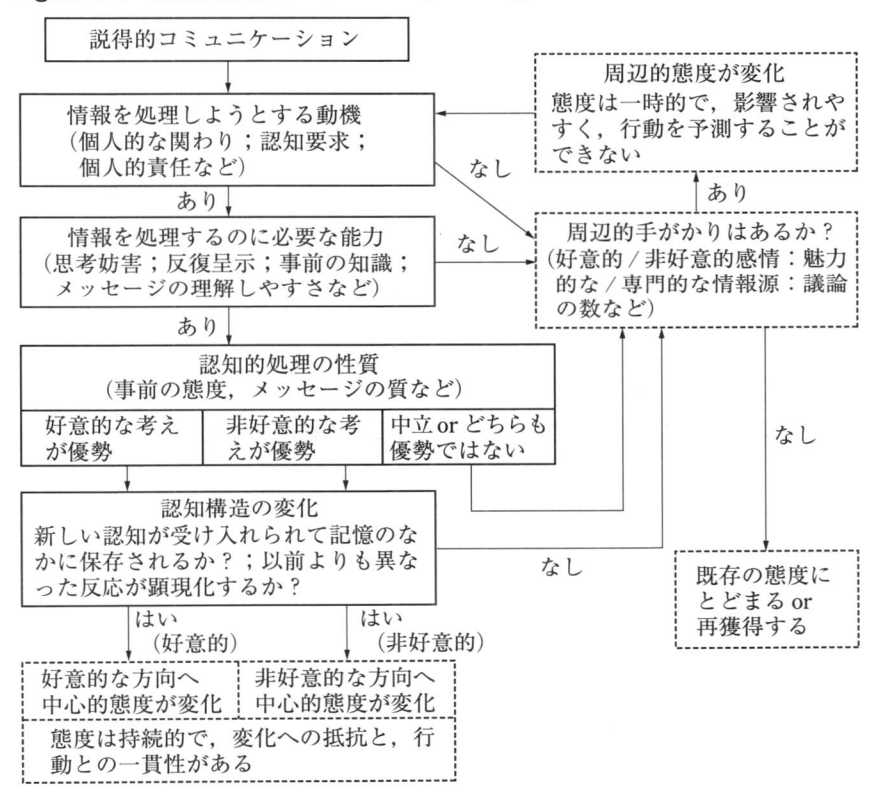

が妨害されたり，メッセージの内容が不明瞭だったり，事前の知識がなく，メッセージが理解しづらかったりする場合などは，深く考えることが妨げられるために中心ルートは経由されない。広告を視聴している時に話しかけられてじっくりと見ることができなかったり，見識のない分野の商品の広告を見たりする状況をイメージすればよいだろう。

　つまり，中心ルートが経由されるのは，説得の受け手に動機づけと処理能力の両者がある（精緻化見込みがある）ときのみである。そして精緻化見込みがあるとき，事前の態度や，メッセージの質に応じて認知構造に変化が生じ，態度変容が起こる。ただし態度変容の方向は，説得の内容と同方向，すなわち説得を受け入れる方向に変わるとは限らず，メッ

セージの送り手の意図とは逆方向に態度が変容する場合もある。ただし，態度変容がどのような方向に起きようとも，中心ルートを通じて形成された態度は持続的で，それを覆すのは容易ではない。また行動にも一貫性が見られる。動機づけと処理能力のいずれか，もしくは両方が欠けている場合は，周辺ルートをたどることになる。

　精緻化見込みモデルで仮定されている2つの情報処理過程（ルート）とその使い分けは，本書で繰り返し述べてきた2つの人間像を思い起こさせるだろう。すなわち，人は「認知的倹約家」であるため，特別な必要性（動機づけ）がなければ，あるいは十分な処理能力がなければ認知資源の消費が最小限で済む情報処理方略（周辺ルート）を選択するというものである。一方で，人は必要に応じて情報処理方略を使い分ける「動機を持つ戦略家」でもある。したがって，動機づけと処理能力がある場合には，より認知的な負担が大きく，認知資源を消費する情報処理方略（中心ルート）が選択される。

3. 態度変容の規定因

　精緻化見込みモデルは，態度変容の主体，すなわち説得メッセージの受け手に焦点を当てたモデルだが，説得による態度変容をより深く理解するには，説得メッセージの送り手（情報源），メッセージの内容，受け手についてそれぞれ丁寧に見ていく必要がある。以降，精緻化見込みモデルと関連づけながら説明する。

（1）送り手（情報源）

　同じ内容の説得メッセージを伝えられたとしても，誰から伝えられるかによって，説得の成否が変わることがある。説得メッセージの送り手がどのような人物かということは，本来，説得の効果とは関係がないはずだが，現実には，送り手のさまざまな特徴が態度変容を左右することがある。なかでもよく取り上げられるのが，送り手の信憑性（credibility）であり，信憑性はさらに専門性（expertise）と信頼性（trustworthiness）に分けられる。このうち専門性とは，送り手がその

説得メッセージについて，専門的な知識や技能を持っていると見なされるか否かということであり，具体的には，送り手の学歴，職業経験，話し方などが専門性の判断の基礎となる。一方，信頼性は，送り手が自分の知っていることを誠実に伝えようとしているか否かであり，送り手自身の損得には関係なく，受け手のために説得をしていると受け止められれば，受け手の態度変容の可能性は高まる。専門性にせよ，信頼性にせよ，信憑性が高いほうが説得の効果は大きいが，信憑性は説得メッセージの周辺手がかりにすぎない。したがって説得メッセージが精緻化見込みモデルの中心ルートで処理されている場合には，態度変容に与える影響はさほど大きくない。

　他方，信憑性が低い説得メッセージであっても，時間の経過に伴い，説得の効果が増すことがある。このスリーパー効果（sleeper effect）と呼ばれる現象（Hovland & Weiss, 1951）が生じるのは，時間が経過するにつれて，説得メッセージの情報源がメッセージの内容と分離するためだと考えられている。情報源に関する記憶，すなわち，その情報がどのような送り手から発信されたかは，メッセージの内容に関する記憶に比べて忘却されやすく，結果としてメッセージの内容がひとり歩きすることになる。そのため，信憑性がなくてももっともらしい情報は，一定時間が経過した後に態度変容を引き起こすことがある。

（2）メッセージの内容

　説得メッセージの内容は，説得の成功を左右するもっとも本質的な要因である。強力な論拠が示されているなど，議論の質が高い説得メッセージは態度変容を引き起こしやすく，反対に論拠が弱いメッセージの説得効果は小さい。しかし精緻化見込みモデルが示すように，説得メッセージは，受け手がその内容を理解するだけの処理能力をもつことが前提条件となる（Eagly, 1974）。実際，受け手の知識水準が高い場合に限り，論拠の強弱が説得の効果を左右すること（Wood et al., 1985）や，メッセージを反復して示すことで説得効果が高まること（Wilson & Miller, 1968）などが示されている。反復の効果は，説得メッセージが繰り返し

示されることにより，徐々に内容の理解が進むためと考えられている。

（3）受け手

　説得メッセージの受け手の要因として特に重要なのは，受け手自身との関連性である。精緻化見込みモデルでは，説得メッセージの内容が，受け手にとって重要なものである場合，受け手はメッセージの内容を入念に吟味して，慎重に態度を決定するとしている（中心ルート）。反対に，受け手にとってそのメッセージが重要でなければ，周辺手がかりによって態度が決定する（周辺ルート）。

　また，受け手の認知欲求の高低も関係する。認知欲求（need for cognition）とは，その人が認知的に負担がかかる活動に進んで従事する傾向のことであり（Cacioppo & Petty, 1982），個人差がある。たとえば，あまり考えなくてもよい課題より，頭を使う困難な課題のほうが好きだったり，新しい考え方を学ぶのが好きだったりする人は認知欲求が高いといえる。認知欲求の高い人は中心ルートを経由した態度変容が起こりやすいのに対し，認知欲求の低い人は周辺ルートを経由した態度変容が起こりやすい。

　このほかに，受け手が説得メッセージを処理している際の偶発的な感情（ムード）が説得の効果を左右することがある。第9章「感情と認知」で説明するように，ポジティブな感情状態にある人は簡便で直観的（直感的）な情報処理方略を選択しやすく，ネガティブな感情状態にある人はより綿密で分析的な情報処理方略を選択しやすい（Schwarz, 1990）。そのため，ポジティブなムードの受け手は周辺ルートを辿りやすく，ネガティブなムードの受け手は中心ルートを辿りやすい（Bless et al., 1990）。

（4）態度変容への抵抗

　ここまで説得による態度変容の過程について見てきたが，実際には，態度は容易には変化しない。そのもっとも大きな理由は，人は既存の態度を確証する情報に，選択的に注意を向ける傾向があるからである

(Eagly & Chaiken, 1998)。確証バイアス（第5章「既有知識とステレオタイプ」参照）は態度においても働き，人は自分の態度を支持するような情報には耳を傾ける一方で，自分の態度を否定するような情報にはあまり耳を貸さない。また接触した情報が自分の態度を確証する情報であれば好意的に評価するが，態度を覆すような情報であれば，批判的な評価をしやすい。ロードらが行った有名な実験(Lord et al., 1979) では，死刑制度を支持する人たちと反対する人たちに，それぞれ2つの研究報告を読んでもらい，犯罪者に極刑を科した場合の犯罪抑止力について答えてもらった。提供された2つの研究のうち1つは抑止力があることを示唆するもので，死刑制度を導入している州では殺人事件の発生率が減少していることを報告していた。それに対し，もう1つの研究報告は，死刑制度を導入している州で殺人事件の発生率が高くなっていることを示すもので，抑止力がないことを示唆していた。このように2つの研究報告の結果は相反するものであったが，実験参加者は，自分の態度を確証する報告はより厳密に研究が行われていると評価し，自分の立場に反する報告は研究のやり方などに問題があるとして批判した。 結果として，死刑制度を支持する実験参加者も，反対する実験参加者も，同じ2つの研究報告を読んだにもかかわらず，自分の態度により強い確信を持つようになり，研究報告を読む前よりも両者の態度の違いは際立つようになった。

　また人は，自分の態度は自分の意志で自由に決定したいという動機を持っており，その自由が脅かされると，心理的リアクタンス（psychological reactance）が生じることも知られている（Brehm & Brehm, 1981）。 そのため，高圧的な言葉や行動で態度変容を迫られると，態度を決定する自由を回復するために，態度変容への抵抗は増加する。極端な場合には，説得をする側が意図したのとは正反対の方向に，態度が変容するブーメラン効果（boomerang effect）が見られることもある。

（5）二重態度と潜在態度

　態度変容というと，古い態度が姿を消し，新しい態度にとって代わられたようなイメージを持つ。しかし表面的には，態度が新しくなったようでも，古い態度がそのまま残る可能性が指摘されている（Wilson et al., 2000）。これを二重態度（dual attitude）といい，古い態度は，潜在態度（implicit attitude）として残存することもある。

　態度の測定には，多くの場合，リッカート法やSD法などによる自己報告尺度が用いられる。つまり，対象について意識的に表明される態度であり，顕在態度（explicit attitude）と呼ばれる。しかし，私たちの内観には限界があり（第3章「社会的認知」参照），自己報告尺度だけではとらえきれない態度があると考えられる。そこで，社会的認知研究が発展して以降，潜在態度の測定が試みられるようになってきた。潜在態度とは，内観によっては特定できない（もしくは，正確に特定できない）態度，すなわち意識的にアクセスすることができない態度のことである（Greenwald & Banaji, 1995）。

　意識的にアクセスできないことから，潜在態度の測定には特別な工夫が必要である。そこで今日までに，さまざまな測定ツールが開発されている。なかでももっともよく利用されているのが，潜在連合テスト（Implicit Attitude Test; Greenwald et al., 1998），略してIATと呼ばれるテストである。IATは，態度対象とその属性（多くは快−不快，良い−悪いなどの評価）との間に存在する連合の強度を，反応時間を指標として測定することで，潜在態度を明らかにしようとしている。

　IATによる潜在態度の測定では，単語や絵，写真などの刺激を，決められた基準に基づいて分類することが求められる。Figure 6-4は，花と虫に対する潜在態度を測定するためのIATの模式図である。コンピュータで行うIATでは，おおむねこのような画面が表示され，"刺激"と書かれた箇所に，「花」や「虫」の写真，あるいは「良い」意味の単語や「悪い」意味の単語が1つずつ，呈示されていく。テストを受ける者に課されるのは，呈示される刺激が，「花」の写真もしくは「悪い」意味のことばであれば左側のキーを，「虫」の写真もしくは「良い」意

Figure 6-4　IAT 画面の模式図 （潮村, 2004）

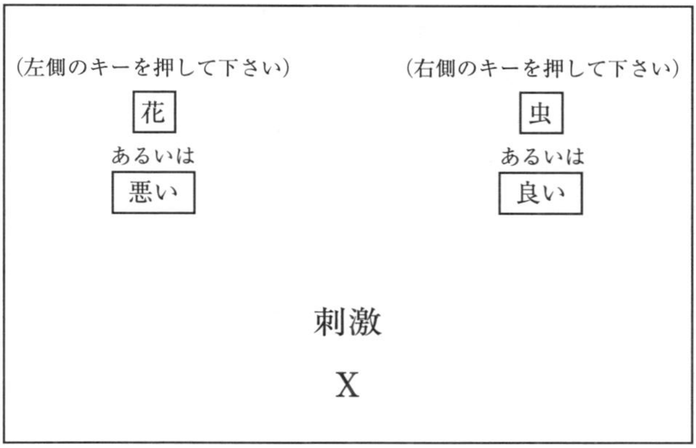

味のことばが提示されたら右側のキーを押すことである。そして，この課題がひととおり終わると，今度は分類基準が変わり，「花」の写真もしくは「良い」意味のことばが呈示されたら左側のキー，「虫」の写真もしくは「悪い」意味のことばが呈示されたら右側のキーを押すという分類課題が課される。実際のテストはもう少し複雑だが，おおむねこのような流れでテストは進み，最初の分類基準の際にかかった反応時間の平均と，次の分類基準の際にかかった反応時間の平均が比較される（分類の間違いが考慮されることもある）。実際にやってみるとわかるが，この例の場合，2 つ目の分類基準のほうが，1 つ目の分類基準の場合よりも，素早く，容易に課題をこなせる人のほうが多い。それは，花に対しての方が虫に対してよりもポジティブな潜在態度を持っている人が多いからである。そして 2 つの分類基準で課題を行った際の反応時間の差分が大きいほど，この潜在態度は強いと見なされる。

　潜在態度の研究は，人種，性別，高齢者など，偏見やネガティブなステレオタイプを持たれやすい対象について，数多く行われている（e.g., Greenwald et al., 1998; Nosek et al., 2007）。デヴァイン（Devine, 1989）によれば，私たちは，幼少期から，直接的，間接的に偏見やネガティブなステレオタイプに関する情報に大量に触れるため，「それは排除すべき偏見である」という理性的な判断ができるようになる前に，それが知

識として定着してしまう（第5章「既有知識とステレオタイプ」参照）。
したがって，後年，成長の過程で，平等主義的な顕在態度を身につけた
人であっても，潜在態度においては偏見やネガティブなステレオタイプ
を持っていることは珍しくないという。このような顕在態度と潜在態度
との乖離は，潜在態度が回答者の信念や価値観と相容れないものであっ
たり，それを表明することが社会的に望ましくなかったりする場合に起
きやすい。商品の好みなど，公表しても差し障りがないものでは，潜在
態度が顕在態度と連動することも少なくない（Greenwald et al., 2009）。

4. 態度と行動の一貫性

（1）態度は行動を予測するか

　態度が行動の準備状態と定義されるなら，態度の測定により，将来の
行動を予測できるはずである。冒頭でも述べたように，態度の研究が，
社会心理学において特別な地位を与えられているのは，そのような期待
があるからである。現実世界に目を向けても，選挙前に世論調査が行わ
れるのは，支持政党などを調べることで，有権者の投票行動を予測する
ためだし，新たな商品を開発した会社は，モニターに商品を試してもら
い，その評価が好意的かどうかを確認することで，商品の売れ行きを予
測する。しかしこのような期待とは裏腹に，態度と行動は必ずしも一貫
しないことが知られている。すなわち，特定の政党を支持しているから
といって，その政党の候補者に投票するとは限らないし，ある商品に好
意的な評価をしたとしても，購入には至らないことがあるのである。態
度と行動の一貫性についてのメタ分析によると，態度は将来の行動を統
計的に有意に予測するものの，予測する程度は大きくなかった（Kraus,
1995）。

　態度と行動が一貫しない理由には，さまざまなものが考えられる。た
とえば，ネガティブな態度であれば，それを行動に移すことが社会的に
望ましくないために，行動として表出されにくい。また私たちが抱く態
度は，多くの場合，漠然としたもの（たとえばある政党を支持している）
であるため，具体的な状況で求められる行動には適用できないこともあ

る（自分の選挙区の候補者は支持政党は公認しているが，候補者個人が好きではない）。さらに，態度のなかには両面価値的な（好きだけど嫌い）ものがあり，行動と一貫しない理由の一つになっている。

（2）態度アクセスビリティ

　最近は，態度が行動を予測するか否かを問うよりも，どのような場合には態度が行動を予測するのかを問うほうに研究の関心が推移している。このような関心に応えるものの1つに，態度アクセスビリティ（attitude accessibility）の研究があり，そこには情報処理アプローチの考え方や方法が導入されている。

　ある対象への態度は，情報の1つとして，私たちの記憶内に貯蔵されている。態度アクセスビリティ（Fazio, 1989）とは，この態度に関する情報を記憶内から取り出す際のアクセスのしやすさのことである。操作的には，ある対象についての態度を尋ねられたときに，態度を表明するまでの反応時間として定義されている。つまり，質問されてから態度を表明するまでの時間が速い態度が，アクセスビリティが高い態度であり，記憶内で態度の対象と態度を構成する要素とが強固に結びついていると考えられる。アクセスビリティが高い態度は，強い態度を形成しているため，行動をより強く予測する。1984年のアメリカ大統領選挙を題材にこの仮説を検証した研究（Fazio & Williams, 1986）では，投票日の数ヵ月前に，有権者の大統領候補者への態度アクセスビリティを測定したところ，態度アクセスビリティの高い有権者では，表明された態度と投票行動とが一貫する傾向が見られた。

（3）顕在態度と潜在態度の行動予測力

　行動の予測力が，顕在態度と潜在態度で異なることを示す研究もある。グリーンワルドら（Greenwald et al., 2009）は，自己報告尺度などを使って顕在態度を測定した研究と，潜在連合テストを使って潜在態度を測定した研究を対象にメタ分析を行った。その結果によれば，顕在態度も潜在態度も行動を予測できるが，社会規範に関係するような行動（差別的

行動など）では，潜在態度のほうが予測力が高いという。

　最後に態度は，第4章，第5章で取り上げた対人認知やステレオタイプとも深く関係している。特定の他者がどのような態度を持っているか（たとえば，その人の好む本や支持政党など）を知ることで，その人に対する印象や好悪が変わることがあるし，ある集団成員についてのステレオタイプが偏見のような偏った態度を生み出すこともあるからである。態度はまた，第8章「自己」で解説する自己概念や自尊感情の基盤でもある。自分がどのような態度を持っているかを認識することは，自分がどのような人間であるかを確認し，評価することにつながるからである。自己概念や自尊感情を維持するために，態度が変わったり，むしろより強固になったりすることもある。さらに，態度の成分に感情が含まれていることからもわかるように，第9章「感情と認知」で取り上げる感情との結びつきも強い。最近は，態度の道徳感情に関する研究も盛んであり，リベラルなイデオロギーと保守的なイデオロギーを持つ個人の態度が，それぞれどのような道徳基盤に支えられているかといった研究が行われている（e.g., Haidt, 2012）。また，第11章「脳神経科学と社会心理学」で取り上げるような社会神経科学の研究も活発に行われている。このように見ていくと，態度研究は，社会心理学において，いまなお中核的な存在であり続けていることを改めて認識することができるだろう。

引用文献 ▎

Allport, G. W. (1935). Attitudes. In C. Murchison (Ed.), *Handbook of Social Psychology*, Worcester. MA: Clark University Press. pp. 798-844.

Bargh, J. A. Chaiken. S., Raymond, P., & Hymes, C. (1996). The automatic evaluation effect: Unconditional automatic activation with a pronunciation task. *Journal of Experimental Social Psychology*, 31. 104-128.

Bless, H., Bohner, G., Schwarz, N., Strack, F. (1990). Mood and persuasion: A cognitive response analysis. *Personality and Social Psychology Bulletin*, 16, 331-345.

Brehm, S. S., & Brehm, J. W. (1981). *Psychological reactance: A theory of freedom and control*. San Diego, CA: Academic Press.

Cacioppo, J. T., & Petty, R. E. (1982). The need for cognition. *Journal of Personality and Social Psychology*, 42, 116-113.

Devine, P. G. (1989). Stereotypes and prejudice: Their automatic and controlled components. *Journal of Personality and Social Psychology*, 56, 680-690.

Eagly, A. H. (1974). Comprehensibility of persuasive arguments as a determinant of opinion change. *Journal of Personality and Social Psychology*, 29, 758-773.

Eagly, A. H. & Chaiken, S. (1998). Attitude structure and function. In D. T. Gilbert, S. T. Fiske, & G. Lindzey (Eds.), *Handbook of social psychology (4th ed., Vol. 1)*. NY: McGraw-Hill. pp. 269-322.

Fazio, R.H. (1989). On the power and functionality of attitudes: The role of attitude accessibility. In A R. Pratkanis, S. J. Breckler, & A. G. Greenwald (Eds), *Attitude structure and Function*. Hillsdale, NJ. pp. 153-179

Fazio, R. H., Sanbonmatsu, D. M., Powell. M. C., & Karde, F. R. (1986). On the automatic activation of attitudes. *Journal of Personality and Social Psychology*, 50, 229-238.

Fazio. R. H., & Williams. C. J. (1986). Attitude accessibility as a moderator of the attitude-perception and attitude-behavior relations: An investigation of the 1984 presidential election. *Journal of Personality and Social Psychology*, 51, 505-514.

Festinger, L. (1957). *A theory of cognitive dissonance*. Evanston. IL: Row, Peterson. &Co.

Greenwald, A. G., & Banaji, M. R. (1995). Implicit social cognition: Attitudes, self-esteem, and stereotypes. *Psychological Review*, 102, 4-27.

Greenwald, A. G., McGhee, D. E., & Schwartz, J. K. L. (1998). Measuring individual differences in implicit cognition: The Implicit Association Test. *Journal of Personality and Social Psychology*, 74, 1464-1480.

Greenwald, A. G., Poehlman, T. A., Uhlmann. E., & Banaji, M. R. (2009). Understanding and using the Implicit Association Test: III. Meta-analysis of predictive validity. *Journal of Personality and Social Psychology*, 97. 17-41.

Haidt, J. (2012). *The righteous mind: Why good people are divided by politics and religion*. Pantheon/Random House.

Heider. F. (1958). *The Psychology of Interpersonal Relations*. NY: John Wiley & Sons.

Hovland, C. I., & Weiss, W. (1951). The influence of source credibility on communication effectiveness. *Public Opinion Quarterly*, 15, 635-650.

Kraus, S. J. (1995). Attitudes and the prediction of behavior: A meta-analysis of the empirical literature. *Personality and Social Psychology Bulletin*, 21, 58–75.

Lord, D., Ross. L., & Lepper, M. (1979). Biased assimilation and attitude polarization: The effects of prior theories on subsequently considered evidence. *Journal of Personality and Social Psychology*, 37, 2098-2109.

Nosek, B. A., Smyth, F. L., Hansen, J. J., Devos, T., Lindner, N. M., Ranganath, K. A., Smith, C. T., Olson, K. R., Chugh, D., Greenwald, A. G., & Banaji, M. (2007). Pervasiveness and correlates of implicit attitudes and stereotypes. *European Review of Social Psychology*, 18, 36–88.

Petty, R. E., & Cacioppo, J. T. (1986). The elaboration likelihood model of persuasion. In L. Berkowitz (Ed.). *Advances in experimental social psychology (vol. 19)*. NY: Academic Press. pp. 123-205.

Rosenberg, M. J. & Hovland. C. I. (1960). Cognitive, Affective and Behavioral Components of Attitudes. In M. J. Rosenberg, C. I. Hovland (Eds.) , *Attitude Organization and Change: An Analysis of Consistency Among Attitude Components*. New Haven. CT: Yale University Press. pp. 1-14.

潮村 公弘 (2004). 潜在的認知　大島 尚・北村 英哉（編）認知の社会心理学　北樹出版　Pp.54-71.

Schwarz, N. (1990). Feelings as information: Informational and motivational functions of affective states. In E. T. Higgins & R. M. Sorrentino (Eds.). *Handbook of motivation and cognition (Vol.2)*. NY: Guilford Press. pp. 527-561.

Wilson, T. D., Lindsey, S., & Schooler, T. Y. (2000). A model of dual attitudes. *Psychological Review*, 107, 101-126.

Wilson, W., & Miller, H. (1968). Repetition, order of presentation, and timing of arguments and measures as determinants of opinion change. *Journal of Personality and Social Psychology*, 9, 184-188.

Wood, W., Kallgeren, C. A. & Preisler, R. M. (1985). Access to attitude-relevant information in memory as a determinant of persuasion: the role of message attributes. *Journal of Experimental Social Psychology*, 21, 73-85.

研究課題

1．身の回りのもの（人でも，物でも構わない）をいくつか挙げて，それについて自分がどのような態度を持っているかを態度の 3 成分に基づいて考えてみよう。

2．他者に説得されて態度が変容した経験を思い出してみよう。そのときの態度変容は，精緻化見込みモデルの中心ルートによるものだろうか，それとも周辺ルートによるものだろうか。

3．態度と行動が一貫していない例が思いつくだろうか。たとえば，好きだけれども購入しない商品があったり，嫌いだけれども付き合っている人がいたりするだろうか。そうした事例をもとに態度と行動が一貫していない場合があるのはなぜかを考えてみよう。

7 | 原因帰属

《学習のポイント》
社会的事象の原因を推論し，帰属する過程には，さまざまなエラーやバイアスがあるが，そこから人間の社会的推論の特徴が見えてくる。特に他者の行動に関する原因帰属のエラーは，社会心理学が扱う現象の根幹を成すものと位置づけられている。
《キーワード》 社会的推論，原因帰属，基本的な帰属のエラー，責任帰属，誤帰属

---

1. 原因帰属とは何か

（1）社会的推論と原因帰属

本章では，社会的推論（social inference）の一つである原因帰属（causal attribution）について概説する。社会的推論とは，社会に関して私たちが行う推論の総称であり，第4章で取り上げた対人認知も，他者の外見などから，その内面を推測するという意味では，社会的推論の一つと捉えられる。本章で取り上げる原因帰属は，さまざまな社会的事象が，どのような原因によって起こったのかを推論し，何らかの要因に原因を帰する（帰属する）ことを指し，わかりやすく言えば，原因を何かのせいにすることである。

原因帰属は，身近な社会的推論であり，日々の生活のなかで，私たちは原因帰属を繰り返し行っている。たとえば，子どもは，ことばを操れるようになると，頻繁に「なぜ」ということばを発するようになる。このような行為は，年を重ねるにつれ，表面的には鳴りを潜めるが，大人になったからといってなくなるわけではない。いつもは優しい友人がそ

の日に限ってとげとげしい言動をしていれば，なぜだろうかと思いを巡らせるし，凶悪な犯罪が起きたと聞けば，事件の原因を知るために，テレビや新聞の報道に釘付けになることもある。そのようなとき，原因がわからないと落ち着かず，原因らしきものが明らかになると，たとえそれが正しいという保証はなくても，それだけで少し安心する。こんな経験は，誰にでも心あたりがあるのではないだろうか。

（2）内的帰属と外的帰属

　他者の行動の原因を帰属する際に問題となるのは，原因が性格，能力，努力など，行為者の内側にある要因に求められるか（内的帰属という），行為者とは直接的な関係がない外側の要因（その人をとりまく状況や他者など）に求められるか（外的帰属という）ということである。

　たとえば凶悪な犯罪が起きたとき，その原因を犯人の意図や性格（内的要因）に求める場合もあれば，犯人の家庭環境や社会的な立場（外的要因）に求める場合もあるだろう。レヴィンの公式（第1章参照）にあてはめるなら，人（P）という変数に相当するのが内的要因，環境（E）に相当するのが外的要因である。つまり，原因帰属は，人の行動（B）を，人（P）と環境（E）がそれぞれどの程度，規定しているか，それぞれの要因の相対的な貢献度を推論する過程ということができる。

（3）ケリーの共変モデル

　原因帰属をめぐっては，さまざまなモデルが考案されているが，ここでは代表的なものとして，ケリー（Kelley, H.）の共変モデル（covariation model）を紹介する（Kelley, 1967）。このモデルによれば，私たちは原因帰属の際に共変原理を使用する。共変とは，文字どおり共に変わることであり，具体的には，「ある事象が起こるときは存在し，起こらないときには存在しないもの」のことを指す。共変モデルによれば，共変に関わる情報は，合意性，弁別性，一貫性の3つの次元に沿って検討される。そして，それぞれの次元に関する情報を，その事象の生起と照らし合わせて検討することで，原因が特定される。

Table 7-1　共変モデルの 3 次元

帰属	合意性	弁別性	一貫性
外的要因に帰属 （例：お笑いタレント A の面白さ）	高 （その男性以外の人も A の漫才を見て笑っている）	高 （男性は，B や C の漫才は面白がらないが，A の漫才だけは面白がる）	高 （男性は A の漫才を見たときはいつも大笑いしている）
内的要因に帰属 （例：男性は笑い上戸）	低 （その男性以外の人は A の漫才を見ても笑わない）	低 （男性は，A だけでなく，B や C の漫才でも面白がる）	高 （男性は A の漫才を見たときはいつも大笑いしている）

　具体例で考えてみよう（Table 7-1）。たとえば，ある男性が A というお笑いタレントの漫才を見て笑っていたとする。彼が笑っている原因は，漫才にあるだろうか。それとも，その漫才を見て笑っている彼自身にあるだろうか。もし彼が笑っているのは，彼がもともと笑い上戸だからと考えるなら内的帰属，漫才が原因と考えるなら，外的帰属をしていることになる。

　共変モデルによれば，外的帰属がされるのは，合意性，弁別性，一貫性の次元での評価がすべて高いと評価された場合である。合意性とは，「ある人のある対象への反応は，他の人々と一致しているかどうか」を検討する次元である。つまり，この場合であれば，その男性以外の人も，A の漫才を笑っているかということである。また，A の漫才が確かに面白いと推論されるためには，漫才を見て笑っていた男性は，B や C という別のお笑いタレントの漫才を見てもさほど笑ったりしないのに，A の漫才に対してだけ笑っていなければならない。このように，「ある人のその反応は，当該の対象に限って起こるのかどうか」を検討するのが弁別性の次元である。さらに A の漫才が確かに面白いと結論づけられるには，その男性がいつ，どんな状況で A の漫才を見ても笑っている必要がある。たまたまある時だけ笑っていたのであれば，その漫才を

面白いと思わせる別の要因があったのかもしれない。このように、「ある人のある対象に対する反応は、どのような状況でも変わらないかどうか」を検討するのが一貫性の次元である。

　一方、合意性も弁別性も低く、一貫性だけが高い場合、原因は内的要因に帰属される。具体的には、その男性以外に誰も A の漫才を見て笑っていないのに、その男性は A だけでなく、B の漫才でも、C の漫才でも笑っている状況が繰り返し観察されるような場合である。この場合、その男性がどんなお笑いタレントの漫才でも面白いと感じるような笑い上戸であることが原因と考えられる。

（4）規範モデルとしての共変モデル

　共変モデルは、原因帰属を説明するものではあるが、私たちが実際に行っている原因帰属の "ありのままの姿" を記述したモデル（記述モデル）というよりは、原因帰属の "あるべき姿" を説明したモデル（規範モデル）と位置づけられている。

　これは第 1 に、共変モデルで想定されている原因帰属を行うには、合意性、弁別性、一貫性に関する情報が揃っていることが前提となるためである。現実生活の中で、これらの情報がすべて入手できることは稀で、むしろ実際に観察できる他者の言動は、その場限りのものだったり、第三者やマスメデイアを通して知る間接的な情報だったりする。つまり、共変性を検討するには情報が少なすぎるのである。

　しかし十分な情報が揃っていれば、合理的な原因帰属をするかといえば、そうではない。合理的な原因帰属をするには、必要な情報をできるだけ多く入手することに加え、集めた情報を一つひとつ丁寧に吟味することが求められる。そのためには、膨大な労力（認知資源）が必要であり、「認知的な倹約家」である人間は、それを回避しようとすることは、繰り返し述べてきたとおりである。つまり、たとえ緻密な原因帰属が可能な状況であっても、人間は、簡略化した原因帰属をしがちだということである。これが共変モデルが "ありのままの姿" を記述したモデルではない第 2 の理由である。

2. 原因帰属のバイアス

（1）基本的な帰属のエラー

　共変モデルのような"あるべき姿"を描写する規範モデルがあることで，人間が原因帰属において，どのようなエラーや認知バイアスを起こしやすいかが浮き彫りにされている。たとえば，本来であれば，同等に扱うべき共変性の3つの次元のうち，合意性は，他の2つの次元（弁別性，一貫性）に比べて，重視されないことがわかっている。

　また他者の行動において，外的要因と比べ，内的要因は過大に評価されるというエラーがあり，人間がおかしがちな本質的で普遍的な誤りという意味で，基本的な帰属のエラー（fundamental attribution error）と名付けられている。名付け親であるロスは，これを社会心理学が扱う現象の根幹に関わるものとしている（Ross, 1977）。

　これに関連して有名なのが，ジョーンズとハリスが行った実験である。彼らは，当時キューバの政治的指導者であったカストロに関するエッセイを実験参加者に読ませ，書き手がカストロに肯定的な態度を持っているか，否定的な態度を持っているかを推測させる実験を行った（Jones & Harris, 1967）。エッセイにはカストロを支持する立場のものと，支持しない立場のものがあり，実験参加者にはそのいずれかが手渡されたが，このとき，それぞれの参加者の半数には，書き手はカストロ支持／不支持の立場を自由に選択してエッセイを執筆したと説明し，残りの半数には，あらかじめどちらの立場で書くかが指示されてエッセイを執筆したと説明した。

　どちらの立場でエッセイを書くかを，第三者によってあらかじめ決められていたのであれば，そのエッセイを読むだけでは，書き手の真の態度を知ることはできないはずである。しかしそのような場合でも，実験参加者は，書き手がそのエッセイに書かれた内容と同じ方向の態度を持っていると推測する傾向が見られた。すなわち，エッセイが本人の意思によって書かれたものかどうかに関係なく，カストロ支持のエッセイを読んだ参加者は，書き手がカストロに対して肯定的な態度を持ってい

Table 7-2　ジョーンズとハリスの実験 (Jones & Harris, 1967)

	エッセイの方向	
	カストロ 賛成	カストロ 反対
選択の自由あり	59.62	17.38
選択の自由なし	44.10	22.87

注：値の取り得る範囲は 10 〜 70。数値が小さいほどカストロ反対の立場，大きいほど賛成の立場であることを表す。

ると推測し，不支持のエッセイを読んだ参加者は，書き手がカストロに否定的な態度を持っていると推測したのである（Table 7-2）。

　基本的な帰属のエラーとみられる現象は，日常生活でもよく見られる。たとえば，強面で悪役ばかりを演じている俳優が，地域のボランティア活動に力を入れていることを知ると意外に思えるし，クイズ番組の司会者をやっている人は賢そうに見えたりする。これは，俳優が台本に沿って演じていることや，クイズの司会者があらかじめ答えを知らされていることを承知していてもなお，彼らの行為（ドラマの中で人を傷つける，誤答した回答者に正答を告げる）の原因を，知らず知らずのうちに内的要因（残酷な性格，高い知性）に帰属していることを示唆している。

　基本的な帰属のエラーが生じるのは，次のような理由によると考えられる。第 1 に他者の行動の原因を考える際，行為者は，状況に比べて目につきやすいことが挙げられる。知覚的に目立ちやすいものは，選択的な注意を集めやすく，重要な情報と見なされやすいが，行為者は，まさに行為することによって注意をひきやすい。そのために，注意が向けられにくい外的要因よりも，行為者の内的な要因に原因が求められやすいと考えられる。

　また第 2 の理由として，状況がもたらす影響の大きさを，私たちが正しく評価できないことが挙げられる。そのため，状況の影響があったとしても，行為者は，自分の意思でそれを乗り越えたり，それに対抗した行動ができたりしたはずだと考える。ジョーンズとハリスの実験でいえば，カストロ支持のエッセイを書くように指示されても，真のカストロ

支持者でなければ，そのことが垣間見える手がかりがエッセイに表れるはずだと考える。そのため，何も見あたらなければ，エッセイの書き手は本当にカストロを支持していると考えてしまう。第2章「社会的影響」で解説したように，状況の力はしばしば個人の力をしのぎ，私たちの行動を大きく左右する。しかしそのことを日常生活のなかで実感する機会は少ないため，状況の力を過小評価してしまうのである。

　さらに内的帰属は，他者の性格や能力を推論することであるから，その人の将来の行動を予測することにもつながる。ある人の行動が，その時の状況によって誘発された行動だと推論した場合（外的帰属）は，同じ人物が他の状況でどのような行動をとるかは予測できない。しかしその行動が行為者の内的な要因に基づくものなら，状況が変わっても，その人は同じような行動をとることが予測される。そしてこのような予測は，その他者への対処行動を促すことから，内的帰属が優先されると考えられている。

　実際のところ，私たちは他者の行動を見ると，特別な意識をすることもなく，その人の内的属性を推論し，そこには一切の自覚を伴わないと主張する研究者もいる。これを自発的特性推論（spontaneous trait inference）という（Uleman et al., 1996）。

　ギルバートは，他者の行動を見たとき，まずその行動に対応する内的属性が自発的に推論されるのは，それが一種のデフォルト（初期値）ともいえる心の働きだからだと考えた。彼の提案した属性推論モデル（Figure 7-1）によれば，状況のような外的要因が考慮されるのは，内的属性の推論が終了したあとの段階である（Gilbert, 1989, 1995）。そして，内的属性が推論される段階は，認知資源をあまり必要としない自動的過程であるのに対し，状況要因（外的要因）が考慮され，その影響力に応じて内的要因の貢献度が見直される段階は，認知的な資源が必要な統制的過程としている（第3章「社会的認知」参照）。そのため，この見直し（調整）にかける労力に余裕がない場合や，特別な認知資源を投入する必要性がない場合には，状況要因が考慮される前の段階，すなわち内的属性の推論までで，原因帰属が終了する。ここで重要なのは，私

Figure 7-1　ギルバートの属性推論モデル (Gilbert, 1989, 1995)

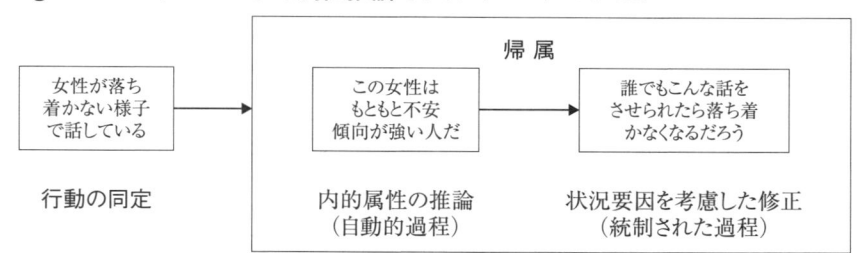

たちが内的帰属と外的帰属を同時並行で行っているわけではないということである。先行し，意識が関与することなく行われるのは内的帰属であり，外的帰属は，そのあとに，しかも必要性があり，認知資源に余裕がある場合にのみ，行われるのである。

　実際，ギルバートらが行った実験では，認知的に余裕がない状態におかれた人は，状況要因を考慮した原因帰属ができないことが明らかにされている（Gilbert et al., 1988）。この実験では，落ち着かない様子で話をする女性のビデオが音声を消した状態で見せられ，実験参加者は，その様子から，この女性の不安傾向を推測するよう求められた。その際，半数の実験参加者には，女性が海外旅行や洋服のトレンドなど，たわいもないトピックについて話をしていると説明されたのに対し，残りの半数の参加者には，女性が話しているのは，性的な妄想や人前で恥をかいた経験など，初対面の人には話さないような恥ずかしい内容だと説明された。また，それぞれの条件の半数の参加者には，ビデオに表示されるテロップの記憶が課されたため，ビデオの視聴中も，それを頭の中で反復しなければならなかった。

　その結果，記憶を課されていない参加者では，女性が話すトピックがもともと不安を喚起するような内容だった場合に，たわいもない内容だった場合よりも，不安傾向は低いと推論した。トピックの内容が不安を喚起するようなものであれば，落ち着きのない様子を見せていたとしても，それは女性の内的属性に起因するものではないと推論したわけである。つまり認知的な負荷がない場合には，状況要因を踏まえた原因帰属の修正が行われたのだと考えられる。一方，記憶を課された実験参加

者は，トピックが不安を喚起する内容のものであった場合でも，女性の不安傾向は高いと推論した。記憶課題によって認知資源が奪われたために，状況要因を考慮した修正に至る前に，原因帰属のプロセスが終了したのだと考えられる。

（2）行為者一観察者バイアスとセルフ・サービング・バイアス

基本的な帰属のエラーは，他者の行動の原因帰属において人間がおかしがちなエラーだが，行動の主体が自分の場合には，反対方向のバイアスとして現れる。つまり，原因を行為者である自分ではなく，状況や他者などの外的な要因に帰属する傾向が見られる。

重要な会議に遅刻した場合を考えてみよう。遅刻した人物が他者（たとえば，会社の同僚など）だった場合，原因はその人の性格や能力などの要因（たとえば，だらしがない，時間にルーズ）に帰属されやすい。これが基本的な帰属のエラーである。しかし遅刻したのが自分だった場合，原因は内的要因よりも，状況などの外的な要因に帰属されやすい。つまり，遅刻したのは，私がだらしがないからではなく，目覚まし時計が鳴らなかったからだったり，電車のダイヤが乱れていたからだったり，出かける直前に近所の人に呼び止められたからだったりするのである。

このように同じ行動であっても，行為者本人と，行為の観察者では，異なる原因帰属がされやすいことを行為者－観察者バイアス（actor-observer bias; Jones & Nisbett, 1971）という。ただし，このバイアスは，どのような場合にも起きるわけではないようである（Malle, 2006）。たとえば行為者－観察者バイアスは，ポジティブな出来事よりも，ネガティブな出来事で起きやすく，このことは，このバイアスに，セルフ・サービング・バイアスと同じような利己的な側面があることを示唆している。

セルフ・サービング・バイアス（self-serving bias : Bradley, 1978）とは，自分の行為について推論をする際に生じるバイアスで，自己奉仕バイアスと訳されることもある。自分に都合よく推論が行われることによって起きる利己的なバイアスと考えられており，典型的には，自分の成功は内的要因に，失敗は外的要因に帰属する傾向のことを指す。たと

えば，試験で良い成績をとれば，自分の能力や努力によるものだという内的帰属がされやすいが，悪い成績をとると，問題が悪かった，教室が騒がしくて集中できなかったなどの外的帰属がされやすい。ただし，セルフ・サービング・バイアスには文化差があり，日本人にはあまり見られないという指摘もある。この点については，第 13 章「文化心理学と社会心理学」で解説する。

（3）誤帰属

　自己に関する原因帰属にエラーやバイアスが生じるのは，そもそも私たちが，自分の心の状態を正しく把握することができないからとも考えられる（第 3 章「社会的認知」参照）。

　ベム（Bem, D. J.）は自己知覚理論（self-perception theory）を提唱し，人は，他者にはアクセスできない内的な手がかりを利用して，自分の心の状態を把握しようとするが，それがいつも利用できるわけではないこと，そして利用できないときには，他者を知覚するのと同じプロセスを通じて自己を知覚するのだと主張した（Bem, 1972）。つまり私たちは，少なくとも部分的には，対人認知をするときと同じように，自己を外側から観察して，その情報をもとに自己の内的状態を推論しているというのである。

　ニスベットとウィルソン（Nisbett & Wilson, 1977）も，自己に関する原因帰属は，むしろ既存の知識や，因果関係に関する暗黙の理論を答えているに過ぎないと主張している。彼らは，買い物客に，台の上に並べた 4 足のストッキングのなかから，最も良いと思うものを選択してもらうという実験を行った。すると，実際にはすべて同じストッキングを並べていたにもかかわらず，置かれていた位置によって選択率が変わり，一番右にあったストッキングは一番左にあったものの約 4 倍も選ばれた。しかし，なぜそれを選択したかを本人に尋ねると，編地や透け具合などを理由に挙げ，ストッキングが置かれた位置について言及したものは 1 人もいなかった。また置かれていた位置が選択に影響した可能性を尋ねても，ほとんどがそれを否定した。つまり私たちは，自分の行為や

内的状態の変化について，その原因を問われれば，もっともらしい答え
をすることができるが，それはしばしば誤っているということである。
原因を誤って帰属することを誤帰属（misattribution）という。

　自己に関する誤帰属の例としては，単純接触効果（mere exposure
effect; Zajonc, 1968）を挙げることができる。これは特定の対象に繰り
返し接触することによって，好意が生まれる現象のことを指す。特に
会話を交わすわけでなくても，電車や近所の道端で毎日のように会う
人に親しみを覚えるのは，この単純接触効果によると考えられる。単
純接触効果が生じるメカニズムには諸説あるが，近年は知覚的流暢性
（perceptual fluency）の誤帰属だとする説が有力である（Bornstein,
1992）。同じ対象に2度，3度と繰り返し接触すると，その対象を初め
て見たときに比べ，知覚的な情報処理の効率が上がる。この処理の流暢
さに関する主観的な感覚が，対象自体の親しみやすさや好ましさによる
ものだと，誤って推論されるという説明である。誤帰属は，誤った原因
帰属であるため，真の原因に気づく可能性が高まると，消失したり，効
果が弱まったりする。誤帰属は当人が意識しないさまざまな場面で起き
ており，特に感情に関わる帰属でよく起きることから，第10章「感情
と認知」で再び取り上げる。

3.　責任帰属

（1）ワイナーの原因帰属理論

　他者の行為についての原因帰属は，責任帰属と密接な関係にある。他
者の行為が何らかの損失をもたらすものであった場合，その行為の原因
によって，責任が追及されるからである。このように，責任は何にある
のかを推論し，帰属する過程が責任帰属である。原因帰属と類似した社
会的推論だが，同一のものではない。たとえば，損失を伴う事件が起き，
その原因が特定の人物に帰属されたとしても，その人物の責任が問われ
ない場合があることは，誰しもが認めるところだろう。

　では，どのような場合に行為者は責任を問われるのだろうか。この問
いに答えるには，ワイナーの原因帰属理論（Weiner, 1979）が参考にな

る。この理論では，原因が行為者の内的な要因か，外的な要因かだけでなく，その原因の時間的な安定性（安定性−不安定性）と，統制可能性（統制可能−統制不可能）を考慮する。当初は，成功や失敗を伴う課題での原因帰属を説明するための理論だったが，その後，適用範囲が広がり，社会的正義や道徳感情に関する問題もこの理論で説明されるようになった（Weiner, 2006）。その中でワイナーは，「統制可能性」が，責任帰属に深く関与していることを指摘している。たとえばある人が試験で失敗したとき，失敗の原因を当人の努力不足，あるいは能力（適性）不足に求めるなら，これらはいずれも内的要因に帰属していることになる。しかし同じ内的帰属であっても，失敗が努力不足によると考えられた場合は，当人の責任が問われ，叱責や処罰の対象となるが，能力不足と考えられた場合には，責任は追及されない。これは，努力は当人によって統制可能なもの，つまり意志によって，努力量を増やしたり，減らしたりすることができるのに対し，能力は本人の意志だけでは統制できないものと見なされるためである。したがって，試験の失敗が努力不足という原因に帰属された場合には，責任が追及されて周囲から怒りをかうが，失敗が本人が統制できない要因によって起きた場合には，むしろ周囲から同情されたり援助が引き出されたりすることがある（Figure 7-2）

Figure 7-2　ワイナーの原因帰属理論 (Weiner, 2006)

出来事	原因/タイプ	責任性 先行変数		行動的反応
達成失敗	努力不足	原因の統制可能性		非難
スティグマ条件	行動的/精神的	原因の統制可能性		有罪判決
援助欲求	飲酒/努力不足	原因の統制可能性	責任性あり → 怒り	怠慢
要求への服従	報酬/参照力	原因の統制可能性		報復
他者の攻撃行動		意図的		
達成失敗	適性欠如	原因の統制不可能性		非難なし
スティグマ条件	身体的	原因の統制不可能性		有罪判決なし
援助欲求	病気/低い能力	原因の統制不可能性	責任性なし → 同情	援助
要求への服従	罰/正当な権力	原因の統制不可能性		報復なし
他者の攻撃行動		非意図的		

　責任帰属には，「統制可能性」と類似する「意図性」という概念も関係している。すなわち，意図的な行動に対しては行為者の責任が問われるのに対し，非意図的な行動は責任が問われないということである。たとえば，他者への攻撃が意図的（故意によるもの）であった場合，行為者には非難や罰が与えられる。しかし同じ攻撃行動であっても，それが非意図的（偶発的なもの）であった場合には，処罰の対象にならないこともある。

（2）被害者非難

　責任帰属は，事件・事故の加害者に対して行われることが多いが，時には，事件・事故に巻き込まれた被害者や犠牲者に対しても責任帰属が行われ，被害を受けた側であるにもかかわらず，不当な責任を問われることがある。これを被害者非難（victim blaming; Ryan, 1971）という。

　被害者非難には，公正世界仮説（just world hypothesis）と呼ばれる信念が関係していると考えられている。ラーナーによれば，人は「この世の中は，それぞれがその人にふさわしい結果を受けることができる公正な世界である」と信じている（Lerner, 1980）。すなわち，良い行いをしている人には良いことが起こり，悪い行いをしている人には悪いことが起こるはずだという因果応報的な世界観を人間は持っているというのである。しかし現実の世界はこの信念のとおりではなく，落ち度がない人が，凄惨な事件・事故に巻き込まれることがある。そして，それを目のあたりにしたとき，私たちの公正世界仮説は脅威にさらされ，自分にも同様の不幸が降りかかるかもしれないという不安が喚起される。

　次章で解説するように，人は自己のことを現実以上にポジティブに捉える傾向がある。それゆえ，世界が公正世界仮説どおりであれば，良い人間である自分に不幸が降りかかることはないはずだと考える。しかしもし，何ら非難すべきことがない人が不幸な目に遭うのだとしたら，良い人間である自分の身にも同様の不幸が降りかかるかもしれない。そこで，本来であれば非難されるべきではない被害者や犠牲者の欠点を探し出し，「不幸に見舞われても仕方がない」「事件に巻き込まれたのは自業

自得だ」などと考えることで，公正世界仮説を維持し，不安を低減しようとするのだと説明される。つまり被害者非難は，脅威から自己を防御する防衛的な帰属の 1 つだと考えられている。被害者非難によって，レイプや配偶者による虐待の被害者が，不当に責任を追及される場合があることが指摘されている。

引用文献

Bem, D. J. (1972). Self-perception theory. In L. Berkowitz (Ed.), *Advances in experimental social psychology* (Vol.6). NY: Academic Press. pp. 1 -62.

Bornstein, R. F. (1992). Subliminal mere exposure effects. In R. F. Bornstein (Ed.), *Perception without awareness*. NY: Guilford Press. pp.191-210.

Bradley, G. W. (1978). Self-serving biases in the attribution process: Are examination of the fact of fiction question. *Journal of Personality and Social Psychology*, 36, 56-71.

Gilbert, D. T. (1989). Thinking lightly about others: Automatic components of the social inference process. In J. S. Uleman & J. A. Bargh (Eds.). *Unintended thought*. NY: Guilford press. pp. 189-211.

Gilbert, D. T. (1995). Attribution and interpersonal perception. In A. Tesser (Ed.), *Advanced social psychology*. NY: McGraw-Hill. pp98-147.

Gilbert, D. T., Pelham, B. W.. & Krull. D. S. (1988). On cognitive busyness: When person perceivers meet persons perceived. *Journal of Personality and Social Psychology*, 54, 733-740.

Jones. E. E., & Nisbett. R. E. (1971). The actor and the observer: Divergent perceptions of the causes of behavior. NY: General Learning Press.

Jones. E. E., & Harris. V. A. (1967). The attribution of attitudes. *Journal of Experimental Social Psychology*, 3. 1 -24.

Kelley, H. H. (1967). Attribution theory in social psychology. In D. Levine (Ed.), *Nebraska symposium on motivation* (Vol. 15). Lincoln: University of Nebraska Press. pp.192-238.

Lerner, M. J. (1980). *The belief in just world: A fundamental delusion*. NY: Plenum.

Malle, B. F. (2006). The actor-observer asymmetry in causal attribution: A (surprising) meta-analysis. *Psychological Bulletin*. 132, 895-919.

Nisbett, R. E., & Wilson, T. D. (1977). Telling more than we can know: Verbal reports on mental process. *Psychological Review*, 84. 231-259.

Ryan, W. (1971). *Blaming the victim*. NY: Vintage Books.

Ross, L. (1977). The intuitive psychologist and his shortcomings: Distortions in the attribution process. In L. Berkowitz (Ed.), *Advances in experimental social psychology* (vol. 10). NY: Academic Press. pp.173-220.

Uleman, J. S., Newman. L. S., & Moskowitz, G. B. (1996). People as flexible interpreters: Evidence and issues from spontaneous trait inference. In M. P. Zanna (Ed.). *Advances in experimental social psychology* (Vol. 28.). San Diego, CA: Academic Press. pp.211-279.

Weiner, B. (1979). A theory of motivation for some classroom experiences. *Journal of Educational Psychology*, 71, 3 -25.

Weiner. B. (2006). *Social motivation, justice, moral emotion: An attributional approach*. Mahwar, NJ: LEM.

Zajonc, R. B. 1968 Attitudinal effects of mere exposure. *Journal of Personality and Social psychology (Monograph)* , 9, 1 -27.

研究課題

1．Aさんが楽しそうにBさんと話をしている状況を考えてみよう。次のような情報があるとき，この事例をケリーの共変モデルにあてはめると，弁別性，一貫性，合意性の次元の高低は，どう評価できるだろうか。また，Aさんが楽しそうにBさんと話をしている原因は何に帰属できるだろうか。

　　a．Aさんは，Bさんに限らず，ほかの人とも楽しく会話している様子がよく見かけられる。

　　b．AさんはBさんと話をしているとき，いつも楽しそうである。

　　c．Bさんに対して，Aさん以外の人が楽しそうに話をしている様子はあまり見られない。

2．日常生活の中で，基本的な帰属のエラーをおかした経験がないか.考えてみよう。

3．被害者非難の事例として考えられる事件・事故を挙げてみよう。

8 | 自己

《**学習のポイント**》
　人は，自己というフィルターを通して「社会」を見ていることから，社会心理学において，自己は重要なトピックである。自己概念と自己評価という2つの側面に着目して，自己がどのように構成され，どのような動機を持っているかを概観する。
《**キーワード**》　ナイーブ・リアリズム，自己概念，自尊感情，社会的比較，自己高揚動機

1. 社会心理学における自己

（1）自己研究の重要性

　社会的事象を扱う社会心理学において，自己を研究対象とすることを不思議に思う者もいるだろうが，「自己（self）」は現代の社会心理学の一角を占める重要なトピックである。既述のように，社会心理学における「社会」とは，他者が存在する環境のことであり（第1章「社会心理学とは何か」参照），それを踏まえるならば，自己が社会からの影響を免れ得ない存在であることは明らかである（第2章「社会的影響」参照）。また後述するように，私たちは「自分はこういう人間だ」という自分についての定義を持っている。この「自己概念」も「他者」と深い関係がある。たとえば，自分は背が高いとか，優しいといった認識は，他者との比較を通してもたらされるものであり，他者の存在がなければ，自己を定義することは難しい。自尊感情と呼ばれる，自分に対して抱く評価的な感情も同様である。自分のことを価値ある人間として見ることができるかは，他者の存在に依拠するところが大きい。

　社会心理学者が自己に対して関心を抱くのは，このように自己が社会的に構成される存在であることが大きな理由である。　しかしそれ以上に，社会心理学者の興味をかきたてているのは，自己が社会を認知する主体であるという事実である。繰り返し述べているように，現代の社会心理学において，自己は，社会から一方的に影響を受ける存在とは考えられていない。むしろ自己は，社会を能動的に解釈する主体であり，自己がいかに社会を認識，理解するかによって，社会からの影響の受け方が変わると考えられている。そうであるなら，社会を認知する主体である自己が，どのような知識や経験を有しているか，あるいは，どのような欲求，目標，信念をもって，社会を認知しているかを社会心理学者が理解することは重要である。すなわち，自己を理解しなければ社会心理学者にとって興味ある現象の多くは理解できないのである（Taylor, 1998）。

（2）ナイーブ・リアリズム

　幼い頃，「相手の視点に立って考えよう」ということばを親や教師にかけられた経験がある人は多いだろう。子どもに特徴的に見られる自他の視点の混同は，自己中心性（egocentrism）と呼ばれ，他者の心の状態を推測するときに，自分の心の状態を投影するために起こると考えられている。このような自己中心性は，成長するにつれ，次第に消失していくとされるが，完全になくなるわけではない。他者の心を直接のぞき見ることはできない以上，他者の心の状態は推測するよりほかはなく，その際に，寄りどころになるのは自己だからである。

　一方で，私たちは，自分の視点から見えている世界は揺るぎのない現実だと考えがちである。実際には，自己というフィルターを通すことで，このあとに説明するようなさまざまなバイヤスやエラーが生じているが，そのような歪みは自分には見えない。そのため，他者も偏りのない目で見れば，世界は自分と同じように見えるはずだと考える。このような素朴な信念をナイーブ・リアリズム（naive realism）という（Ross & Ward, 1996）。この信念が存在することで，自他の間に認識のずれが

あったとき，その責任をすべて相手（他者）に押し付けてしまう。他者は，客観的に物事を捉えることができないと考えたり，社会的信条や偏見，利己的な価値観のせいで認知が歪んでいると考えたりするのである。

（3）知られる者としての自己

　自己に関する研究の源流は，ウィリアム・ジェームズに見ることができる。彼は，「私が何かを考えているときでも，私はそれと同時にいつも私自身，私の人格的存在を多少とも自覚している。また同時にそれを自覚しているのも私である」と述べ，自己の二重性を指摘した（James, 1892）。ジェームズは，この知る者としての自己（self as a knower）を主我（I），知られる者としての自己（self as a known）を客我（me）と呼んでいる。次節以降は，自己の認知的側面である自己概念（self-concept）と，感情的・評価的側面である自尊感情（self-esteem）について概説する。これらはいずれも，「知られる者としての自己」である。

2. 自己概念

（1）自己概念とは何か

　自己概念とは，「私はこのような人間である」という自分に関する知識の集積である。そのため，自己知識（self-knowledge）と呼ばれることもある。知られる者としての自己の定義が自己概念である。自己概念を知る手軽な方法に20答法がある（Who am I? テストと呼ばれることもある）。これは「私は誰でしょう？」という問いに，20個の答えを考えるというものである（Table 8-1）。

（2）個人的アイデンティティと社会的アイデンティティ

　自己概念はアイデンティティと呼ばれることもあり，次の2つに大別される。1つは，「明るい」，「ピアノが弾ける」など，性格や能力などの内的属性から自己を定義するもので，個人的アイデンティティ（personal identity）と呼ばれる。一方，「日本人である」，「放送大学の学生である」など，何らかの社会集団（社会的カテゴリー）の一員とし

Table 8-1　20答法

1. 私は＿＿＿＿＿＿＿＿＿＿＿＿＿＿＿＿＿＿＿＿
2. 私は＿＿＿＿＿＿＿＿＿＿＿＿＿＿＿＿＿＿＿＿
3. 私は＿＿＿＿＿＿＿＿＿＿＿＿＿＿＿＿＿＿＿＿
4. 私は＿＿＿＿＿＿＿＿＿＿＿＿＿＿＿＿＿＿＿＿
5. 私は＿＿＿＿＿＿＿＿＿＿＿＿＿＿＿＿＿＿＿＿
6. 私は＿＿＿＿＿＿＿＿＿＿＿＿＿＿＿＿＿＿＿＿
7. 私は＿＿＿＿＿＿＿＿＿＿＿＿＿＿＿＿＿＿＿＿
8. 私は＿＿＿＿＿＿＿＿＿＿＿＿＿＿＿＿＿＿＿＿
9. 私は＿＿＿＿＿＿＿＿＿＿＿＿＿＿＿＿＿＿＿＿
10. 私は＿＿＿＿＿＿＿＿＿＿＿＿＿＿＿＿＿＿＿＿
11. 私は＿＿＿＿＿＿＿＿＿＿＿＿＿＿＿＿＿＿＿＿
12. 私は＿＿＿＿＿＿＿＿＿＿＿＿＿＿＿＿＿＿＿＿
13. 私は＿＿＿＿＿＿＿＿＿＿＿＿＿＿＿＿＿＿＿＿
14. 私は＿＿＿＿＿＿＿＿＿＿＿＿＿＿＿＿＿＿＿＿
15. 私は＿＿＿＿＿＿＿＿＿＿＿＿＿＿＿＿＿＿＿＿
16. 私は＿＿＿＿＿＿＿＿＿＿＿＿＿＿＿＿＿＿＿＿
17. 私は＿＿＿＿＿＿＿＿＿＿＿＿＿＿＿＿＿＿＿＿
18. 私は＿＿＿＿＿＿＿＿＿＿＿＿＿＿＿＿＿＿＿＿
19. 私は＿＿＿＿＿＿＿＿＿＿＿＿＿＿＿＿＿＿＿＿
20. 私は＿＿＿＿＿＿＿＿＿＿＿＿＿＿＿＿＿＿＿＿

てのアイデンティティもあり，これを社会的アイデンティティ（social identity）という。

　このように，自己概念の一部が社会的アイデンティティによって構成されているために，自尊感情（後述）は，自分が所属する社会集団の評価によっても左右される。たとえば，自分は日本人であるという社会的アイデンティティを持っている人は，海外で日本人が評価されれば嬉しく感じるし，悪いことをすれば恥ずかしく感じる。また，勤務する会社の業績を上げるために懸命に努力するのも，自己の社会的アイデンティティを構成する会社の評価が上がることで，自尊感情が向上することと無関係でない。

（3）作動的自己概念と自己ステレオタイプ化

　人が自己をどのように定義するかは，状況に応じてダイナミックに変化する。自己にはさまざまな側面があり，その瞬間に自己のどの側面ついての知識がアクセスしやすくなっているかによって，思考や感情，行動も左右される。このように一時的，瞬間的に優勢になっている自己知識は，作動的自己概念（working self-concept）と呼ばれている（Markus & Kunda, 1986）。たとえば同じ人でも，状況によって，個人的アイデンティティが強く意識されることもあれば，社会的アイデンティティが意識されることもある。また社会的アイデンティティが意識される場合にも，状況によって，どの社会的アイデンティティが優勢になるか（アクセスされやすいか）は変化する。社会的アイデンティティの基礎となる社会的カテゴリーは，階層構造を成しており，誰もが複数の社会的カテゴリーに属しているからである。たとえば私は大学教員であり，心理学者であり，特に社会心理学を専門としている。また，私は女性であり，日本人であり，東京都在住者である。一般に，外集団（自分が属さない集団）との差異を際立たせ，かつ内集団（自分が属する集団）の成員との類似性を強調する社会的アイデンティティが，自己の立場を明確にする自己概念となる。　私たちは特に意識することもなく，その場その場で，適切な社会的アイデンティティを使い分けている。

　また，ある社会的カテゴリーを自己概念として意識する場合，その集団に一般的とされる特徴（ステレオタイプ）を，自分も持っていると自ら確信するようになる。たとえば，「私は日本人です」と自己紹介するとき，自分は日本人に共通する特徴を多く持っていると認識する。これを自分自身にステレオタイプを当てはめるという意味で，自己ステレオタイプ化という（第5章「既有知識とステレオタイプ」参照）。所属する社会集団のステレオタイプを自己にあてはめることを通じて，自己を理解することもあるのである。

（4）関係自己

　自己概念は，状況によって変わるだけでなく，他者との関係性によっ

ても左右される。特に過去および現在において，自分に重要な影響を与えてきた他者（親，兄弟，親友，配偶者，現在もしくは過去の恋人など）は重要他者（significant other）と呼ばれ，自己概念の一部を構成すると考えられている。これを関係自己（relational self）という（Andersen & Chen, 2002）。関係自己は，その人の信念や価値観，行動などを方向づける。たとえばあなたの母親があなたを努力家だと認識している（とあなたが信じている）場合，あなたは母親の前では努力家の自分を見せることだろう。また，声やしぐさなど，何かしら母親の面影を感じるような他者に出会うと，母親との関係の中で構築された自己概念が顕在化し，それに沿った振る舞いが現れる。

　重要他者に対しては，本来は自己にしか生起しないエラーやバイアスが見られることがある。たとえば，セルフ・サービング・バイアス（第7章「原因帰属」参照）は，その名のとおり，自己を助けるバイアスだが，重要他者に対しては類似のバイアス（成功は内的要因に，失敗は外的要因に原因が帰属）が見られることがある。これは重要他者が自己概念の一部を構成し，拡大した自己として機能しているためだと考えられる。

（5）自己知識の体制化

　自己概念に含まれる自己に関するさまざまな知識は，他の知識と同じようにネットワーク構造を成し（第5章「既有知識とステレオタイプ」参照），体制化されて記憶内に保存されていると考えられている（Figure 8-1）。このことを示す興味深い現象に，自己関連づけ効果（self-reference effect）がある。これは，何かを記憶する際，その記銘材料を自己に関連づけて記憶すると，再生成績が良くなるという現象のことである。

　記憶は，記銘材料に対する情報処理の水準が高いほど記憶成績がよくなることが知られており，処理水準効果（levels of processing effect）と呼ばれている（Craik & Rockhart, 1972）。たとえば，英単語を覚える際，単に音読をして覚えるよりも，その意味を考えながら覚えるほうが記憶への定着が良い。これをさらに自己に関連づけて覚えると，記憶成績は一段と向上する。ロジャースらは実験参加者に40個の特性形容

Figure 8-1　**自己知識のネットワーク・モデル** (Linville & Carlston, 1994)

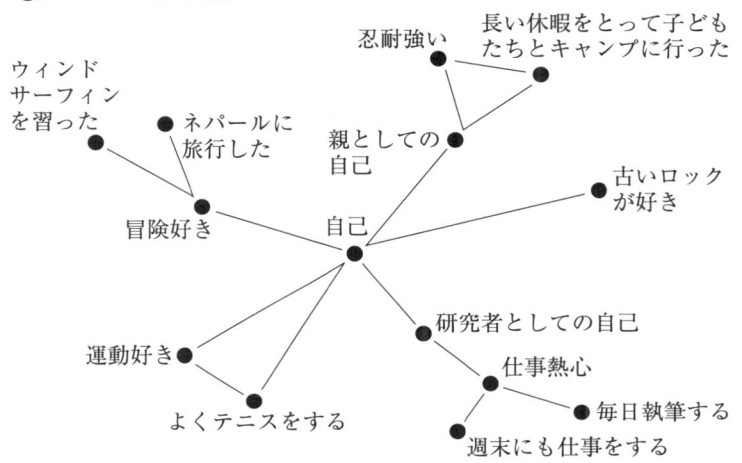

詞を見せ，そのうちの 1/4 は形態判断（フォントが大きいか小さいかを判断），1/4 は音韻判断（韻を踏んでいるかを判断），1/4 は意味的判断（類義語であるかを判断），1/4 は自己関連性判断（それが自分にあてはまる特性であるかを判断）をさせた（Rogers et al., 1977）。その結果，自己関連性判断では，処理水準効果が顕著に見られる意味判断よりも，さらに高い記憶成績が見られた（Table 8-2）。これは，自己関連性判断は処理水準が非常に高い情報処理であることを示している。

　既述のように，私たちの知識は，それが自己に関するものであるかにかかわらず体制化されているが，自己についての知識は，その量と質のいずれにおいても，他の知識を圧倒している。そのために，自己知識との照合を求める自己関連性判断は，記銘材料（特性形容詞）が，既存の

Table 8-2　**自己関連づけ効果を検証した実験の結果** (Rogers et al., 1997)

判断	判断課題			
	形態	音韻	意味	自己関連
はい	.05	.08	.14	.30
いいえ	.01	.06	.12	.29
平均	.03	.07	.13	.30

自己知識のネットワークに組み込まれ,再生を助けたのだと考えられる。なお,のちに行われた実験では,特性形容詞が初対面の他者にあてはまるかを判断する他者関連性判断と,自己関連性判断との記憶成績の比較が行われている。その結果,他者関連性判断は意味判断よりも記憶成績が良かったが,自己関連性判断の記憶成績には及ばなかった（Kuiper & Rogers. 1979）。

体制化された自己知識は,自己スキーマ（self schema）とも呼ばれている。名付け親であるマーカス（Markus, 1977）によれば,自己スキーマとは「過去の経験から作り出された自己についての認知的な概括」であり,「個人の社会的経験においては,自己に関連した情報の処理を体制化し,導くもの」である。そのため,自己スキーマの中核をなす情報には,効率的な情報処理が施される。また自己スキーマに合致する情報は容易に想起される一方で,自己スキーマに反する情報には抵抗が生まれる。自己スキーマを検証した実験では,自分は自立的な人間で,自立性は自分にとって重要な特性だと考える実験参加者（自立スキーマをもつ者）は,自分を依存的な人間だと認識する参加者や,自立性という特性を重要視しない参加者に比べ,自立性についての自己関連性判断が速いことが示された（Markus, 1977）。また,自立性に関連する形容詞のうち,自分にあてはまると思うものについて,それがあてはまる理由を具体的な行動を挙げて示すように求めた場合,自立スキーマをもつ参加者はより多くの行動を挙げることができた。これに続く実験では,自立スキーマを持つ参加者が,それに矛盾する偽の性格テストの結果（自立的でないことを示す結果）を呈示された場合,即座に却下することも示されている。

このように,自己スキーマと矛盾する情報を否定することで,私たちの自己概念(自己知識)は安定していく。おそらく人生の早い段階で,「自分はこういう人間である」という自己概念の萌芽が現われると,自己スキーマが蓄積すべき情報を取捨選択する枠組みとなり,自己概念が構成されていくのであろう。つまり,自己スキーマは,自己の安定性を保つために人間に装備された機能と捉えることもできる。

（6）全体主義的自我

　自己概念に関わる初期の研究は，人は自分自身をどのように定義づけているかという自己概念の内容を明らかにすることに焦点が当てられていた。しかし，自己の社会的認知研究が進むと，自己は単なる知識の集積体ではなく，情報処理の主体であると考えられるようになり，自己の能動的な側面が強調されるようになってきた。つまり，私たちは自己に関する知識をどのように収集し，貯蔵しているか，そして集められた知識はどのような機能を司っているかということに研究の重心が移っていったのである。

　グリーンワルドは，このような自己のダイナミックな特徴を“全体主義的自我”（totalitarian ego）ということばで表現している（Greenwald, 1980）。つまり自己は，都合の良い情報は取り入れ，都合の悪い情報は握りつぶすという，“全体主義的な”システムを持つことによって，安定した自己概念を持続させているというのである。

3. 自尊感情

（1）自尊感情とは何か

　自己の認知的側面を自己概念と呼ぶのに対し，自分のことが好きか，自分を良い人間だと思うかといった自己に対する感情的・評価的側面は，自尊感情（self-esteem）または，自己評価（self-evaluation）と呼ばれている。

　自尊感情は，自己報告式の尺度で測定するのが一般的である。なかでもよく利用されるのが，ローゼンバーグが作成した自尊感情尺度である（Rosenberg, 1965）。彼は，自尊感情を自己受容，自己好意，自己尊敬を含む自分に対する感じ方とし，全部で10個の質問項目からなる尺度を作成した。Table 8-3 に示したのは，その一部であり，1〜3の項目については，これらにあてはまると思うほど，また4の項目（逆転項目）については，あてはまらないと思うほど，自尊感情が高いとされる。

Table 8-3　ローゼンバーグの自尊感情尺度（一部，抜粋）

> 1.　少なくとも人並みには，価値のある人間である。
> 2.　自分に対して肯定的である。
> 3.　だいたいにおいて，自分に満足している。
> 4.　もっと自分自身を尊敬できるようになりたい。

（2）社会的比較

　自尊感情は，自己が自己に対して下す評価だが，評価には何らかの基準が必要である。フェスティンガー（Festinger, L.）は，人間には，自分の意見や能力を評価しようとする動機があるが，それを客観的な基準によって査定することができない場合には，他者と比較することによって自己の評価を定めるとしている（Festinger, 1954）。これを社会的比較（social comparison）という。

　実際，私たちが評価を行う自己の側面は，その多くが客観的な基準がないものである。たとえば，自分の社交性を評価する場合，それを査定する客観的・絶対的な基準はない。そこで身の回りの他者と比較して，自分は社交性が高いほうなのか，低いほうなのかを相対的に評価する。ただし，趣味でマラソンを楽しんでいる人が，そのタイムをオリンピック選手とは比較しないのと同じように，社会的比較の相手には，自分と類似した他者が選ばれやすい。自分と立場が大きく異なっていたり，能力がかけ離れていたりする他者と比較しても，自己を正しく評価することはできないからである。

　社会的比較には，上向きの比較，つまり自分より能力が高いなど，より望ましい状態にある他者と比較する上方比較（upward comparison）と，下向きの比較，つまり自分よりも能力が低いなど，より望ましくない状態にある他者と比較する下方比較（downward comparison）がある。上方比較は，自己を正確に評価したい，あるいは自分の能力を向上させたいといった動機を満たすが，自分より望ましい状態の人と比較することで，自分の欠点や自分に不足しているものを思い知らされるため，自

尊感情が低下する恐れがある。対照的に下方比較は，自分よりも望ましくない状態にある他者と比較をするため，自尊感情を向上させたい，あるいは低下させたくないという動機を満たす。下向きの比較を行うことは良くないことのように思われがちだが，たとえば不治の病で苦しんでいる人が精神的な健康を維持できることもある。

（3）自己評価の高揚と維持

　上方比較，下方比較の背景には，自己にまつわるさまざまな動機がある。このうち，自尊感情を向上させたい，あるいは，現状を維持し，低下させたくないという動機は，自己高揚動機（self-enhancement motive）や自己評価維持動機（self-evaluation maintenance motive）と呼ばれ，人間にとって普遍的で基本的な動機だと考えられている（Baumeister, 1993）。

　自己評価の維持・高揚のプロセスを包括的に説明したモデルに，自己評価維持（Self-Evaluation Maintenance: SEM; Tesser, 1988）モデルがある。このモデルによれば，他者の存在は自己評価に重要な影響を与えるが，その影響は比較過程（comparison process）と反映過程（reflection process）のいずれかに基づくという。比較過程とは，社会的比較を含む過程のことで，自分を他者と比較することで，自己評価が変動する過程である。一方，反映過程は，他者と自分を結びつけ，同一視することで，自己評価が変動する過程を指す。

　これら2つの過程のうち，特定の場面でどちらが働くかは，①自己と他者の心理的距離，②当該の課題や活動と自己との関連性，③自己と他者の相対的な遂行レベルの認知という，3つの要因に依存する。たとえば，ある課題における他者の遂行レベルが自分よりも高い場合，それが自己にとって関連性が高い課題のときには比較過程が働く。しかしこれは上方比較となり，自己評価が低下する恐れがあるため，自己高揚動機，もしくは自己評価維持動機を持つ私たちは，他者との心理的距離を広げることで，自己評価が低下しないようにすることが予測される。他方，たとえ他者の遂行レベルが高くても，自己にとって関連性が低い課題で

あれば，反映過程が働き，他者の遂行を自分に反映させることができるため，心理的距離を狭めることが予測される。

　次のような具体例を考えてみよう。あなたも友人も絵を描くことを趣味としているが，友人のほうが格段に上手い（遂行レベルが高い）とする。もしあなたにとって，絵を描くことがとても重要な趣味ならば（関連性が高いならば），身近に自分よりも上手い人がいることは，あなたの自己評価を低下させるだろう。そのため，自己評価を維持するために，その友人とは疎遠になる（心理的距離をとる）かもしれない。しかし，絵を描くことがそれほど自分にとって重要でなければ（関連性が低ければ），絵が上手い友人が身近にいることは自慢となり，むしろ自己評価を上げることになるだろう。そのため，その友人とはより親しくなろうとし（心理的距離を縮め），他者に対しても殊更に親しいふりをすることが予測される。

　それでは，比較対象が家族の場合など，もともと心理的距離が近く，距離を広げることができない場合はどうだろうか。このような場合，関連性が高い課題では，比較過程が働くため，自己評価を維持するには，自己の遂行レベルの認知が相対的に相手よりも高くなるようにしなければならない。つまり自己の遂行を上昇させるか，他者の遂行を低下させることになる。たとえば兄弟で水泳をしていて，弟のほうがタイムが速ければ，兄の自己評価は下がってしまう。そのため，兄は弟のタイムを抜けるように練習量を増やしたり，時には弟の練習の邪魔をしたりして，自分が優位に立てるようにするかもしれない。しかし兄にとって水泳がそれほど重要でなければ，反映過程が働くため，心理的距離の近い弟の活躍は，自己評価の向上につながる。そこで，兄は，自らが努力することを止めて自己関連性を低め，むしろ弟がよいタイムを出せるように協力することで，素晴らしい記録を持つ選手の兄として，高い自己評価を維持する道を選ぶかもしれない。このように自己評価維持モデルは，人は，戦略的に心理的距離，関連性の程度，遂行のレベル認知を変えることで，自己評価を維持・高揚すると予測する。

　ここまでは他者との比較によって，自己評価を維持したり，高揚した

りする方略について説明してきたが，現在の自己の評価を維持・高揚するために，私たちは，過去の自己と比較することもある。これを継時的自己比較（temporal self-comparison）という。過去の自分が現在に比べて劣っていれば，相対的に，現在の自分の評価を高めることができるためである。たとえば，ウィルソンとロスが行った研究（Wilson & Ross, 2001）では，学期の初めと，その 2 ヵ月後に，学生にその時点での自分の能力を評価させた。また 2 回目の評価の際には，2 ヵ月前（学期始め）の自分を思い出して，その頃の自分の能力を評価することも求めた。　その結果，実際には，1 回目の自己評価は 2 回目の自己評価を上回っていたにもかかわらず，想起された過去の自己評価は，現在の自己評価よりも低いという傾向が見られた。過去の自分は現在よりも劣っていたと評価することで，現在の自分を成長した自分と捉えたのだと考えられる。

（4）ポジティブ・イリュージョン

　自己高揚動機は，自分自身を実際以上に良いものとして見るという，ある種の幻想（イリュージョン）も生じさせる。これをポジティブ・イリュージョン（positive illusion）という（Taylor, 1989）。たとえば，過去の自分の行いや，自分の特性について，自分が所属する集団のなかで何番目に位置するかを考えさせると，多くの人が，自分は真ん中（平均）よりも上と答えることが知られている。アメリカで大学進学適性試験を受けた学生 100 万人を対象にして行われた調査では，70 パーセントの学生が，リーダーシップ能力において自分は平均より優れていると回答したという。またあるアメリカの大学で，教員に教授能力を自己評価させたところ，95 パーセントの教員が自分は平均よりも上位に位置すると答え，さらに 68 パーセントは，自分は上位 25％に入ると答えたという。もし各人が正しく自己評価をしていたら，このような結果となることは論理的にありえず，平均よりも上位の人は 50％ 程度になるだろう。したがって，ここにはバイアスが働いていると考えられる。このような現象は平均以上効果と呼ばれ，特に人によって解釈に幅があるような曖

昧な特性で起きやすいとされている。

　平均以上効果は，日本人では顕著には見られないとも言われている。しかしポジティブ・イリュージョンには，ほかにも，自分の将来を楽観的に考えたり（例：最近，交通事故のニュースをよく見るが，私に限っては事故にあったりはしない。大病を患うこともないから，健康診断をする必要もないだろう），外界に対する自分の統制能力を過大に知覚したりする（例：私が望みさえすれば，幸せな結婚生活を送ることは容易だ。宝くじは，人に任せるよりも，自分で買ったほうが当選確率が上がる）などがあり，心当たりがある人も多いだろう。

　一方，ポジティブ・イリュージョンとはコインの表と裏のような関係にあるのが，抑うつリアリズム（depressive realism）である（Alloy & Abramson, 1979; Dobson, & Franche, 1989）。抑うつの人は，自己や世界を正確に認識しており，歪めて認識しているのは抑うつでない人のほうだという考え方である。私たちは，抑うつの人のことを悲観的で現実以上に物事をネガティブに考える人と捉えがちだが，実は抑うつでない人にポジティブな方向への歪みがあるのであって，そのような歪みがある人から抑うつの人を見たとき，ネガティブな方向に歪んでいるように見えるにすぎない可能性があるということである。このことは，自己を正確に評価することが，精神的健康において良いことばかりではないことを示唆している。テイラーによれば，人は，ポジティブ・イリュージョンを持つことで，落ち込みにくくなり，困難な課題にもねばり強く挑戦するようになるため，成功の機会を得やすい（Taylor, 1989）。つまりポジティブ・イリュージョンは，幻想でありバイアスではあるが，精神的健康には欠かせない可能性があるのである。自己高揚動機が人間にとって基本的な動機なのは，このような背景があるからかもしれない。

引用文献 ▌

Alloy, L. B., & Abramson, L. Y. (1979). Judgment of contingency in depressed and nondepressed students: Sadder but wiser? *Journal of Experimental Psychology: General*, 108, 41-485.

Andersen, S. M., & Chen, S. (2002). The relational self: An interpersonal social cognitive theory. *Psychological Review*, 109, 619-645.

Baumeister, R. F. (1993). *Self-esteem: The puzzle of low self-regard*. NY: Plenum Press.

Craik, F. I. M. & Rockhart. R. S. (1972). Levels of processing: A framework for memory research. *Journal of Verbal Learning and Verbal Behavior*, 11, 671-684.

Dobson, K. & Franche, R. L. (1989). A conceptual and empirical review of the depressive realism hypothesis. *Canadian Journal of Behavioural Science*, 21, 419-433.

Festinger, L. (1954). A theory of social comparison processes. *Human Relations*, 7, 117-140.

Greenwald, A. G. (1980). The totalitarian ego: Fabrication and revision of personal history. *American Psychologist*, 35, 603–618.

James, W. (1892). *Psychology: Briefer Course*. NY: H. Holt & Co.

Kuiper, N. A. & Rogers, T. B. 1979 Encoding of personal information: Self-other differences. *Journal of Personality and Social Psychology*, 37, 499-514.

Markus, H. (1977). Self-schema and processing information about the self. *Journal of Personality and Social Psychology*, 35, 63-78.

Markus H & Kunda Z. (1986). Stability and malleability of the self-concept. *Journal of Personality and Social Psychology*, 51, 858-866.

Rogers. T. B., Kuiper. N. A. & Kirker, W. S. (1977). Self-reference and the encoding of personal information. *Journal of Personality and Social Psychology*, 3. 677- 688.

Rosenberg, M. (1965). *Society and the adolescent self-mage*. Princeton, NJ: Princeton University Press.

Ross, L. & Ward, A. (1996). Naive realism in everyday life: Implications for social conflict and misunderstanding. In T. Brown. E. Reed, and E. Turiel (Eds.), *Values and Knowledge*. Hillsdale, NJ: Erlbaum. pp. 103-135.

Taylor, S. E. (1989). *Positive illusions: Creative self-deception and the health mind*. NY: Basic Books.

Taylor, S. E. (1998). The social being in social psychology. In D. T. Gilbert, S. T. Fiske, G. Lindzey (Eds.). *Handbook of Social Psychology* (4th ed., vol.1). NY: Random House. pp. 58-95.

Tesser, A. (1988). Toward a self-evaluation maintenance model of social behavior. In Berkowitz. L. (Ed.). *Advances in Experimental Social Psychology* (Vol. 21). NY: Academic Press. pp. 181-227.

Wilson. A. E., & Ross, M. (2001). From chump to champ: People's appraisals of their earlier and present selves. *Journal of Personality and Social Psychology*, 80, 572-584.

研究課題

1．20答法をやってみよう。 また，自身の回答を個人的アイデンティティと集団的アイデンティティに分類してみよう。

2．本文で一部を紹介したローゼンバーグの自尊感情尺度（Rosenberg, 1965）は，心理尺度集（たとえば，堀洋道・山本眞理子（編）『心理測定尺度集 I』 サイエンス社）などに掲載されている。探して，自分の自尊感情を測定してみよう。

3．自分と兄弟姉妹，友人，知人などとの関係をもとに，自己評価維持モデルの妥当性を検討してみよう。

9 | 感情と認知

《学習のポイント》
　感情は，長らくの間，認知と対立するものとして捉えられてきたが，最近は両者の相互作用に焦点を当てた研究が増えている。その研究成果を通じて，感情は無益や有害なものではなく，適応的価値を持つものだという考えについて考察する。
《キーワード》　感情と認知の相互作用，気分一致効果，PNA，情動二要因理論，感情の適応的価値

----

1. 感情とは何か

（1）感情研究の興隆

　「感情的になるな」「冷静に判断しろ」「情に溺れるな」ということばがあることからもわかるように，感情は合理的な思考を阻害したり，攪乱したりするものとみなされている。それは西洋哲学の流れを汲む心理学においても同様である。長らくの間，人間と他の動物とを区別するのは，理性，あるいは高次の心的機能である認知であり，認知こそが心理学が検討すべき"人間の心"だと考えられてきた（遠藤，2013）。そのため，社会的認知研究においても，少なくとも当初は，感情を研究に持ち込まないとする立場が主流だった（Taylor, 1976）。しかし最近は，感情と認知の相互作用が積極的に研究されるようになり，感情の機能的役割に注目する研究が急激に増加している。

（2）情動・気分・感情

　一口に感情といっても，そこにはさまざまなものが含まれる。社会心

理学で取り上げる感情は，主に情動（emotion）と気分（mood）の２つであり，これらを総称して感情（affect）と呼んでいる。このうち情動とは，怒り，恐怖，喜びなど，持続時間は短いが強度が高く，感情を引き起こした原因が比較的はっきりしているものを指し，その多くは心拍数の増加など，生理的な変化を伴う。対して気分とは，強度が低いものの，長時間にわたって持続し，何となく楽しいとか，何となく悲しいといった背景的な感情を指す。

　認知との関係でいえば，感情強度の高い情動は，それを経験した途端に意識の中心を占め，思考を中断させて行動を方向づける。これは後述するように，情動が環境の変化を知らせる機能を有しているからだと考えられる。他方，感情強度が低い気分は，むしろ進行中の思考と相互作用するかたちで，情報処理に影響を与える。

2.　感情と認知の相互作用

（1）　気分一致効果

　感情が認知と相互作用をし，情報処理に影響を及ぼす現象としてよく知られるのが気分一致効果である。これは，特定の気分が生じると，その気分の感情価（valence）に一致する情報処理が促進される現象をいう。感情価とはその感情の持つ価値のことで，楽しい気分や嬉しい気分の感情価はポジティブ，辛い気分や悲しい気分の感情価はネガティブである。

　気分一致効果の研究としては，たとえば，バウワー（Bower, 1981）のものがある。催眠によって実験参加者をポジティブまたはネガティブな気分に誘導した上で，幸運な人物が登場する物語と不運な人物が登場する物語を読ませるという実験を行っている。翌日，実験参加者に物語の内容を想起するように求めたところ，ポジティブな気分で物語を読んだ参加者は幸運な人物のエピソードを数多く思い出し，ネガティブな気分で物語を読んだ参加者は不運な人物のエピソードを数多く思い出した（全体の再生量はどちらの気分でも同程度だった）。つまり，物語を読んだとき，ポジティブな気分だった人は，ポジティブな事柄に注意が向き，それが記銘されやすかったのに対し，ネガティブな気分だった人は，ポ

Figure 9-1　**気分が幼少期の出来事の想起に及ぼす効果** (Bower, 1981)

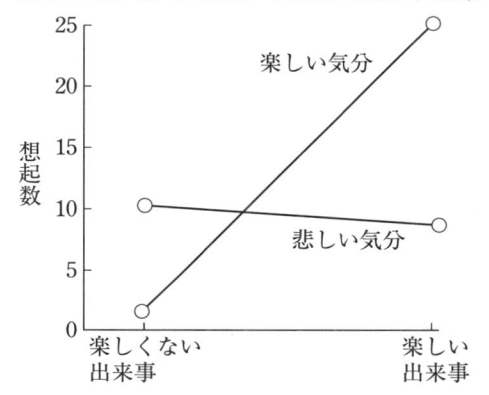

ジティブな事柄はあまり目に入らず，ネガティブな事柄のほうが記銘されやすかったのだと考えられる。

　このような記憶における気分一致効果は，情報を記銘する（入力する）段階の気分だけでなく，情報を想起する（出力する）段階の気分にも見られる。つまり，ポジティブな気分のときにはポジティブな記憶を，ネガティブな気分のときにはネガティブな記憶を想起しやすいということである。バウワーは，実験参加者に，ポジティブもしくはネガティブな気分を導入したうえで，幼少期の出来事を想起させたところ，導入された気分に一致する出来事を数多く想起した（Bower, 1981；Figure 9-1）。

　気分一致効果はさらに判断においても見られ，ポジティブな気分の人は肯定的な判断をするが，ネガティブな気分の人は，それに比べ，否定的な判断をする傾向が見られる。フォーガスとモイランは，映画を見終わったばかりの人に政治的判断や将来への期待などについて答えを求めたところ，楽しい映画を観た人は，攻撃的な映画や悲しい映画を観た人に比べ，より寛容で，楽観的な判断をした（判断のポジティビティ得点が高い）ことを報告している（Forgas & Moylan, 1987；Figure 9-2）。

（2）感情ネットワーク・モデル

　気分一致効果を説明するモデルとしてよく知られるのは，バウワーが

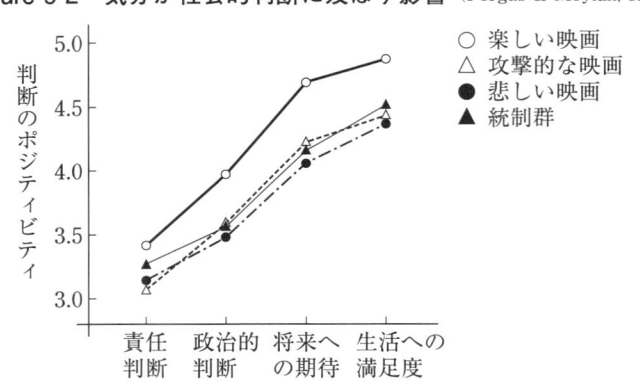

Figure 9-2　気分が社会的判断に及ぼす影響 (Forgas & Moylan, 1987)

提唱した感情ネットワーク・モデルである（Bower, 1981）。第5章「既有知識とステレオタイプ」で説明したように，私たちの知識はネットワーク状に体制化されていると考えられているが，バウワーはこのネットワークには，感情も組み入れられていると主張している。つまりこのモデルによれば，特定の感情状態（たとえば，楽しい）で経験され，記銘された情報は，ネットワーク内に知識として保存される際，感情ノード（結節点）とのリンク（結びつき）が形成される（Figure 9-3）。このように，外界からの入力される情報は，感情ノードとのリンクを形成しながら蓄積されていく。そして，別の場面で同じ感情が喚起され，対応する感情ノードが活性化すると，それと結びついた他の知識に活性化が拡散し，感情に一致した情報処理が促進するとされる。感情のネットワークには，知識だけでなく，表情や生理的反応なども含まれる。そのため，Figure 9-3 の例であれば，楽しい気分が生じることで，楽しい出来事の記憶がよみがえるとともに，微笑したり，生理的に覚醒した状態になったりする。

　バウワーはその後，このモデルを拡張し，ネットワーク内にポジティブな評価ノードとネガティブな評価ノードが含まれた感情ネットワーク・モデルを提案している（Bower, 1991）。このモデルでは，ネットワーク内のあらゆる情報が評価ノードとつながっている。そのため，ポジティブな感情が活性化すると，ポジティブな評価ノードを通じて，ポジティ

Figure 9-3　感情が含まれた意味記憶の連合ネットワーク・モデル (Bower, 1981)

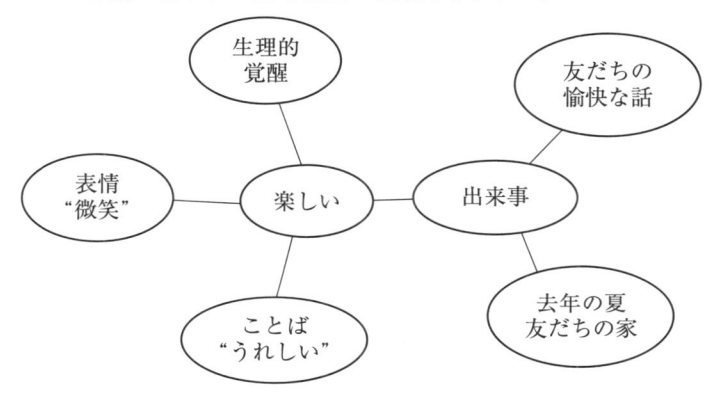

ブな意味合いを持つ概念的知識全体に活性化が伝播し，ネガティブな感情が活性化すると，ネガティブな評価ノードを通じて，ネガティブな意味合いを持つ概念的知識全体に活性化が伝播すると考えられている。

（3）感情情報機能理論

　気分一致効果を説明する理論は他にもある。特に判断場面で生じる気分一致効果に着目した理論では，感情状態が判断の拠り所として利用される可能性を指摘している（Schwarz & Clore, 1983）。感情情報機能理論（mood-as-information theory; Schwarz, 1990）と呼ばれるこの理論によれば，何かを判断すべき時，人はまず "自分はそれについてどのように感じているか（How do I feel about it?)" を自身に問いかけ，その時の感情状態を判断対象への評価と認識する。そのために感情に一致した判断がなされやすいのだという。

　この理論の妥当性を検証するため，シュワルツらは，人生や日頃の生活にどれだけ幸福や満足を感じているかを尋ねる電話調査を，晴れの日と雨の日に行った（Schwarz & Clore, 1983）。すると，晴れの日の回答は雨の日の回答に比べ，幸福感や満足度が高いという傾向が見られた。天気によって引き起こされる気分（晴れの日はポジティブな気分，雨の日はネガティブな気分）に一致した回答が得られたと考えられる。ただ

しこのような気分一致効果は，幸福感や満足度について回答を求める前に，調査者が回答者にその日の天気を尋ねたり，天気が気分に与える影響に関心があると述べたりすると消失した。つまり，回答者の気分の変化が天気に由来することに気づきやすくすると，晴れの日と雨の日の幸福感や満足度に差が見られなくなったのである。このことから，調査者が事前に天気について言及をしなかった場合には，回答者は天気によって引き起こされる気分を，そのときに尋ねられている質問に関連した情報として誤って解釈した（誤帰属した）ために，気分一致効果が起きたのだと考えられる。一方，事前に天気について尋ねられた参加者は，自分の感情状態を正しい原因（天気）に帰属したために，気分一致効果が生じなかったのだろう。

（4）PNA と気分維持・修復動機

　気分一致効果の研究が蓄積されるにつれ，この効果が，ポジティブな気分では比較的頑健であるのに対し，ネガティブな気分では安定しないことが明らかになってきた。たとえば，楽しい気分のときには楽しいことを思い出すが，悲しい気分のときには悲しいことを思い出すとは限らない。また，楽しい気分のときには肯定的な判断をしがちだが，悲しい気分のときには否定的な判断をするとは限らないということである。このような感情価の違いによる効果の非対称性は，ポジティブ－ネガティブ非対称性（positive-negative asymmetry: PNA）と呼ばれ，さまざまな社会心理学的現象において見られることは既に説明したとおりである（第4章「対人認知」を参照）。

　気分一致効果に PNA が見られる理由について，クラークとアイゼンは，気分を維持・改善しようとする動機があるためだと説明している（Clark & Isen, 1982）。つまり，私たちは，いつもポジティブな気分でいたいので，嬉しい，楽しいなどポジティブな気分のときには，その気分を保とうとする気分維持動機（mood maintenance motive）が働く。その一方，辛い，悲しいなどネガティブな気分のときには，その気分を修復しよう（ポジティブな気分に変えよう）という気分修復動機（mood repair motive）が働く。たとえば過去の出来事を想起することが求められている場合に，ポジティブな気分であれば，ポジティブなことを思い出すこと自体が，気分維持動機に適う。そのために気分一致効果が生じやすい。しかしネガティブな気分の場合には，気分修復動機により，ネガティブなことを思い出すことが抑制されたり，ポジティブなことを思い出そうと努力をするため，気分一致効果が生じにくくなると考えられる。

（5）気分と情報処理方略

　感情が認知にもたらす影響は気分一致効果だけではない。気分によって情報処理の仕方そのものが変わることが多くの研究で示されており，PNA も，このような気分による情報処理の相違からもたらされている可能性もある。

　具体的には，ポジティブな気分では直観的（直感的）でヒューリスティックな情報処理が行われやすいのに対し，ネガティブな気分では，分析的でシステマティックな情報処理が行われやすいというものである。シュワルツはこれを認知的チューニング（cognitive tuning）という仮説に基づいて説明している（Schwarz, 1990, 2002）。それによれば，気分は，周辺環境の状態を示すシグナル（信号）である。つまり，人がネガティブな気分を経験しているのは，何らかの脅威に直面していたり，望ましい結果が得られず，困難に陥っていたりするときである。それに対し，ポジティブな気分を経験しているときは，望ましい結果を手に入れたり，脅威のない安全な状態にいたりするときである。したがって，ネガティブな気分のときは，周辺環境にある解決すべき問題を注意深く調べなければならず，認知的な努力を要する情報処理方略（統制的過程）が発動する。一方，ポジティブな気分の時には，これといった問題がない安全な状態のため，いつものルーチンで周辺環境を分析すればよく，認知的な努力を必要としない情報処理方略（自動的過程）が採用される（第3章「社会的認知」参照）。このように私たちが用いる情報処理方略は，気分の変化によって知らされる周辺環境の状態にうまく

チューニング（調整）されていると考えるのが，認知的チューニングという仮説である。

　この仮説を支持する研究は多く，たとえば，ネガティブな気分の人は，その人物に特有の個別的な情報に目を向けた対人認知を行いやすいのに対し，ポジティブな気分の人はカテゴリー情報に目を向けたステレオタイプ的な判断をしやすい（Bless et al., 1996；第4章「対人認知」参照）。また，基本的な帰属のエラー（第7章「原因帰属」参照）が，ポジティブな気分で生じやすいことを報告する研究もある（Forgas, 1998）。つまり，ポジティブな気分では既有知識を利用した対人認知が行われたり，認知的努力を要しない原因帰属がされやすかったりすることが示唆されている。説得場面においても，ネガティブな気分のときには，精緻化見込みモデルの中心ルートに相当する情報処理過程が働くのに対し，ポジティブなムードのときには，周辺ルートに相当する情報処理過程が働き，周辺手がかりに影響されやすいことが報告されている（Schwarz et al., 1991；第6章「態度と行動」参照）。

　また少し視点を変えた知見として，アイゼンはユニークな発想が生まれたり，創造的な問題解決ができたりするのはポジティブな感情状態のときだと指摘している（Isen, 1987）。これも安全が約束されたポジティブな気分のときだからこそ，直観的（直感的）で冒険的な思考が促進されるのだと解釈できる。脅威のシグナルであるネガティブな気分のときには，目前の問題を確実に解決する必要があるため，堅実な思考が促されるのだろう。ネガティブ気分のときに，より分析的でシステマティックな情報処理がなされやすいことについては，抑うつリアリズムという現象（第8章「自己」参照）とも整合する。抑うつ者は，恒常的にネガティブな気分でいるために，ポジティブ・イリュージョンによって，自己や周辺環境を自分に都合よく認知している一般の人に比べ，より正確で客観的な認知ができるのだろう。

（6）情動二要因理論

　ここまで感情が認知に与える影響を見てきたが，認知が感情に影響す

る場合もあり，代表的なものに情動二要因理論を挙げることができる（Schacter & Singer, 1962）。

感情の生起に伴う生理的喚起は，多くの感情に共通している。つまり，嬉しいときも，怒っているときも，誰かに恋心を抱いているときも，心拍数の増加や発汗，顔のほてりなどが経験される。そのため，単にこのような生理的喚起を経験するだけでは，それがどのような感情によってもたらされたかは明らかではない。したがって，生理的喚起を特定の感情として経験するには，それが何によって生じたのかという認知的解釈が不可欠だとするのが情動二要因理論である。二要因とは，生理的喚起と認知的解釈のことを指している。認知的解釈とは，原因帰属を通じた感情のラベルづけであり，このラベルづけがあってはじめて特定の感情が経験される。そのため，生理的喚起を引き起こした原因が曖昧なときには，もっともらしい原因に誤帰属され，本来は経験されるはずがない感情が経験されることがある。

これを検証したシャクターとシンガーによる実験では，参加者は生理的喚起（心拍数の増加など）をもたらす作用がある薬剤（エピネフリン）を投与された。その際，一部の参加者は薬剤の投与によって生理的喚起が生じることが知らされたが，別の参加者には正しい情報が知らされなかった。すると，薬剤の本来の効果を知らされていなかった参加者は，楽しそうに振る舞う別の参加者（サクラ）と待合室で居合わせたとき，そうでないときよりも，自分は高揚感を経験していると報告した。これは薬剤の効果を知らされていない参加者が，内的状態が変化した原因（生理的喚起の原因）を手近にある原因に誤って帰属したためと解釈できる（第7章「原因帰属」参照）。つまり，別の参加者（サクラ）が楽しそうに振る舞っている様子を見たことで，自分が経験している生理的喚起に「喜び」という感情のラベルづけを付与したのだと考えられる。

3. 感情の役割

（1）感情の普遍性

人間にとって感情は，どのような役割を持つものなのだろうか。冒頭

で述べたように，かつては「感情は人間の合理的な思考を阻害するもの」といった有害論や無益論が主流だったが，最近は感情が果たす役割の有用性に目が向けられるようになってきた。認知的チューニング仮説もその一つである。このような変化の背景には，進化心理学の興隆がある（第12章「進化心理学と社会心理学」参照）。すなわち，感情は個体の生存にとって適応的な価値を持っているという考えが注目されるようになったのである（e.g., Keltner & Gross, 1999）。

　感情に対する進化論的な意味づけはダーウィンに遡る。ダーウィンは，著書『人および動物の表情について（Facial expression of the emotion in man and animals）』において，それまで主流だった「人の表情は人に特有のものである」という考えに挑戦した。そして，感情にまつわる人間の表情が他の動物と類似していること，すなわち，そこには進化的な連続性があることを指摘し，それゆえに，表情は，国や文化を超えてすべての人間に共有されるはずだと主張した（Darwin, 1872/1965）。

　ダーウィンの主張は，その後，エクマンらに引き継がれる。彼らは，表情の文化的普遍性を探るため，さまざまな国（アルゼンチン，ブラジル，チリ，日本，米国）の参加者に，彼らが基本感情と呼ぶ，怒り，嫌悪，恐怖，幸福，悲しみ，驚きの表情の写真を呈示し，それがどのような感情を示したものかを尋ねた。すると，参加者の国や文化に関係なく，80〜90％の高い正答率が見られ，表情の認識に普遍性があることが示された。同様の傾向は，西洋人の表情をニューギニアのフォア族の人に見せた場合など，研究以前には文化的交流がほとんどなかった文化間でも見られたことから（Ekman et al., 1969），表情の読みとりが後天的に学習されたものではないことが示唆されている。

（2）感情の適応的価値

　ダーウィンは，人の表情はかつて有用だったものの，現代の人間にとっては特別な機能を果たしていないと考えた。それに対し，エクマンは個体が生存し，子孫を残す上で適応的価値が高い感情だけが進化の過程で自然選択されたのだと考えた。そしてそれゆえに基本感情として

人間が持っている感情は，それぞれ特有の反応様式を持つのだとした（Ekman, 1992）。

　エクマンの主張と類似するものとして，わが国では，戸田の提唱した感情アージ理論（戸田 , 1992）もよく知られている。戸田は，感情は進化の過程で獲得した生存のための心的ソフトウェアだと主張している。アージとは人間を強く駆り立てる力のことで，このアージの存在によって人間は周辺環境の状態に応じた適応的な行動を選択することができるとされる。たとえば，恐れは対抗できない脅威が出現した状況で発動され，恐れが生起した人間はその脅威から逃れる行動をとろうとする衝動的な傾向を持つという（戸田 , 1994）。ただし，ここで仮定される周辺環境とは，私たちの祖先が草原に住んでいた頃の野生環境のことで，現代のような文明環境とは大きく異なる。そのため，かつての野生環境では合理性があった感情の機能が，現代の文明環境では非合理的な行動を導く場合があるとしている点では，ダーウィンの考えとも共通している。

　一方，ダマシオが提唱するソマティック・マーカー仮説（Damasio. 1994）では，感情は現代においても，適切な判断や意志決定を導くものとされる。ただし，ここでいう感情とは身体感覚を伴う直感（gut feeling）のことであり，ここまで解説してきた感情と同一ではない。ダマシオによれば，私たちが日々の生活の中で迫られるさまざまな判断や選択の際に，悪い結果が予見されると，合理的な推論に先立って直感的な警告信号が発せられるという。これがソマティック・マーカー（身体標識）であり，このマーカーのおかげで，私たちは数ある選択肢の中からネガティブなものをふるい落とし，より望ましい選択ができると考えられている。

（3）二次感情の役割

　最近は基本感情だけでなく，人間に特有なより高次の感情（二次感情）にも，文化的な普遍性のあることが指摘され（e.g, Keltner, 1995），機能的な役割を調べる研究も多数行われている。たとえば罪悪感（guilt）

と差恥心（shame）は，いずれも他者に迷惑をかけたり，規範を逸脱したり，人前で失態をさらしたりする社会的苦境場面で見られる感情である。そのため，これらの感情が生起することは，社会や集団への適応が危ういというシグナルになる。つまり，罪悪感と差恥心は，いずれも社会的に望ましくない行動を抑制する機能を果たしているといえる。ただし，差恥心がその場からの回避や防衛のような消極的行動を動機づけ，しばしばネガティブな結果をもたらすのに対し，罪悪感は告白，謝罪，補償など関係修復や事態の回復を試みる積極的行動を動機づけ，より適応的な帰結をもたらすとされている（Tangney, 1995）。

（4） 道徳感情

感情の適応的価値に関連して，ここのところ活況を呈しているのが道徳感情に関する研究である。道徳的な判断は，長らく理性，つまり意識的な推論に基づくものと考えられてきたが，ハイトによれば，ほとんどが直観（intuition）に基づいており，意識的な推論は，判断を事後に正当化するためのものに過ぎないという（Hait, 2001）。そしてこのような道徳的直観は，人間が長きにわたって直面してきた問題に，迅速かつ効果的に対処するために，進化の過程で身につけてきたものとしている。直観は，感情的な手がかりによって引き起こされる。道徳的直観の引き金になりうるものの一つに嫌悪感（disgust）があるが，これは，適応的でない行動を拒絶するための手がかりとして機能する。たとえ近親相姦のような不適応な行動は，実害がない状況をストーリーとして提示しても（Table 9-1），多くの人は嫌悪感をもよおし，不道徳と判断する。

感情的プロセスと認知的プロセスの両方が道徳的判断に寄与すると考えるモデルもある。二重過程モデル（第3章「社会的認知」参照）に基づくもので，たとえば，トロッコ問題のような道徳的ジレンマに遭遇すると，他者に危害を加える可能性に対して，即座にネガティブな感情を経験し，有害な行動を拒絶しようとする。一方で，十分な時間，動機づけ，認知的資源があれば，全体としてより良い結果を見極めるために，熟慮的な情報処理が行われることが示されている（Greene et al., 2001）。

Table 9-1　ハイトの研究で示したストーリーの例（Haidt, 2012 ／高橋訳 , 2014）

> 　兄のマークと妹のジュリーは，大学の夏休みにフランスを旅行している。二人は，誰もいない浜辺の小屋で一夜を過ごす。そのときセックスをしてみようと思い立つ。二人にとっては，少なくとも新たな経験になるはずだ。ジュリーは避妊薬を飲み，マークは念のためコンドームを使う。かくして二人は楽しんだ。だが，もう二度としないと決め，その日のできごとは二人だけの秘密にした。そうすることで，互いの愛情はさらに高まった。
> 　さて，あなたはこのストーリーをどう思いますか？二人がセックスをしたことは，間違っていると思いますか？

引用文献

Bless, H., Schwarz, N., & Kemmelmeier, M. (1996). Mood and stereotyping: The impact of moods on the use of general knowledge structures. *European Review of Social Psychology*, 7. 63-93.

Bower, G. H. (1981). Mood and memory. *American Psychologist*, 36, 129-148.

Bower, G. H. (1991). Mood congruity of social judgments. In J. P. Forgas (Ed.). *Emotion and social judgments*. NY: Pergamon. pp. 31-53.

Bower, G. H., Gilligan. S. G., & Monteiro, K. P. (1981). Selective learning caused by affective states. *Journal of Experimental Psychology: General*, 110, 451-473.

Clark, M. S. & Isen, A. M. (1982). Toward understanding the relationship between feeling states and social behavior. In A. H. Hastorf & A.M. Isen (Eds.). *Cognitive social psychology*. NY: Elsevier. pp. 76-108.

Damasio, A. R. (1994). *Descartes' error: Emotion, reason, and the human brain*. NY: Grosset/Putman.

Darwin, C. (1965). *The expression of emotions in man and animals*. Chicago, IL: University of Chicago Press. (Original work published 1872)

Ekman, P. (1992). An argument for basic emotions. *Cognition and Emotion*, 6, 169-200.

Ekman, P. & Friesen, W. V. (1971). Constants across cultures in the face and emotion. *Journal of Personality and Social Psychology*, 17, 124–129.

Ekman, P., Sorenson, E. R., & Friesen, W. (1969). Pancultural elements in facial displays of emotion. *Science*, 164, 86–88.

遠藤 利彦 (2013).「情の理」論：情動の合理性をめぐる心理学的考究　東京大学出版会

Forgas, J. P. (1998). On being happy and mistaken: mood effects on the fundamental attribution error. *Journal of Personality and Social Psychology*, 75, 318-331.

Forgas, J. P. & Moylan, S. (1987). After the movies: The effects of transient mood states on social judgments. *Personality and Social Psychology Bulletin*, 13, 478-489.

Greene, J. D., Sommerville, R. B., Nystrom, L. E., Darley, J. M., & Cohen, J. D. (2001). An fMRI investigation of emotional engagement in moral judgment. *Science*, 293, 2105–2108.

Haidt, J. (2001). The emotional dog and its rational tail: A social intuitionist approach to moral judgment. *Psychological Review*, 108, 814–834.

Haidt, J. (2012). The righteous mind: Why good people are divided by politics and religion. NY: Pantheon/Random House.（ハイト, J. 高橋 洋 (訳) (2014). 社会はなぜ左と右にわかれるのか　紀伊國屋書店）

Isen, A. M. (1987). Positive affect, cognitive processes and social behavior. In L. Berkowitz (Ed.). *Advances in experimental social psychology (Vol.20)*. NY: Academic Press. pp. 203-253.

Keltner, D. (1995). The signs of appeasement: Evidence for the distinct displays of embarrassment, amusement, and shame. *Journal of Personality and Social Psychology*, 68, 441–454.

Keltner, D., & Gross, J. J. (1999). Functional accounts of emotion. *Cognition and Emotion*, 13, 467-480.

Schacter, S., & Singer, J. E. (1962). Cognitive, social, and physiological determinants of emotional state. *Psychological Review*, 69, 379-399.

Schwarz, N. (1990). Feeling as information: Informational and motivational functions of affective states. In E. T. Higgins & R. M. Sorrentino (Eds.). *Handbook of motivation and cognition: Foundations of social behavior (Vol. 2)*. NY: Guilford Press.

Schwarz, N. (2002). Situated cognition and the wisdom of feelings: Cognitive tuning. In L. Feldman Barrett & P. Salovey (Eds.), *The wisdom in feelings*. NY: Guilford. pp.144-166.

Schwarz, N., Bless, H., & Bohner, G. (1991). Mood and persuasion: Affective states influence the processing of persuasive communications. *Advances in Experimental Social Psychology*, 24, 161-199.

Schwarz, N., & Clore, G. L. (1983). Mood, misattribution, and judgments of well being: Informative and directive functions of affective states. *Journal of Personality and Social Psychology*, 45, 513-523.

Tangney, J. P. (1995). Shame and guilt in interpersonal relationship. In J. P. Tangney, & K. W. Fischer (Eds.), *Self-Conscious Emotions: Shame, Guilt, Embarrassment, and Pride*. NY: Guilford Press, pp. 114-139.

Taylor, S. E. (1976). Developing a cognitive social psychology. In J. S. Carroll & J. W. Payne (Eds.) *Cognition and Social Behavior*. LEA pp. 69-77.

戸田 正直（1992）． 人を動かしている適応プログラム　東京大学出版会

戸田 正直（1994）． アージ理論の計算モデル的側面　認知科学，1, 31-41.

研究課題

1．うつの傾向がある人は，過去の悲しい出来事や辛い出来事を思い出しやすいといわれている。感情ネットワーク・モデルを使うと，このことはどのように説明できるだろうか。

2．美味しい食事をともにしている友人には好意的な評価をしがちである。このことを感情情報機能理論を使って説明してみよう。

3．Table 9-1 のストーリーを読んだときに自然と沸き起こる感情に耳を傾けてみよう。また不道徳と思うのであれば，何が問題なのかを考えてみよう。

10 | 行動経済学と社会心理学

《学習のポイント》
　社会心理学と関連が深い学問分野として，行動経済学を取り上げる。経済学に心理学の知見や方法論を取り入れた新しい学問で，特に社会心理学とは重複する部分が大きい。主だった研究成果の紹介を通じて，両学問の関係性を考える。
《キーワード》　行動経済学，ヒューリスティック，バイアス，損失回避，プロスペクト理論

1. 行動経済学の興隆

　近年，心理学の知見や方法論を取り入れて人間の経済行動を分析する行動経済学（behavioral economics）という学問分野が人気を集めている。それは，経済学で長年仮定されてきた人間は実像を反映しておらず，人間の経済行動を十分に説明できないという反省に基づくものである。

　伝統的なミクロ経済学では，経済人またはホモ・エコノミクス（homo economicus）と呼ばれる人間像を前提に経済行動が分析されてきた。その人間像とは，自己利益を最大化するために，常に最も合理的な選択をする人間である。たとえば，代表的な意思決定理論である「期待効用理論」では，人間は個々の選択肢から得られるであろう効用を計算し，それが最大になる選択肢を選ぶと考える。効用とは主観的な価値のことであり，消費場面で言えば，製品やサービスを購入することによって得られる満足の度合いがそれにあたる。ただし意思決定を迫られる状況では，多くの場合，不確実性が存在する。そこで人間は，効用に生起確率をかけ合わせ，期待される効用がもっとも大きい選択肢を選ぶと考える

のである。しかし現実の人間は,このような意思決定をしない。それは,ここまで繰り返し説明してきたように,人間の認知能力には限界があり,それゆえに,特別な事情がない限り「認知的倹約家」として振る舞うからである。

このような人間の振る舞いについては,サイモン（Simon, H. A.）が,限定合理性（bounded rationality）という概念を用いて,かなり早い時期から指摘している。限定合理性とは,完全に合理的であることができない人間の特徴を表現したもので,サイモンによれば,現実の人間は,自己利益を最大にする最適化（optimization）の原理に従って意思決定を行うことはまれである。代わりに,与えられた状況のもとで,ある程度受け入れ可能な水準であればそれを選択するという満足化（satisficing）の原理に従う（Simon, 1947）。当時の経済学ではあまり受け入れられなかった考えだが,のちに見直され,1978 年にはノーベル経済学賞を受賞している。行動経済学の萌芽とも呼べる考え方である。

行動経済学の基礎を築いたのは,心理学者のダニエル・カーネマン（Kahneman, D.）と,その共同研究者のエイモス・トヴェルスキー（Tversky, A.）である。彼らは,従来の経済学の理論では説明できない人間の意思決定のさまを,多くの実験研究を通じてあぶり出し,それを逸脱例として提示するとともに,そこに規則性を見出し,理論化を試みた。その研究の中心は,ヒューリスティックとバイアスの研究,およびプロスペクト理論で,現在も行動経済学の教科書を開くと,これらの研究が多くのページを占めている。またその功績が讃えられ,カーネマンは心理学者でありながら,2002 年にノーベル経済学賞を受賞している。なお,カーネマンの業績の多くはトヴェルスキーとの共同研究だったが,トヴェルスキーは 1996 年に亡くなっていたため,カーネマン単独の受賞となった。

2.　ヒューリスティックとバイアス

ここからはカーネマンらの一つ目の功績であるヒューリスティックとバイアスの研究について紹介する。認知的倹約家である人間は,他者や

周辺環境について考えるとき，入手できる情報をすべて詳細に吟味する
わけではないし，それをもとに合理的な推論をするわけでもない。それ
とは反対に，確実に正答にたどりつける保証はないが，だいたいはうま
く物事を解決することができる方略や直観的（直感的）で解決への道の
りが短い方略を好んで利用する傾向がある。物事を判断する際の簡易方
略であり，一種の経験則といってもよいもので，ヒューリスティック
（heuristic）と呼ばれる。ギリシア語で「発見した」という意味を持つ
「ユーレカ（heureka）」を語源とすることばである。ヒューリスティッ
クを利用した意思決定は，労力を節約できるが，しばしば認知バイアス
（単にバイアスともいう）と呼ばれる歪みをもたらす。なお，ヒューリ
スティックとは反対に，じっくりと吟味し，手順を追ってシステマティッ
クに推論する方略はアルゴリズムと呼ばれる。

　人間が利用するヒューリスティックにはさまざまなものがあるが，よ
く知られるものに，次の3つがある（Tversky & Kahneman, 1974）。

（1）代表性ヒューリスティック

　代表性ヒューリスティック（representativeness heuristic）とは，あ
る事例が特定のカテゴリーをよく代表する典型的な事例と認識される場
合に，その事例がそのカテゴリーに属する可能性を高く見積もる認知方
略のことである。

　たとえば，有名な「リンダ問題」について考えてみよう（Tversky
& Kahneman, 1983）。トヴェルスキーとカーネマンの研究では，Table
10-1 の問題に答えた実験参加者の約 90 ％は B を選択した。しかし現実
には，2つの事象（銀行員であることと，女性解放運動に熱心であること）
が同時に生起する確率が，その一方の事象（銀行員であること）のみが
生起する確率よりも高いことは論理的にありえない。したがって，正解
は A である。多くの実験参加者が B を選択したのは，リンダに関する
説明が，ただの「銀行員」であるよりも，「女性解放運動に熱心な銀行員」
というカテゴリーをより代表していると認識されたためと考えられる。
すなわち，実験参加者の多くは，リンダがそれぞれのカテゴリーの典型

例（ステレオタイプ）にどれだけ類似しているかという簡易方略を使って，その可能性を推測したために，誤った判断をしたのだと考えられる。

Table 10-1　リンダ問題

> 　リンダは 31 歳の独身，ものをはっきりいうタイプで頭がよい女性である。大学では哲学を専攻しており，学生として，女性や民族差別の問題や社会正義に強い関心を持っていた。また，反核デモにも参加していた。
>
> （問題）現在のリンダの状況について説明した 2 つの文のうち，より可能性が高いのはどちらか。
> 　　A．彼女は今，銀行員をしている。
> 　　B．彼女は今，銀行員をしており，女性解放運動に熱心である。

（2）利用可能性ヒューリスティック

　利用可能性ヒューリスティック（availability heuristic）は，どれだけの実例をすぐに思い出すことができるかを基準として，その事柄の生起頻度を推定する認知方略である。

　たとえば英語を母国語とする人に，k から始まる英単語と 3 番目のアルファベットが k の英単語ではどちらが多いかを尋ねると，「k から始まる単語」と答える人が多い（Tversky & Kahneman, 1973）。しかし実際には「k が 3 番目にくる単語」は，「k から始まる単語」の約 2 倍あることから，これは間違いである。英語を母国語とする人であれば，普段から「k が 3 番目にくる単語」に頻繁に触れているはずなのに，このような間違いをおかすのはなぜだろうか。それは，k から始まる英単語は思いつきやすく，実例をいくつも挙げられるのに対し，3 番目の文字が k の英単語の実例は思いつきにくいためだと考えられる。思いつきやすいものは，たくさんあるはずだと推論してしまうのである。

　利用可能性ヒューリスティックは，社会心理学のなかで，別の視点からの再検討も行われている。きっかけとなったのは，シュワルツらの実験（Schwarz et al., 1991）で，彼らは，実験参加者に自分の過去の経験の中から他者に積極的に主張した（アサーティブに振る舞った）エピ

ソードを思い出してもらった。その際，半数の参加者には6例のエピソードを，残り半数の参加者には12例のエピソードを思い出すように依頼し，最後に自分の積極性（アサーティブネス）はどの程度であるかを評価してもらった。合理的に考えるならば，積極性に関する具体的なエピソードをより多く思い出せたほうが，それを自分が積極的であることの根拠とすることができるため，積極性の評価が高くなるだろう。しかし，実験の結果は逆だった。12例のエピソードの想起が求められ，実際に12例を想起した参加者は，6例のエピソードしか想起しなかった参加者よりも，自分のことを積極的ではないと評価したのである。このような結果となったのは，エピソードを想起する（検索する）際に，それがどの程度，容易にできるかという主観的経験（検索容易性という）が判断に影響したからだと解釈されている。つまり，多くのエピソードを想起するように求められた参加者は，その要求に応えることに困難を覚え，「積極的に振る舞ったエピソードを容易に思い出すことができないのは，自分がもともと積極的でないからだ」と推論したのだと考えられる。エピソードを想起する際に経験した困難の原因を，自分が積極的でないことに誤って帰属（誤帰属）したのだと考えられる（第7章「原因帰属」参照）。

　つまり利用可能性ヒューリスティックは，実際にどれだけの実例を思い出せるかをもとに推論する認知方略ではなく，具体例を想起する際に経験される容易さをもとに推論する認知方略だというほうがより正確である。このことを明確にするため，検索容易性ヒューリスティック（ease of retrieval heuristic）と呼ばれることもある。

（3）係留と調整ヒューリスティック

　係留と調整ヒューリスティック（anchoring and adjusting heuristic）は，前もって与えられた値や最初に直観的（直感的）に推測した値を手がかりにしてまず判断を行い，その後で，最終判断のための調整を行うという認知方略である。最初に設定された値は係留点，すなわち船の錨（アンカー）のような役目を果たすため，その後に調整を行っても，最

終判断が当初の値近くに留まることになる。つまり，当初の値が根拠の
ないものであったり，拠り所にすべき値ではなかったりした場合には，
最終判断が誤ったものになる。係留と調整ヒューリスティックによって
生じた判断のバイアスは，係留点（アンカー）があることによって生じ
ることから，係留効果，もしくはアンカリング効果と呼ばれることもあ
る。

　たとえば，トヴェルスキーとカーネマンが行った実験（Tversky &
Kahneman, 1974）では，国連加盟国の中でアフリカ諸国が占める割合を，
参加者に推測するよう求めた。その際，具体的な数値を答えてもらう前
に，ルーレットのようなものを回し，まずそれが示した数値よりも大き
な割合かどうかを答えてもらった。ルーレットには，1 から 100 までの
目盛りがついており，半数の参加者には 10 の目盛りを，残り半数の参
加者には 65 の目盛りを指すよう，あらかじめ細工がされていた。する
と，アフリカ諸国が占める割合が 10（%）よりも大きいかどうかを尋
ねられた（ほとんどの参加者は大きいと答えた）のちに，具体的な割合
を推定した参加者では，解答の中央値は 25% だった。一方，まず 65（%）
よりも大きいかどうかを尋ねられた（ほとんどの参加者は小さいと答え
た）のちに，具体的な割合を推定した参加者では 45% だった。ルーレッ
トが示す数値が加盟国の割合とは無関係であることは，参加者もわかっ
ていたはずだが，初期値が後続の判断に影響したのである。

　係留と調整ヒューリスティックは，消費行動の場面で利用されやすい
ため，行動経済学の研究が数多く行われている。実際，一般消費者が商
品の適正な価格を見きわめることは難しく，表示価格に頼らざるをえな
い。そのため，価格すら表示されていない商品については，知らず知ら
ずのうちに無関連な数値を手がかりとしてしまうことがある。また，特
別に高価だったり，自分にとって重要だったりするものを購入する場合
を除き，私たちは熱心に商品を吟味したりしないし，吟味する時間的，
精神的余裕がないことも多いだろう（たとえば，歯磨き粉ひとつを買う
のに時間をかけて吟味する人はどれだけいるだろうか）。そのために，
無関連な周辺手がかりを利用した態度変容（周辺ルート）が起きやすい

のだと考えられる（第6章「態度と行動」の精緻化見込みモデルを参照）。

3. 損失回避とプロスペクト理論

　ヒューリスティックとバイアスの研究を通じて顕わになったのは，伝統的な経済学が前提としてきたのとは違う「合理的ではない人間」の姿である。しかし合理的でないからといって，そこに規則性がないわけではない。そこで行動経済学は，従来の経済学の理論（規範理論）から逸脱する例（アノマリーという；Kahneman et al., 1991）を記述し，それらに共通性を見出すことで，一見すると合理的でない人間の意思決定の背後にある規則性を探究してきた。

（1）損失回避

　規則性の一つとしてよく知られるものに，損失回避（loss aversion）がある。私たちは，同じ価値のものでも（たとえば，10万円），それを失うことで感じる不満足（悔しさ）は，それを得ることで感じる満足（喜び）よりも大きい。このように利得（ポジティブ）と損失（ネガティブ）が与える影響は非対称であるため（第9章「感情と認知」のPNAを参照），人は損失に対してより敏感であり，損失を回避しようとして，次に示すようなバイアスが生じる。

a. 保有効果

　人は自身が保有する物を手放すときに，それを手に入れた時以上の対価を求める傾向がある。これを保有効果，または授かり効果（endowment effect）という（Kahneman et al., 1990 ; Thaler, 1980）。

　たとえばある実験（Knetch, 1989）では，実験参加者を3つのグループに分け，実験に参加してくれた謝礼として，第1のグループの参加者にはマグカップを，第2のグループの参加者にはチョコレートバーを最初に渡した。第3のグループの参加者には何も渡さなかった。その後，参加者は長い時間，質問紙に回答し，最後に，第1と第2のグループの参加者には，謝礼を変更する機会が与えられた。つまり，第1グループ

はマグカップをチョコレートバーに，第 2 グループはチョコレートバーをマグカップに交換できると言われたのである。事前に謝礼を渡されなかった第 3 のグループは，マグカップとチョコレートバーの好きな方を選ぶことができた。その結果，最初にマグカップを与えられた第 1 グループの参加者は 89％がチョコレートバーへの交換を拒み，第 2 グループの参加者の 90％がマグカップへの交換を望まなかった。一方で，第 3 のグループでは，マグカップを選んだ参加者と，チョコレートバーを選んだ参加者がほぼ半々だった。この結果は，たとえ偶然に手に入れたものであっても，一旦，保有したものには特別な価値を見出し，手放すことを嫌う傾向があることを示している。

b. 現状維持バイアス

　損失回避の傾向は，現状維持バイアス（status quo bias）をもたらすことも知られている。現状を変えることは，良い結果をもたらす場合もあれば，悪い結果をもたらす場合もある。したがって，極めて特殊な場合（たとえば，現状の変更により，利益が得られることが確実視されている場合や，現状が際立って悪く，変更しても状況が今以上には悪くならない場合）を除けば，損失を回避するための最も確実な方法は現状の維持である。現状を維持することで，手に入れられたかもしれない利益をみすみす逃すことにはなる。しかし損失の回避を最優先にするのであれば，これ以上に有効な手立てはないため，現状維持が選択されるのである。ある実験では，親戚から遺産として有価証券を譲り受けたというシナリオで投資先を当初のものから変えるかどうかを問われた。すると，投資対象のリスクの高低に関係なく，強い現状維持の傾向が見られた（Samuelson & Zackhauser, 1988）。

c. サンクコスト効果

　サンクコストとは，過去に支払って取り戻すことができない費用を指し，日本語で埋没費用と訳されることもある。いまとなっては取り戻すことができない費用のため，将来について意思決定をする際には，サン

クコストは考慮に入れず，今後の損益の予測だけを考慮するのが合理的である。しかし現実には，金銭的，精神的，時間的な投資を継続することが損失を拡大することが明らかな場合でも，それまでの投資で失った費用や労力を惜しみ，投資を断念できないことがある。これをサンクコスト効果（sunk cost effect）という（Arkes & Ayton, 1999）。

　サンクコスト効果の代表例としては，超音速旅客機コンコルドの商業的失敗が有名である。コンコルドは，イギリスとフランスが共同開発をした定期運航路線をもった唯一の超音速民間旅客機だったが，定員が少ない，燃費が悪いなどの理由で，採算ベースにのらないことは，開発の早い段階からわかっていた。しかし，それまでに投入した金銭的，精神的，時間的なコストを惜しんで計画を止めることができず，結果的に莫大な損失をもたらした。こうしたことから，サンクコスト効果はコンコルドの誤謬（Concorde fallacy）と呼ばれることもある。

　ある実験（Arkes & Blumer, 1985）では，劇場のシーズンチケットを販売する際の価格を次の3種類に設定した。標準価格の15ドルと，割引価格の13ドル（2ドルの割引）と8ドル（7ドルの割引）である。その後の6ヵ月間に，チケットを購入した人が劇場に訪れる回数をカウントしたところ，15ドルでチケットを購入した人はもっとも多く訪れ，次いで13ドルで購入した人，8ドルで購入した人という順であった。チケットを高い金額で購入した人ほど，サンクコストが大きいため，それを取り戻そうとして（元をとろうとして），演目の好みに関係なく，より多く観劇をしようとしたのだと考えられる。

（2）プロスペクト理論

a. 価値関数

　損失回避は，カーネマンらが提唱したプロスペクト理論（Kahneman & Tversky, 1979）によって説明される。Figure 10-1 に示したのは価値関数（value function）と呼ばれる，この理論の基礎となる関数の模式図である。横軸は客観的な利得や損失を，縦軸は主観的な価値を示している。プロスペクト理論では，主観的な価値は，手にしている富の絶対

Figure 10-1　プロスペクト理論の価値関数 (Kahneman & Tversky, 1979)

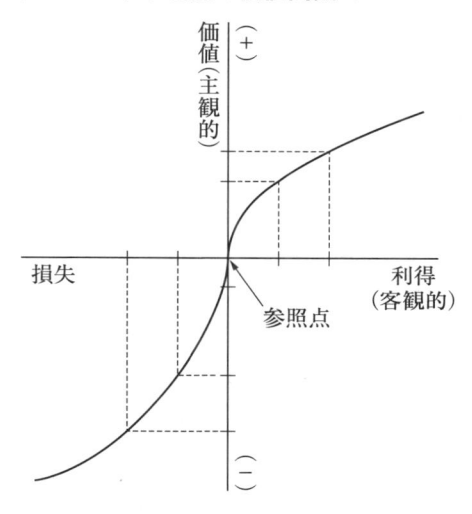

的な水準ではなく，現状にあたる参照点との比較によって決まるとされる。そのため，ある結果に人がどのような価値を置くかを知るには，まずその人の立ち位置を知る必要がある。たとえば，月収 100 万円の人の給料が 80 万円になる場合と，月収 20 万円の人の給料が 30 万円になる場合では，手にする給料の絶対額にもかかわらず，後者のほうが満足度（主観的価値）は高い。前者は損失と認識されるのに対し，後者は利得と認識されるためである。Figure 10-1 の価値関数においては，参照点より右側が利得の領域，左側が損失の領域となっている。

　プロスペクト理論はまた，利得も損失も，値が小さいうちは変化に敏感だが，値が大きくなるにつれて変化への感応度は低下すると仮定している。Figure 10-1 を見ると，関数は原点近くでは急勾配なのに対し，原点から離れると徐々に傾きが緩やかになっていることがわかる。これを感応度逓減性（diminishing sensitivity）という。たとえば，0 円が 50 万円に増えるのと，100 万円が 150 万円に増えるのでは，いずれも 50 万円が増えたという点では同じだが，前者の変化の方が後者の変化よりも大きく感じられる。同様の現象は，利得だけでなく，損失にも起きる。

　最後にプロスペクト理論では，損失がもたらす不満足は，同じ額の利得がもたらす満足よりも大きいことを予測しており，これが損失回避の傾向をもたらしている。Figure 10-1 では，損失領域の関数の勾配が，利得領域よりも大きくなっている。

b. 確率加重関数

　現在の状態からの変化が利得となるのか，損失となるかはその事象の生起確率に左右されることも多い。しかし，私たちが主観的にとらえる確率は，客観的な確率とは一致しない。そこでプロスペクト理論には，価値関数以外に，Figure 10-2 に示すような確率加重関数（実線）が想定されている。破線は，主観確率と客観確率が等しい場合を示しており，この図からわかるように，低い客観的確率は主観的には過大評価され，中程度以上の客観的確率は過小評価される傾向がある。たとえば，殺人のような発生頻度が低い犯罪の件数は過大に見積もられるのに対し，空き巣や窃盗のような発生頻度が高い犯罪の件数は過小に見積もられる（中谷内・島田, 2008）。

　また客観的確率が変化する場合，0％だったものが数％に変化する場合と，90％以上だったものが100％に変化するときは，主観的確率が質的に変化する。そのため，認知バイアスの一種として，前者は可能性効

Figure 10-2　プロスペクト理論の確率加重関数 (Tversky & Kahneman. 1979)

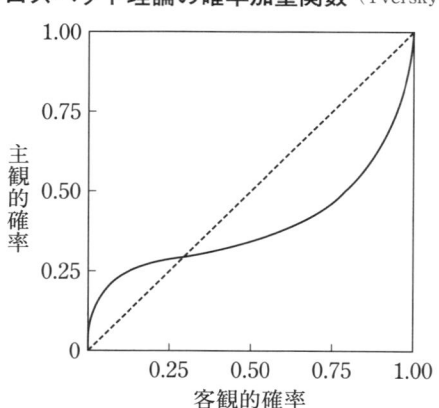

果，後者は確実性効果と呼ばれている。たとえば，ある病気に罹った場合に死に至る確率は 0 ％だと言われるときと，死亡率は 2 ％だと言われるときでは，感じられる不安はまったく異なる。また，手術の成功率が 98 ％と言われるときと，100 ％と言われるときでも印象は大きく変わる。あらゆる事象において，リスクをゼロにすることはもとより不可能だが，私たちには 100 ％安全だと言われない限り安心できず，それを受け入れられない傾向が見られる。このようなゼロ・リスク志向も確実性効果によるものと考えられている.

（3）フレーミング効果

　伝統的な経済学の理論では，いくつかの選択肢が与えられた時，その客観的な損益が同じなら，それがどのような表現の仕方で示されても，意思決定には影響しないと予測される。しかし，コップに半分入った水を「もう半分しかない」と表現するのと，「まだ半分もある」と表現するのとでは印象が異なるように，人間の意思決定は，選択肢の表現方法によっても変わることが知られている。

　その例として，「アジアの病気問題」と呼ばれる有名な問題を考えてみよう（Tversky & Kahneman, 1981）。この実験では「600 人を死に至らしめると予想される特殊なアジアの病気が突如，発生した」という状況を想像させ，その対処のために，「これを採用すれば 200 人が助かる」という対策 A と，「これを採用すれば 600 人が助かる確率は 3 分の 1 で，誰も助からない確率は 3 分の 2 である」という対策 B のいずれが適当と思うかを選択させた。その結果，対策 A を選んだ人は 72％，対策 B を選んだ人は 28 ％であり，対策 A のほうが多くの人に選択された。しかし設定は同じままで，選択肢を，「これを採用すれば 400 人が死亡する」という対策 C と，「これを採用すれば誰も死なない確率は 3 分の 1 で，600 人が死亡する確率は 3 分の 2 である」という対策 D に代えると，対策 C を選んだ人は 22％，対策 D を選んだ人は 78 ％で，対策 D を選択する人が多かった。 4 つの対策を冷静に比較すれば，対策 A と対策 C，対策 B と対策 D は，それぞれ同じことを別の表現方法で示

しているにすぎない，つまり期待値は変わらないことがわかる。にもかかわらず，対策Ａと対策Ｂから選択する場合には対策Ａが，対策Ｃと対策Ｄから選択する場合には対策Ｄが好まれるという選好の逆転が生じていた。これは，対策Ａ，Ｂが「どれだけの人が助かるか」という利得に焦点を当てた表現方法を使っているのに対し，対策Ｃ，Ｄは「どれだけの人が死亡するか」という損失に焦点を当てた表現方法を使っているためと考えられている。

　利得に焦点化した表現をポジティブ・フレーム，損失に焦点化した表現をネガティブ・フレームと呼ぶ。フレームとは枠や額縁のことで，物事を説明する際の表現方法を変えると，心的に構成される枠組み（フレーム）が変わり，主観的な価値も変動する。これをフレーミング効果（framing effect）という。上記の例のように，ポジティブ・フレームでは，人は確実に利得が得られる選択を好み，リスクを回避する傾向がある。一方，ネガティブ・フレームでは，人は確実に損失することを嫌い，リスクを追求して，損失が少なくなる可能性に賭ける傾向が見られる。

4. 行動経済学と社会心理学の関係性

　行動経済学は規範理論からの逸脱例（アノマリー）を発見し，その規則性を見出すことで，今日まで発展してきた。人間行動のあるべき姿を理論的に描き，それにあてはまらない現象をバイアス，エラーとして集積，記述することを通じて，人間行動の本質に迫ろうとする試みは，社会心理学をはじめとする心理学においては珍しいものではない。また，本章では，カーネマンやトヴェルスキーの研究を多く取りあげたが，彼らが拠り所とした情報処理アプローチは，社会心理学でも広く利用されていることは既述のとおりである（第3章「社会的認知」参照）。社会的認知研究のなかで生まれた知見は，行動経済学にも数多く取り入れられている。たとえば，人間の消費行動や，説得と態度変容（第6章「態度と行動」参照）に関する研究は，古くから社会心理学の重要なトピックの1つとされてきたが，行動経済学の書籍の中にも，これらのトピックにかかわる研究が広く紹介されており，中には社会心理学の書籍と見

紛うばかりのものもある。この点について，説得研究で名高い社会心理学者のチャルディーニは，次のように述べている。

　行動経済学者たちがさまざまな発見の独自性を主張することに対して，よく似た発見がすでに社会心理学の分野でなされているのを無視して，社会心理学者の功績を横取りしていると感じている人もいますが，私はそうは思いません。二つの分野に重なるところは確かにありますが，その部分は広くないからです。さらに言えば，行動経済学は社会心理学の評価を高めてくれたのです。社会心理学の中心的特徴のいくつかを取り入れ，政策立案者たちへそれらを正当化してくれたからです。ほんの十年前には，国の政策や経済政策を論じる国際会議に，社会心理学者が招かれるようなことはありませんでした。しかしこの点でも，今や時代はすっかり変わっています。　　（Cialdini, 2016／安藤　監訳, 2017 より）

　上記のチャルディーニのことばからもわかるように，行動経済学者が社会心理学者と大きく異なるのは，行動経済学者が研究成果をもとにした政策提案を積極的に行ってきたことである。特に 2017 年にノーベル経済学賞を受賞したセイラーは，カーネマンとともに行動経済学を牽引した経済学者だが，法律の専門家であるサンスティーンと組んで，さまざまな政策提案を行っている。彼らは，人間の意思決定の不合理を記述することから一歩進み，不合理の影響を軽減する方法として，ナッジ（nudge）と呼ばれる方法を政策に取り入れることを勧めている（Thaler, & Sustein, 2008）。ナッジとは，注意や合図のために横腹を肘でやさしく押したり，軽く突いたりすることを指すことばである。たとえば，大事な会議の場で居眠りをしそうになっている隣の人に，「いま居眠りをするとまずいよ」と肘でつついて教えてあげる様子を思い浮かべればよい。「居眠りをするな」と強制するのでもなく，かといって，当人があとで大目玉をくらうのを黙って見過ごすわけでもない。選択の自由を残しつつも，自由放任にはせず，結果的に当人にとって利益となる選択ができるように誘導していこうというのがナッジである。セイラーはこの

ような方法のことをリバタリアン・パターナリズムと呼んでいる。

　セイラーとサスティーンは，ナッジを題名に冠した書（Nudge　邦訳書の題名は「実践行動経済学」；Thaler & Sustein, 2008）の冒頭で，公立学校のカフェテリアで行われた大規模な実験を紹介している。公立学校のカフェテリアでは，どこの学校でも同じメニューが提供されるので，数十の学校に依頼し，メニューの内容は一切変えることなく，それらの陳列の順序や置き場所を学校ごとに変えたという。選択肢の内容は同じでも，その表現方法が変わるだけで，人の意思決定が変わることをフレーミング効果として説明したが，この実験では，食品の陳列方法を変えただけで，個別の食品の消費量が最大で25％も増減したという。この事実に基づき，子どもたちに，より体に良いメニューを食べさせようとするのであれば，選択されやすい場所に健康的な食品を置くべきであろう。子どもたちは，その食品をより手にとるようになるだろうが，それを選ばずに別の食品を選択する自由も残されている。このように，ナッジは，具体的なデータを伴う科学的知見に基づいて，当人の利益に資する環境を設計することに重きを置いている。

　社会心理学は，「実践知」を生む学問ながら（第15章「社会心理学の来し方行く末」参照），研究成果に基づいて具体的な改善策を提案することは，これまでほとんどしてこなかった。現在は学際的な研究が増え，行動経済学と社会心理学のように親和性が高い学問の垣根が低くなっている。行動経済学のような学問的知見の応用に積極的な学問が発展することは，チャルディーニが言うように，社会心理学者にとってもメリットがあることなのかもしれない。一方で，最近はナッジの考え方に対する批判も増え，環境設計に頼るだけでなく，より合理的な意思決定ができるように個人の認知的な能力（competence）を高めることの重要性が指摘されている。これはブースト（boost）と呼ばれ（Hertwig & Grüne-Yanoff, 2017），より心理学に馴染みが深い考え方と言えるだろう。経済学から派生した行動経済学と，心理学の一分野である社会心理学が共働することで，いずれの研究者にとっても有益で，また現実社会に還元される「知」が生み出されることを期待したい。

引用文献

Arkes, H. R. & Ayton, P. (1999). The sunk cost and Concorde effects: Are humans less rational than lower animals? *Psychological Bulletin*, 125, 591-600.

Arkes, H. & Blumer, C. (1985). The Psychology of Sunk Cost. *Organizational Behavior and Human Decision Process*, 35, 124-140.

Cialdini, R. (2016). *Pre-suasion: A revolutionary way to influence and persuade.* Simon & Schuster.（安藤 清志 監訳（2017）．PRE-SUASION：影響力と説得のための革命的瞬間　誠信書房）

Hertwig, R., & Grüne-Yanoff, T. (2017). Nudging and boosting: Steering or empowering good decisions. *Perspectives on Psychological Science*, 12, 973–986.

Kahneman, D., Knetsch, J. L., & Thaler, R. H. (1990). Experimental tests of the endowment effect and the coase theorem. *Journal of Political Economy*, 98, 1325-1348.

Kahneman. D., Knetsch, J. L., & Thaler, R. H. (1991). Anomalies: The endowment effect, loss aversion, and status quo bias. *Journal of Economic Perspectives*, 5, 193-206.

Kahneman, D. & Tversky, A. (1979). Prospect Theory: An Analysis of Decision under Risk. *Econometrica*, 47, 263-291.

Knetsch, J. L. (1989). The endowment effect and evidence of nonreversible indifference curves. *American Economic Review*, 79, 1277-1284.

中谷内 一也・島田 貴仁（2008）．犯罪リスク認知に関する一般人－専門家間比較：学生と警察官の犯罪発生頻度比較．社会心理学研究, 24, 34–44.

Samuelson, W. & Zeckhauser, R. (1988) Status quo bias in decision marketing. *Journal of Risk and Uncertainty*, l, 7-59.

Schwarz, N., Bless, H., Strack, F., Klumpp, G., Rittenauer-Schatka, H., & Simons, A. (1991). Ease of retrieval as information: Another look at the availability heuristic. *Journal of Personality and Social Psychology*, 61, 195-202.

Simon, H. A. (1947). *Administrative Behavior*. NY: Macmillan.

Thaler, R. H. (1980). Toward a positive theory of consumer choice. *Journal of Economic Behavior and Organization*, 1, 39-60.

Thaler, R. H. & Sustein, C. R. (2008). *Nudge: Improving decisions about health, wealth, and happiness.* New Haven, CT: Yale University Press.（遠藤 真美（訳）実践行動経済学：健康，富，幸福への聡明な選択　日経 BP 社）

Tversky, A. & Kahneman (1973). Availability: A heuristic for judging frequency and probability. *Cognitive Psychology*, 5, 207-233.

Tversky, A. & Kahneman. D. (1974). Judgment under Uncertainty: Heuristics and Biases. *Science*, 185, 1124-1131.

Tversky, A. & Kahneman, D. (1981). The framing of decisions and psychology of choice. *Science*, 211, 453-458.

Tversky, A. & Kahneman, D. (1983). Extensional versus intuitive reasoning: The conjunction fallacy in probability judgment. *Psychological Review*, 90, 293-315.

研究課題

1．衣料品のセールなどでは，元値と見られる金額が二重線で消され，その下に値引きされた価格が書かれていることがある。このときに生じる「アンカリング効果」について考察してみよう。

2．身近な経験の中から，「保有効果」「現状維持バイアス」「サンクコスト効果（コンコルドの誤謬）」に相当する具体例がないか探してみよう。

3．2の問いに挙げた現象をプロスペクト理論を使って説明してみよう。

11 | 脳神経科学と社会心理学

《学習のポイント》
　社会心理学と関連が深い学問分野として，脳神経科学を取り上げる。脳の測定技術の進歩により，最近は，社会心理学が扱うような高次の心の働きも脳神経科学の研究対象となっている。このような社会神経科学の研究成果が社会心理学にもたらすものを考察する。
《キーワード》　社会神経科学，脳機能イメージング，機能局在論，デフォルト・モード・ネットワーク

---

1. 社会神経科学の発展

（1）社会神経科学の誕生

　アメリカの連邦議会が1990年代を「脳の10年（Decade of the Brain）」と宣言し，脳神経科学研究を推進してから，すでに30年が経つ。このとき心理学者のカシオッポらは，この宣言は神経科学者だけでなく，すべての心理学者にとって重要な意味を持つとし，とりわけ社会心理学の役割を強調した（Cacioppo & Berntson, 1992）。以来，彼らが「社会神経科学（social neuroscience）」と名付けた学問は，著しい発展を遂げている。2003年には，Journal of Personality and Social Psychologyが社会神経科学の特集を組み，2006年には社会神経科学の学術誌が2誌（"Social Neuroscience"と"Social Cognitive and Affective Neuroscience"）創刊した。

　もっとも，心理学における脳神経科学への関心は，最近，始まったものではない。ウィリアム・ジェームズは，その著書『心理学原理（The Principles of Psychology）』の中で，脳の構造や機能の解説に3章を

割き，心を知るには神経学的な知識が不可欠だと述べている（James, 1890）。同様に社会心理学においても，オルポート，F. H. による初期の教科書は，第2章に人間行動の神経生理学的な基盤についての解説があり（Allport, F. H., 1924），オルポート，G. W. も，彼が社会心理学において最も中心的と位置づけた"態度"を「精神的な状態であると同時に神経的な状態である」と定義している（Allport, G. W., 1935；第6章「態度と行動」参照）。しかしその一方で，彼が「社会的なプロセスの生物学的な基盤を知るにはあと1000年はかかるだろう」と述べたことに象徴されるように，社会心理学が扱うような複雑な心のしくみや働きについての脳神経科学が発展するのはずっと先のことだと考えられてきた。

（2）社会神経科学の萌芽

　実際のところ，最近まで，心と脳を関連づけて研究することは極めて困難だった。19世紀初頭，ヨーロッパを中心に「骨相学」という学問が一世を風靡したことがある。ドイツ人医師のガルが，人の能力や性格の違いは脳の大きさや形状として表われ，それは脳の入れ物である頭蓋を測定することでわかると主張し，生まれた学問である（Gall, 1835）。自尊心の高さは，頭頂部後方の隆起と関連しているなど，社会心理学で扱うような高次の心の働きと頭蓋骨の隆起のパターンを調べる研究が流行したが，その後，根拠が乏しい疑似科学と見なされるようになった。

　ただ，病気や事故で脳を損傷した患者の事例などから脳の特定部位が心の働きと関連しているということは確かめられている。有名なものに，フィネアス・ゲージ（Phineas Gage：1823-1860）の事例がある。鉄道工事の現場監督だったゲージは，爆発事故により鉄の棒が頭部を貫通し，前頭葉を大きく損傷するという災難に見舞われた。奇跡的に一命をとりとめたものの，事故以前は，穏やかで責任感があり，人望が厚かったゲージが，事故後は感情の起伏が激しく，無礼で，約束事を守れない不誠実な人間になってしまった。その様子は，周囲の人びとが「彼はもはやゲージではない」というほどだったという（ただし記録が乏しく，詳細は不明である）。ここで重要なのは，ゲージは言語や知性など能力は損なわ

れておらず，社会的な機能にのみ不具合が生じたということである。なお，彼の脳のどの部位に損傷があったのか，当時は特定されていなかったが，ハンナ・ダマシオ（Damasio, H.）らが，後年，保管されていたゲージの頭蓋骨を脳の標準的なモデルと照らし合わせ，腹内側前頭前皮質（ventralmedial prefrontal cortex: vPFC）だったと結論づけている（Damasio et al., 1994）。一方，アントニオ・ダマシオ（Damasio, A.）が現代のフィネアス・ゲージと呼んだエリオットという患者にもほぼ同じ位置に腫瘍があり，感情や社会性に関わる機能のみが大きく損なわれていることから，この部位が人間の社会的機能において重要な役割を果たしている可能性が指摘されている。彼はさらに，エリオットが知的能力には問題がないにもかかわらず，適切な意思決定ができないことなどに着目し，ソマティック・マーカー仮説（第9章「感情と認知」参照）を提唱している（Damasio, 1994）。

2.　社会神経科学の手法

（1）測定技術の進歩

　かつては，脳損傷患者の事例に頼らざるを得なかった研究も，最近は大きく変貌している。社会神経科学の発展は，脳の測定技術の進歩によるものといっても過言ではない。現代の社会神経科学の研究に用いられる手法は，大きく3つのカテゴリーに分類できる。

　1つ目は，EEG（Electroencephalography：脳波）や MEG（Magneto-encephalography：脳磁図）など，脳内の電気的活動とそれに関連する磁気的影響の測定によるものである。これらの手法は，時間分解能が高く，脳活動のタイミングの評価に適している。分解能とは，測定時の識別能力のことを指し，時間分解能であれば，脳の同一箇所が短期間に2回活動した場合に，それぞれを時間的に独立した脳活動として計測できる最短の時間間隔のことを指す。

　EEG は，脳活動に伴って誘発される電位変化を，頭皮上に貼り付けた電極を通じて測定するものである。すべての脳活動を記録するため，信号にはノイズが多く，刺激や認知課題への変化を特定することが難し

い。そこで，このような問題を解決するため，心理学においては，しばしば ERP（Event-Relational Potential: 事象関連電位）が測定される。特定の事象に関連して生じる一過性の脳電位であり，光，音のような外部刺激だけでなく，認知課題に取り組んでいるときなどに生じる内因性の変化（心理学的な変化）によっても惹起される。ERP の測定では，同じ試行を繰り返し，そのときの脳波信号を平均化することで，ノイズの影響を取り除く。事象発生の約 300ms 後に生じる陽性（positive）の電位，P300 がよく知られている。

　MEG は，脳の電気的活動によって生成される磁場を測定する技術である。電極を使用せず，磁場を検出する特殊なセンサーを使用する。時間分解能は EEG と同程度だが，磁気信号は頭蓋骨によってゆがめられないため，EEG と比べると空間分解能が高い。空間分解能とは，脳の異なる部位が同時に 2 箇所活動した場合に，それぞれを空間的に独立した脳活動として計測できる最小の距離である。

　2 つ目は，陽電子放射断層撮影法（PET）や，機能的磁気共鳴画像法（fMRI）などである。EEG や MEG がニューロン（神経細胞）の活動を直接的に測定しているのに対し，これらは，次のような考えに基づき，血流量の変化によって脳の活動を間接的に測定している。脳内での神経活動が増えると酸素やブドウ糖の消費が増え，それを補うためにその部位の血流量が増大する。したがって，血流量やブドウ糖の代謝量などを測定すると，脳内で神経活動が活発になっている箇所を特定することができる。

　PET は，陽電子を放出する放射性同位体によって標識された薬品を投与し，その物質の脳組織中の濃度を時間的，空間的に計測する。それに対し fMRI は，観察対象に電磁波を照射し，原子核が共鳴して放出する電磁波を画像化する。これらはいずれも脳機能イメージングと呼ばれる技術だが，fMRI は PET に比べ次の点で優れている。第 1 に，fMRI は薬物を投与する必要がない。人体に悪影響はないとはされているものの，PET を利用する場合には，放射性同位体で標識した薬品を投与する必要がある。そのため，純粋な研究目的で PET を用いることには，

研究倫理上のハードルがある。 第 2 の利点は，空間分解能が高いことである。PET では描出できる最小の脳部位の大きさは $10mm^3$ 程度だが，fMRI では約 $3mm^3$ 程度まで描出可能である。また時間分解能も，PET が 1 分程度なのに対し fMRI は 1.2 秒である。ただし，EEG や MEG はミリ秒レベルの時間分解能を誇るため，それらと比較すると，fMRI の時間分解能も高いとはいえない。反面，EEG や MEG は空間分解能が低いため，社会的機能に関与する脳部位をより正確に特定することにおいては，PET や fMRI が勝っている。このように，時間分解能にはやや難があるものの，fMRI には，実験で利用するのに有利な条件が揃っているため，社会神経科学研究の多くで fMRI が利用されている。

　さらに，3 つ目のカテゴリーに含まれるものとして，経頭蓋磁気刺激法（TMS: Transcranial Magnetic Stimulation）がある。これは，頭皮に装着したワイヤーコイルに強力な電流を流し磁場を発生させることで，脳の機能に干渉するという技術である。上記の 2 つのカテゴリーの手法は，脳の活動を受動的に測定するものであるため，何らかの認知課題をしているときに，ある脳部位が活動していることを特定できたとしても，それは相関関係に過ぎず，因果関係は明らかでない。そこで，脳の活動を能動的に撹乱し，その影響を見ることで，因果関係を特定しようとするのがこの技術である。TMS は，磁場の発生によって，限られた範囲の脳部位に対し，その機能を選択的に撹乱できるため，その部位が特定の認知や行動にどのような役割を果たしているかを調べることが可能である。ただし，研究利用はまだ限定的である。

（2）脳の機能局在論

　すでに述べたように，脳の特定部位が特定の心の働きと関連しているという考えは，病気や事故で脳を損傷した患者の事例などを通じて古くから検討されてきた。そして脳の測定技術が進歩した現代においても，社会神経科学の研究の中心は，さまざまな心の働きが脳のどの部位で起きているかを特定する脳マッピングの研究である。このように，心の働きが脳の特定部位に局在化しているという考えを脳の機能局在論と言

う。

　リーバーマンは，社会的認知に関わるさまざまな脳機能イメージング
の研究をレビューした。そして，二重過程モデルで想定される2つの情
報処理過程が機能する際には，異なる脳部位が活性化する可能性を指摘
している（Lieberman, 2007；Figure 11-1）。このうち，自動的過程に関
わる扁桃体については，次のような研究が報告されている（Phelps et
al., 2000）。白人の実験参加者に黒人の顔写真を見せると，白人の顔写真
を見せた場合と比べて，扁桃体の活性化が高まった。またこの活性化の
程度は，IAT（潜在連合テスト；第6章「態度と行動」参照）によって
測定された黒人に対する潜在態度とは正の相関を示したが，自己報告式
の人種差別尺度（Modern Racism Scale）によって測定された顕在態度
とは関連が見られなかった。このことは，IATによって測定される潜
在態度と，自己報告尺度によって測定される顕在態度とでは，異なる脳

Figure 11-1　社会的認知に関連する脳部位 (Lieberman, 2010)

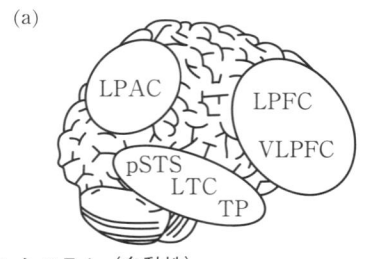

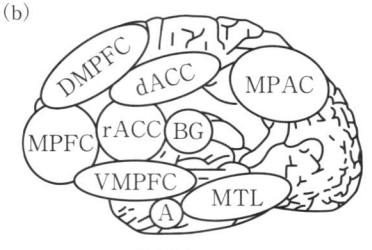

X-システム（自動性）
腹内側前頭前皮質（Ventromedial PFC：
VPFC）〔BA11〕
大脳基底核（Basal Ganglia：BG）
扁桃体（Amygdala：A）
側頭葉外側部（Lateral Temporal Cortex：
LTC）
後部上側頭溝（Posterior Superior Temporal
Sulcus：pSTS）
側頭極（Temporal Pole：TP）
背側前部帯状（同）皮質（Dorsal Anterior
Cingulate：dACC）

C-システム（統制）
前頭前野外側部（Lateral PFC：LPFC）
側頭葉内側部（Medial Temporal Lobe：
MTL）
頭頂葉内側部（Medial Parietal Cortex：
MPAC）
頭頂葉外側部（Lateral Parietal Cortex：
LPAC）
吻側前部帯状（回）皮質（Rostral ACC：
rACC）
内側前頭前皮質（Medial PFC：MPFC
〔BA10〕
背内側前頭前皮質（Dorsomedial PFC：
DMPFC〔BA8/9〕

神経基盤があることを示唆している。 扁桃体は，側頭葉内側部に位置する左右一対の器官であり，知覚された刺激が個体にとって脅威や嫌悪の対象であるか，それとも安全で報酬をもたらす対象であるかを評価する部位だと考えられている。特にネガティブな刺激に対して強く反応することが知られており，刺激の評価に基づいてそれに対処するための認知や行動を導く役割を担っていると考えられている（Adolphs, 2001）。そのため，白人の実験参加者が黒人の写真を見た時に扁桃体が活性化し，それが IAT の得点と関連していたという結果は，IAT が態度対象への潜在的で否定的な評価を測定していることの証だと考えられる。また扁桃体のもつ機能は，進化的に古いものだと考えられていることから，IAT によって測定された潜在態度は，意識を伴わない自動的な心の働きを反映していることが示唆される。

3.　社会神経科学の成果

（1）内側前頭前皮質（MPFC）の働き

　機能局在論に立った社会神経科学の研究で興味深いのは，一見すると，関係がなさそうな社会心理学的事象に，共通して関わる脳部位が発見される場合があることである。内側前頭前皮質（medial prefrontal cortex：前頭前野内側部ともいう。以下，MPFC と略す）と呼ばれる部位がその典型例である（Mitchell, 2009）。

a. 対人認知

　他者の思考や感情の推測には，一貫して MPFC が関与しているようである（Amodio & Frith, 2006 ; Blakemore et al., 2004）。たとえば，実験参加者が物語や漫画を読み，主人公の心の状態を推測するよう求められているとき，MPFC が活性化する（e.g., Fletcher et al., 1995; Gallaghe et al., 2000）。また，印象形成（e.g., Mitchell et al., 2006 ; Mitchell et al., 2005）や，原因帰属（e.g., Harris, Todorov, & Fiske, 2005）の課題でも MPFC が活性化する。

　さらに，知覚する対象が非生物でも，その動きに意図を知覚すると

MPFCが活性化する。カステッリらは，大きな赤い三角形と小さな青い三角形が動くアニメーションを実験参加者に見せたが，その際，三角形が自ら意思を持って動いているかのように見えるアニメーションを使うと，MPFCに特徴的な活性化パターンが見られた（Castelli et al., 2000）。

　その一方で，知覚対象が人間でもMPFCの活性化が見られない場合がある。ステレオタイプ内容モデル（第5章「既有知識とステレオタイプ」参照）によれば，既存のステレオタイプのほとんどは，人柄次元と能力次元という2つの次元の組み合わせによって説明することができる。この前提のもとでハリスとフィスクは，人柄次元の高低と能力次元の高低を組み合わせた4つの社会的カテゴリーに含まれる人の写真を実験参加者に見せ，その際の脳の活動の様子を調べた。すると，人柄，能力のいずれの次元でも評価が低い社会的カテゴリーの人（ホームレス）を見せた場合のみ，MPFCが活性化しなかった（Harris & Fiske, 2006）。つまり，この社会的カテゴリーに属する人が，人間として認知されていなかった可能性が示唆される。

b. 自己

　多くの研究が，自己関連づけ効果（第8章「自己」参照）とMPFCとの関連を報告している。たとえば，ある性格特性（好奇心が強い，知的である，忍耐強い）が自分にどの程度あてはまるかを答える場合や，「私は短気である」という問いに「はい／いいえ」で答えるような課題をする場合には，他者の性格特性を判断したり，その性格特性が一般的にどの程度，社会的に望ましいものかを判断したりする場合に比べて，MPFCの活性化の程度は大きくなる（e.g.. D'Argembeau et al., 2007）。また，MPFCの活性化の程度と自己関連づけ効果を示す記憶成績が正の相関をすることも明らかになっている（Macrae et al., 2004; Symons & Johnson, 1997）。

　ところで，自己関連づけ効果をめぐっては長らく論争があった。それは，自己に関する知識と，他者や事物に関する知識とでは，認知構造が

Figure 11-2　Kelly et al.（2002）の実験結果

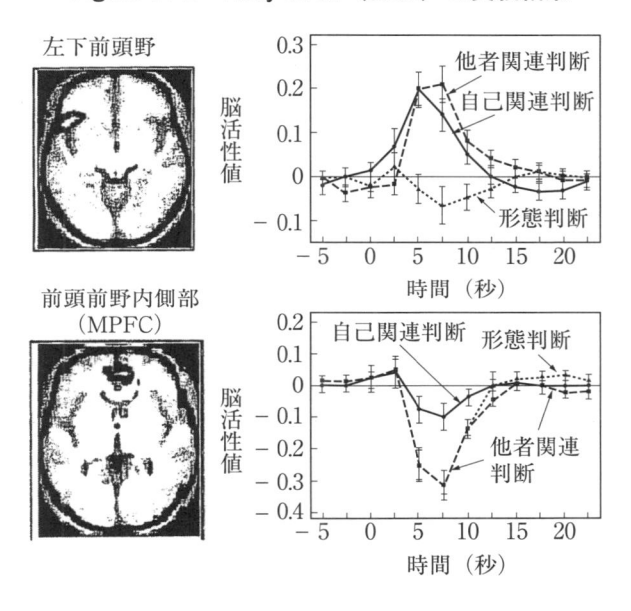

異なるなどの質的な違いがあるのか，それとも単に知識量が違うだけなのかというものである。社会神経科学の研究は，競合する理論が同じ行動を予測する際に，どちらの理論がより妥当であるかを決定するのにも有効である。ケリーら（Kelley et al., 2002）は，特性形容詞を使った自己関連性判断，他者関連性判断，形態判断を実験参加者に課し，その間の脳活動を fMRI を使って計測した。すると，刺激の意味の精緻化に関わるとされる下前頭野は，形態判断の時よりも，自己関連性判断と他者関連性判断の時に強く活性化し，自己関連性判断と他者関連性判断との間に差は見られなかった。ところが MPFC は，自己関連性判断の時にのみ活性化が維持され，他者関連性判断と形態判断のときには，活動の低下が見られた（Figure 11-2）。このように，自己関連性判断と他者関連性判断では異なる脳部位が使用されていたことから，自己関連判断に関わる情報処理は，質的あるいは機能的に異なる情報処理だと結論づけられた。

（2）扁桃体の働き

　社会的な脅威に対する脳部位の働きも興味深い。人間は，危険な動物（蛇や蜘蛛など）に脅威を感じるが，自分に危害を加えたり，不利益を与えたりする可能性がある人間にも脅威を感じる。たとえば，自分が属しない外集団のメンバーは，免疫のない病気を伝染させたり，自分たちの集団（内集団）の権利を侵害したり，重要な資源の競合相手になったりする可能性があるため，脅威を検出するメカニズムが備わっているようである。

　扁桃体は，恐怖反応の獲得と発現に関与する部位とされている（Whalen, 1998; Whalen & Phelps, 2009）。この分野の先駆的な研究はすでに紹介したとおりで，白人の大学生に見慣れない黒人と白人の顔の写真を見せたところ，人種的偏見の潜在尺度で高得点を獲得した参加者は，見慣れない黒人の顔を見たときに扁桃体が活性化した（Phelps et al., 2000）。ほかにも，ホームレス（Harris & Fiske, 2006）や，顔に複数のピアスをしているなど，何らかのスティグマをもたれている人（Krendl et al., 2006）に対しても，扁桃体は活性化する。ただし扁桃体は，外集団メンバーの評価に関与する部位の一つにすぎず，より認知的な評価が関与することも示唆されている。たとえば，カニングハムら（Cunningham et al., 2004）の研究では，黒人の顔写真が非常に速く（30ms）提示されたときには扁桃体が反応するが，呈示時間を長く（525ms）すると扁桃体の反応が弱まり，代わりに前頭前皮質などの活性化の増加が観察された。扁桃体によって誘発される自動的な反応を抑制している可能性が考えられる。

　最近の研究では，扁桃体は生存への脅威を検出するためだけでなく，助けを必要としている人を検出するという別の役割を担っている可能性も指摘されている。たとえば精神病質（サイコパシー）の傾向がある人は，平均して扁桃体が小さく，また恐怖の表情など，他者が発する苦痛の信号に対して反応性が低い。その一方で，自分の腎臓を見ず知らずの人に提供するなど，並外れた利他主義者は，扁桃体が大きく，苦痛の信号に反応性が高いことが報告されている（Marsh et al., 2014）。つまり，

扁桃体は物理的および社会的脅威から自分を守るだけでなく，これらの脅威から他の人を守るように駆り立てている可能性があるのである。

（3）デフォルト・モード・ネットワーク

　fMRI や PET のような脳機能イメージングを使って人間の心の働きを調べる研究は，認知的な引き算が成り立つという前提のもとで行われている。すなわち，脳が "何もしていない" と思われる安静時の脳画像と，何らかの認知課題をしている時の脳画像とを比較することで，どの部位の脳活動が高まったかを調べるのである。つまり，ある認知課題によって脳の特定部位が活性化（賦活）したというのは，その活性化がゼロの状態から起きたことを意味するものではないし，またその部位だけが，認知課題に関与していることを示すものでもない。当該の認知活動をしているときに，相対的に，ある脳部位の活動が増加したことを示しているにすぎないのである。

　最近，安静時，つまり脳が "何もしていない" と思われるときにも，脳はただ休息をしているのではなく，むしろこれから起こりうる事態に備えて，アイドリングの状態にある可能性が指摘されている。事実，この "何もしていない" ときのほうが活性化の度合いが増し，何らかの課題に従事すると活性化が減衰する脳内ネットワークがあることが明らかにされており，これをデフォルト・モード・ネットワーク（default mode network）と呼んでいる（Raichle et al., 2001）。

　興味深いのは，このデフォルト・モード・ネットワークが，社会的な認知活動，つまり他者や，他者と自分との関係を考えることに利用されている可能性があることである（Lieberman, 2013）。なぜなら，実験参加者に社会的な認知課題をさせた場合には，デフォルト・モード・ネットワークにわずかな変化しか見られないのに対し，社会的でない認知課題をさせた場合には活性化の減衰が見られるからである。これは，"何もしていない" ように見える状態は，実は自発的に，社会的な認知を行っている可能性を示唆している。たとえば，実験の場面であれば，課題が始まる前や，課題と課題との間のわずかな時間に「あの実験者は感

じのいい人だな」とか,「今日は友達と一緒にランチを食べよう」といった考えが頭の中に浮かんでいるのかもしれない。

　ミシェルらの研究では(Mitchell et al., 2002),実験参加者に,人名(e.g., David, Emily)や物を表す名詞(e.g., 手袋,シャツ,ぶどう,マンゴ)と,さまざまな形容詞(e.g., 活力に満ちた,神経質な,すり切れた,種なしの)とを対にして呈示し,形容詞が対になった人名や名詞を形容するものとして適切か否かを判断させた。そしてこのような判断を行っているときの脳活動を,fMRI を使って調べた。すると,MPFC のほか,上側頭溝,頭頂間溝,紡錘状回といった部位の活性化の程度は,人名のときには,ベースライン(安静時)と比べ大きな変化が見られなかった。しかし,物の名前のときには,はっきりとした低下が見られた。社会的でない課題に従事している間は,社会的な認知活動が強制的に停止させられるため,デフォルト・モード・ネットワークの活動が低下するのだと考えられる。

(4) 社会神経科学は,社会心理学に何をもたらすか

　本章で解説してきたように,社会神経科学の研究は,社会心理学のなかで検証されてきたさまざまな現象の神経基盤を明らかにする。またそれと同時に,脳の特定部位(たとえば MPFC)の働きを検討することを通じて,表面的には異なる現象に共通の神経基盤があることを示唆する。その意味で,社会神経科学の研究は,より統合的で,説得力のあるモデルの構築へと,社会心理学全体を導いてくれる可能性を秘めている。

　ただし,脳神経科学の技術や手法を手放しに受け入れることは危険である。脳神経科学の研究は,本質的に,そのほとんどが相関研究である。つまり,ある課題を行っているときに,特定の脳部位の活性化が高まったことを示したとしても,それは,その脳部位の働きによって,何らかの社会心理学的現象が生じるといった因果関係を示すものではない。TMS のような脳の活動を能動的に撹乱し,その影響を調べる技術も出てきてはいるが,現状では,社会神経科学の研究のほとんどが,fMRI

などの脳機能イメージングの手法を使ったものである。

　こうしたことから，社会心理学的事象と脳部位との間の関係は，その多くが誤った手続きにより関係性が誇張された人工物（アーティファクト）の可能性があり，緻密な再分析が必要だと主張する研究者もいる（Vul et al., 2009）。また，この分野の研究は日進月歩であり，かつて支持されていた知見がその後の研究によって覆されることもある。たとえば，扁桃体を損傷した患者に対して行われた実験（Phelps et al., 2003）では，健常者の IAT 得点との間に有意な違いがなく，扁桃体を損傷した患者にも，健常者と同じような黒人に対する否定的な潜在態度が観察された。これは，扁桃体が潜在態度を表象するという研究知見とは矛盾している。脳神経科学の研究では，後続の研究がそれ以前の研究と矛盾する結果を報告することは少なくなく，したがって，追試を含む類似の研究の蓄積と，複数の研究手法を用いたトライアンギュレーションが不可欠である。また心の働きは，ある程度は局在化しているとしても，一つの心の働きには，多くの異なる部位が関与しており，それらが同時並行で，あるいは一連の段階を経て働くことで，複雑な心の働きが生まれる。したがって，特定の心の働きと特定の脳部位とを安易に 1 対 1 で対応させることには慎重にならなければならない。

　社会神経科学の研究は，生理学的な指標に基づくため，その知見は頑健で，結果の再現性が高いと考えられがちである。しかし実際には，脆弱なものも多く，複数の追試や異なる手法に基づく研究の蓄積をまたないと，明確な結論を出せないことも多い。近年の脳科学ブームに対しては，多くの研究者が警鐘をならしている。詳細な議論は，他書（河野，2008，榊原，2009，坂井，2009）に譲るが，改めて脳神経科学を社会心理学の中にどのように取り入れていくかが問われている。

引用文献

Adolphs, R. (2001). The Neurobiology of Social Cognition. *Current Opinion in Neurobiology*, 11. 231-239.

Allport, F. H. (1924). *Social psychology*. Cambridge, MA: Riverside.

Allport, G. W. (1935). Attitudes. In C. Murchison (Ed.), *Handbook of Social Psychology (1st ed.)*. Worcester, MA: Clark University Press. pp. 798-844.

Amodio, D. M., & Frith. C. D. (2006). Meeting of minds: The medial frontal cortex and social cognition. *Nature Reviews Neuroscience.*, 7, 268-277.

Blakemore, S. J., Winston, J., & Frith, U. (2004). Social cognitive neuroscience: where are we heading? *Trends in Cognitive Science*, 8. 216-222.

Cacioppo, J. T., & Berntson, G. G. (1992). Social psychological contributions to the decade of the brain: Doctrine of multilevel analysis. *American Psychologist*, 47, 1019-1028.

Castelli, F., Happe, F., Frith, U., & Frith, C. (2000). Movement and mind: a functional imaging study of perception and interpretation of complex intentional movement patterns. *Neuroimage*, 12, 314-325.

Cunningham, W. A., Johnson, M. K., Raye, C. L., Gatenby, C. J., Gore, J. C., & Banaji, M. R. (2004). Separable neural components in the processing of black and white faces. *Psychological Science*, 15, 806–813.

Damasio, A. R. (1994). *Descartes' error: Emotion, reason, and the human brain*. NY: Grosset/Putman.

Damasio, H., Grabowski. T., Frank, R., Galaburda, A. M., & Damasio, A. R., (1994). The return of Phineas Gage: Clues about the brain from the skull of a famous patient. *Science*, 264, 1102-1105.

D'Argembeau, A., Ruby, P., Collette, F., Degueldre, C., Balteau, E., Luxen, A., Maguet, P., & Salmon, E. (2007). Distinct regions of the medial prefrontal cortex are associated with self-referential processing and perspective taking. *Journal of Cognitive Neuroscience*, 19. 935-944.

Fletcher, P. C., Happe, F., Frith, U., Baker, S. C., Dolan, R. J., Frackowiak, R. S., & Frith. C. D. (1995). Other minds in the brain: A functional imaging study of "theory of mind" in story comprehension. *Cognition*, 57, 109-128.

Gall, F. J. (1835). *On the Functions of the Brain and of Each of its Parts*. Boston: Marsh, Capen, & Lyon.

Gallagher, H. L. Happe, F., Brunswick, N., Fletcher, P. C., Frith, U., & Frith, C. D.

(2000). Reading the mind in cartoons and stories: An fMRI study of theory of mind in verbal and nonverbal tasks. *Neuropsychologia*, 38, 11-21.

Harris, L. T., & Fiske. S. T. (2006). Dehumanizing the lowest of the low: Neuroimaging responses to extreme out-groups. *Psychological Science*, 17, 847-853.

Harris, L. T., Todorov, A., & Fiske. S. T. (2005). Attributions on the brain: Neuroimaging dispositional inferences, beyond theory of mind. *Neuroimage*, 28, 763-769.

James, W. (1890). *Principles of Psychology (Vol.1)*. NY: Dover.

Kelley, W. M., Macrae, C. N., Wyland, C. L., Caglar, S., Inati, S., & Heatherton, T. F. (2002). Finding the self? An event-related fMRI study. *Journal of Cognitive Neuroscience*, 14, 785-794.

河野哲也 (2008). 暴走する脳科学：哲学・倫理学からの批判的検討　光文社新書

Krendl, A. C., Macrae, C. N., Kelley, W. M., Fugelsang, J. F., & Heatherton, T. F. (2006). The good, the bad, and the ugly: An fMRI investigation of the functional anatomic correlates of stigma. *Social Neuroscience*, 1, 5–15.

Lieberman, M. D. (2007). Social cognitive neuroscience: A review of core processes. *Annual Review of Psychology*, 58, 259-89.

Lieberman, M. D. (2010). Social cognitive neuroscience. S. T. Fiske. D. T. Gilbert. & G. Lindzey (Eds). *Handbook of Social Psychology* (5th ed.). NY: McGraw-Hill. pp. 143-193.

Lieberman, M. D. (2013). *Social: Why our brains are wired to connect*. NY: Crown.

Macrae, C. N., Moran, J. M., Heatherton, T. F., Banfield, J. F., & Kelley, W. M. (2004). Medial prefrontal activity predicts memory for self. *Cerebral Cortex*, 14, 647-654.

Marsh, A. A., Stoycos, S. A., Brethel-Haurwitz, K. M., Robinson, P., VanMeter, J. W., & Cardinale, E. M. (2014). Neural and cognitive characteristics of extraordinary altruists. *Proceedings of the National Academy of Sciences*, 111, 15036–15041.

Mitchell, J. P. (2009). Social psychology as a natural kind. *Trends in Cognitive Sciences*, 13, 246-251.

Mitchell, J. P., Cloutier, J., Banaji, M. R., & Macrae, C. N. (2006). Medial prefrontal dissociations during processing of trait diagnostic and nondiagnostic person information. *Social Cognitive and Affective Neuroscience*, 1, 49-55.

Mitchell, J. P., Heatherton, T. F., & Macrae, C. N. (2002). Distinct neural systems subserve person and object knowledge. *Proceedings of the National Academy of Sciences*, 99, 15238-15243.

Mitchell, J. P., Macrae, N. C., & Banaji, M. R. (2005). Forming impressions of people versus inanimate objects: Social-cognitive processing in the medial prefrontal cortex. *Neuroimage*, 26, 251-257.

Phelps, E. A., Cannistraci, C. J., & Cunningham, W. A. (2003). Intact performance on an indirect measure of race bias following amygdale damage. *Neuropsychologia*, 41, 203-208.

Phelps, E. A., O' Connor, K. J., Cunningham, W. A., Funayama, E. S., Gatenby, J. C., Gore, J. C., & Banaji, M. R. (2000). Performance on indirect measures of race evaluation predicts amygdala activation. *Journal of Cognitive Neuroscience*, 12, 729-738.

Raichle, M. E., MacLeod, A. M., Snyder, A. Z., Powers, W. J., Gusnard, D. A., & Shulman, G. L. (2001). Inaugural Article: A default mode of brain function. *Proceedings of the National Academy of Sciences*, 98, 676-682.

榊原洋一 (2009). 「脳科学」の壁：脳機能イメージングで何が分かったのか　講談社＋a新書

坂井克之 (2009).　脳科学の真実：脳研究者は何を考えているか　河出ブックス

Symons, C. S., & Johnson. B. T. (1997). The self-reference effect in memory: A metaanalysis. *Psychological Bulletin*, 121, 371-394.

Vul, E., Harris, C., Winkielman, P., & Pashler, H. (2009). Puzzlingly high correlations in fMRI studies of emotion, personality, and social cognition. *Perspectives on Psychological Science*, 4. 274-290.

Whalen, P. J. (1998). Fear, vigilance, and ambiguity: Initial neuroimaging studies of the human amygdala. *Current Directions in Psychological Science*, 7, 177–188.

Whalen, P. J., & Phelps, E. A. (2009). *The human amygdala*. NY: Guildford.

研究課題

1. 社会神経科学の研究に用いられる手法を整理し，それぞれの手法の長所，短所をまとめてみよう。
2. 本文中で言及された脳部位が，それぞれ脳のどこに位置するのかを確認しておこう。
3. 近年，社会心理学者と脳神経科学者との共同研究が数多く行われている。本章では社会心理学者の立場から，脳神経科学的視点が導入されることでもたらされる恩恵を考察したが，反対に，脳神経科学者の立場から見たとき，社会心理学的視点の導入には，どのような恩恵が考えられるだろうか。

12 | 進化心理学と社会心理学

《学習のポイント》
　社会心理学と関連が深い学問分野として，進化心理学を取り上げる。進化心理学では，人間の心も進化的適応の産物と捉え，特に社会環境への適応が重視される。進化心理学の視点が導入されることで，社会心理学の知見が統合的に理解されることが期待されている。
《キーワード》　進化心理学，究極要因，社会脳仮説，適応的合理性，利他行動

1. 進化心理学の興隆

（1）進化論と心理学

　遠い将来を見通すと，さらにはるかに重要な研究分野が開けているのが見える。心理学は新たな基盤の上に築かれることになるだろう。それは個々の心理的能力や可能性は少しずつ必然的に獲得されたとされる基盤である。やがて人間の起源とその歴史についても光が当てられることだろう。

　これはダーウィンの『種の起源』の終盤でのことばである（Darwin, 1859）。進化論が適用できる範囲として，ダーウィンが人間の心の働きまでも視野に入れていたことがわかる。だが心理学が進化論の考え方を本格的に導入し始めたのは，20世紀も終わりに差しかかってからのことである。それ以前にも，ジェームズなどが進化論に基づいた心理学を展開しようと試みたことはあったが，定着しなかった。

　こうしたなか，近年，進化心理学（evolutionary psychology）と呼ば

れる学問が注目を集めている。進化心理学とは，人の心のしくみや働き
が進化の産物であるという認識に立った心理学のことである（Barkow
et al., 1992）。心理学という名前がついているが，心理学の一分野とい
うよりは，現代の進化生物学の知見や考え方を心理学に適用した研究ア
プローチと理解したほうが適当かもしれない。1980 年頃に登場して以
来，勢力を伸ばしており，現在では，心理学のあらゆる分野に影響を及
ぼしている。なかでも社会心理学とは馴染みがよく，他の分野にも増し
て，影響が大きい。それは，人間が社会的動物であり，他者と関係を結
ぶことで厳しい自然環境を生き延びてきたと考えられるためである。

　本章では，以降，進化心理学の視点から見た社会心理学的事象につい
て概観する。また，進化心理学の考え方についても簡単に説明するが，
進化心理学の基盤となる進化生物学について詳しく解説したり，進化心
理学の知見を網羅的に紹介したりすることは，本書の範囲を超える。そ
こでここでは「適応（進化的適応）」という概念をキーワードに，本書
で扱ってきたトピックに限定して，進化心理学と社会心理学との関係性
を考えていく。

（2）進化心理学とは何か

　既述のように，進化心理学とは人の心のしくみや働きが進化の産物で
あるという前提に立った心理学のことである。進化論によれば，人間を
含むあらゆる生物は，その生活環境に適応するように進化してきた。適
応とは，生物がある環境のもとで生存や繁殖のために有利な特性を持っ
ているということである。生存に有利な特性を持つ個体は生き延び，さ
らに子孫を増やすことによって，その特性を生み出す遺伝子を持った個
体が増加していく。したがって，もし現代の人類がこうした自然選択
（natural selection）の末に生き延びた子孫なのであれば，心のしくみや
働きにおける特性も進化的適応の産物であるというのが進化心理学の基
本的な考えである。

　進化心理学では，人間が持つさまざまな心的特性や，人間に特有の行
動に，究極要因（ultimate factor）を想定する。究極要因とは，なぜ人

間はその心的特性を有し，その行動傾向を持つようになったのかという進化的意味であり，環境への適応に関係する要因のことである。一方で，そのような特性や行動を生起させる近接の要因を至近要因（proximate factor）という。たとえば，乳脂肪をたっぷり含んだ生クリームやアイスクリームが好きな人は多いが，その理由として，「人間は脂肪に対する嗜好性を持っているから」と考えたり，脂肪への嗜好性を生み出す生理的メカニズムに言及したりするのは，至近要因に着目した説明である。そうではなく，厳しい自然環境においては脂肪を好んで摂取することが生存確率を高め，ひいては子孫を残すことにつながったと説明するなら，これは究極要因による説明ということになる（大坪，2009）。

　ところで，動物行動学者のティンバーゲンは，動物の行動を研究するには，4つの異なる問いを立てる必要があるとしている（Tinbergen, 1963; 長谷川（2002）も参照）。1つ目は，その行動を引き起こしたメカニズムがどのようなものかについての問い，2つ目はそのメカニズムが個体の中でどのように発達するか（個体発生）についての問い，3つ目はその行動がどのような適応的価値をもっているか（機能）についての問い，4つ目はその行動が進化の過程のなかでどのように発現してきたのか（系統発生）についての問いである。この4つの問いのうち，最初の2つは至近要因，あとの2つは究極要因に対応する。したがって，究極要因と至近要因は対立するものではない。人間という動物の行動を正しく理解するには，両者を区別したうえで，それぞれの要因によって説明を補完していく必要がある（Scott-Phillips et al., 2011）。これまで，心理学では，人間行動の至近要因に着目した研究がほとんどで，究極要因にはあまり関心を向けてこなかった。進化心理学は，研究者の視座を至近要因から究極要因へと移行させる。これにより社会心理学は，少なくとも次の2点で恩恵を享受できる。

　第1に，進化心理学の考え方は，社会心理学のメタ理論として機能する可能性を持つ。社会心理学はこれまで数多くの知見を生み出してきたが，その多くが個別の問題に特化したもので，全体を統合する理論的枠組みが不足していた。本書で着目してきた社会的認知研究は，社会心理

学の理論的統合を促すアプローチとして，今日までに一定の成果を上げてきたが，そこで検討されるのはやはり至近要因であって，究極要因ではない。進化論は，生命科学における最も壮大な統一理論である。その進化論をベースとした進化心理学を社会心理学に導入することは，究極要因による理論的統合を促すことにつながり，これまでよりも上位の理論的枠組み（メタ理論）のもとで，研究が進展する可能性を持つ。

　第2に，究極要因への着目は，人間が有する心のメカニズムについて，それがどのような構造を持ちどのようなプロセスを経て働くかという"how"の視点ではなく，なぜそのような機能を持っているのかという"why"の視点を提供してくれる。たとえば，人は自尊感情の維持・高揚を動機づけられているが（第8章「自己」参照），これはなぜだろうか。これまでの社会心理学では，自己評価維持モデルのように，自尊感情の維持・高揚がどのようにして実現されるかに着目してきたが，進化心理学的なアプローチでは，その機能に着目し，それが適応とどう関係しているのかを明らかにしようとする。このような視点は，これまでの社会心理学の研究では見過ごされてきた新たな社会心理学的現象の発見や，新たな仮説の構築につながる可能性を秘めている。人間が他者と関係を結ぶことで厳しい自然環境を生き延びてきたのだとすれば，人間はこのような心のしくみや働きを持っているはずだといった予測ができるからである。これにより，進化心理学は，新たな研究領域を次々と切り開いている。

（3）社会環境への適応と社会脳仮説

　ところで，人間が適応をはかってきた環境とはどのような環境を指すのだろうか。生物の適応環境を考えるとき，ふつうはまず自然環境を念頭におく。しかし「社会的動物」である人間は，仲間と協力的な関係を結ぶことで自然環境に立ち向かってきたと考えるなら，社会環境に適応することがさらに重要な進化的課題であったと推測される。

　近年，霊長類における大脳の拡大は，その霊長類が暮らす生活環境で必要とされる社会性に関係しているという仮説（Dunbar, 1997, 1998）

が注目されている。動物の脳の大きさは体重に比例し，体重が重いほど脳容量も大きいのが一般的である。しかし霊長類では，体重に比して，脳容量が大きいことが知られている。脳の維持には多大なコストがかかる。他の身体部位に比べて消費されるエネルギーが格段に多いからである。つまり，単純にエネルギーコストの面から考えるならば，脳は小さいほうが生存には有利なはずであり，霊長類に大きな脳が備わっているのは，コストに見合うだけの必要性があったからだと考えられる。

　このような疑問に答えるため，進化生物学者のダンバー（Dunbar, R. I. M.）は，さまざまな霊長類の大脳新皮質の大きさ（新皮質以外の部位に対する相対的な大きさ）を調べ，それが何と関連しているかを検証した。大脳新皮質は，知覚，思考，判断など高次の認知機能を司る場所で，進化的には新しいとされる部分である。すると興味深いことに，それぞれの種の平均的な社会集団（群れ）の大きさとの間に正の相関関係が見いだされた（Figure 12-1）。群れが大きくなるほど，大脳新皮質が大きくなることが明らかになったのである。

　この社会脳仮説（social brain hypothesis）によれば，霊長類，とりわけ人間の大脳新皮質が大きくなったのは，協同して生活する仲間の数（集団サイズ）が大きくなり，恒常的に接する人の数が増えたためである。集団生活を営み，他者と協力し合うことは，厳しい自然環境に打ち勝ち，生存確率や繁殖確率を上げるための有効な戦略である。しかしその一方

Figure 12-1　霊長類の大脳新皮質の大きさと群れの大きさとの関係
（Dumber. 1998）

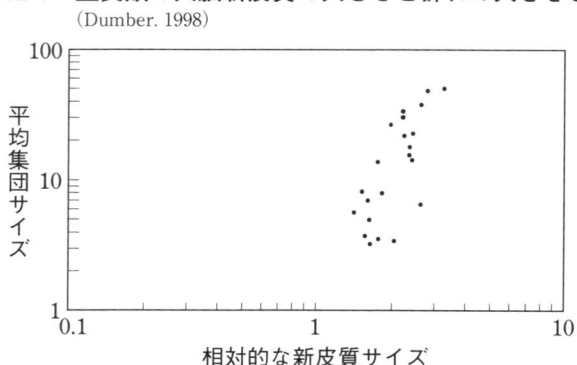

で，集団生活（社会環境）には，自然環境と対峙する以上の能力が必要とされる。なぜなら，社会環境においては，対処が必要とされる相手も同等の知性を持つからである。つまり集団サイズが増大すれば，その分だけ自然環境への対処可能性が高まるが，同時に日常で接触する仲間の数も増えるため，人間関係が複雑化し，巧みな関係調整能力が求められる。結果的に，こうした複雑な社会環境に対処するだけの高度な知性が発達したというのが社会脳仮説の骨子である。

　社会環境において要求される知性は，マキャベリ的知性（Machiavellian intelligence）と呼ばれることもある（Byrne & Whiten, 1988）。これは，複雑な社会環境でうまく立ち振る舞うには，ただ相手の考えや気持ちを正しく読みとるだけでなく，時には相手の裏をかいたり，相手の裏切りを察知して制裁を加えたりするなど，ある種の権謀術数を駆使する必要があると考えられるためである。社会脳仮説も，マキャベリ的知性も，人間の高度な知性は複雑な社会環境に適応するために進化したと考える点で共通している。

　なお，人間の進化を考える際の進化的適応環境（EEA: Environment for Evolutionary Adaptation）として想定されているのは，現代人の直接の祖先であるホモ属が誕生し，進化してきた更新世（およそ 300 万年前から数万年前までの期間）の生活環境である。このころ人は，狩猟採集民として生活し，集団の規模は 150 人程度だったと考えられている。現代の生活環境とは大きく異なるが，進化のプロセスは極めてゆっくりであるため，進化心理学の中で想定されている適応は，この時代の生活環境における適応であり，それは現代の生活環境において適応的とは限らない点に注意が必要である。たとえば，人間が乳脂肪分を好む傾向について，それが進化的に適応的であった可能性を先に指摘したが，このような傾向が適応的だったのは，進化的適応環境においてのことである。現代社会においては，脂肪分の取りすぎが生活習慣病などのリスクを高め，むしろ生存確率を下げているという現実がある。このように，現代の環境が進化的適応環境から大きく変わったために，かつては適応的だった行動が，現代では不適切となっているという説明は，進化的ミ

スマッチ仮説（evolutionary mismatch hypothesis）と呼ばれることがある。

2. 進化心理学の視点による再解釈

ここからは，本書で取り上げてきた社会心理学の知見や現象を，進化心理学的な視点を導入することの恩恵と照らし合わせて検討していく。

（1）二重過程モデルと適応的合理性

最初に検討するのは，二重過程モデルである。繰り返し述べているように，近年の社会的認知研究モデルは，その多くが人間の心の働きを自動的過程（システム1）と統制的過程（システム2）の2つの情報処理過程によって説明している。進化心理学の視点から見れば，これらの過程も人間の進化的適応の産物だと考えられる。ただし，自動的過程は進化的に古く，他の動物にも共有されていると考えられるのに対し，統制的過程は進化的には新しく，人間に特有のものと考えられることが多い（Evans, 2003; Stanovich, 2004）。

自動的過程とは素早く直観的（直感的）に，特別な認知的な努力なしに働く過程であり，認知的倹約家である人間はほとんどの場面でこの情報処理過程を利用している。またここまでの章で見てきたように，エラーやバイアスの主たる源泉はこの自動的過程だと考えられている。たとえば，ステレオタイプに基づく対人認知（第4章「対人認知」，第5章「既有知識とステレオタイプ」参照），周辺ルートを経由した態度変容（第6章「態度と行動」参照），基本的な帰属のエラー（第7章「原因帰属」），さまざまなヒューリスティック判断（第10章「行動経済学と社会心理学」参照）は，いずれも認知的努力をあまり必要としない自動的過程に基づくエラーやバイアスである。20世紀後半の社会心理学（と認知心理学）は，このようなエラーやバイアスを次々と発見し，人がいかに合理的な存在ではないかを強調することに力が注がれてきた（Gilovich, 2002）。人の心は確かにコンピュータにたとえることができるが，その情報処理能力には限界があり，しばしば間違いをおかす「欠陥のあるコンピュー

タ（faulty computer）」と考えられたのである。

　ところが，研究が積み重ねられるにつれ，不合理に見える推論や判断も，「適応」という観点から見れば合理的かもしれないと考えられるようになってきた。たとえばギーゲレンツァーは，直観（直感）に基づく判断（自動的過程）が，熟慮の末に行われた判断（統制的過程）よりもすぐれた結果を招く場合があることや，考えすぎることが判断を誤らせる場合があることを指摘している（Gigerenzer, 2007）。第 10 章「感情と認知」で紹介したソマティック・マーカー仮説（Damasio. 1994）も，同様の考え方に基づくものであり，直感（gut　feeling）が正しい選択を導く可能性を強調している。

　ギーゲレンツァーは，現実環境でヒューリスティックのような簡易方略を用いることには，適応的な意味での有用性があると主張している。彼によれば，ヒューリスティックは，少ない情報をもとに，迅速かつ倹約的に情報処理を行うためのツール（道具）である。そしてこのようなツールには，適応的な価値があるからこそ，人間は数多くのツールを生得的あるいは後天的に獲得したのだという。ギーゲレンツァーは，従来の研究で，自動的過程やヒューリスティックが，エラーやバイアスの元凶として否定的に扱われてきたのは，それらの研究が実施された場面が現実の生活環境からかけはなれていたためであり，また「こうあるべき」だという規範的な合理性だけを基準に認知過程が評価されてきたためだとしている。そうではなく，適応的な合理性を基準に評価すれば，ヒューリスティックを利用した推論や判断は，多くの情報をもとにした複雑な情報処理（システマティックな処理）に基づく推論や判断と比較しても遜色がなく，むしろそれ以上の結果をもたらす場合すらある。つまりヒューリスティックは，認知資源を節約するために仕方なく利用される消極的なツールではなく，あらゆる場面で積極的，能動的に用いられる適応的なツールとして捉えるべきだというのである。

　ただし，適応的合理性について議論する際には，進化的適応環境を考慮する必要がある。ヒューリスティックの有用性を指摘する研究の多くは，現代の生活環境における有用性を強調するが，現代では適応的とい

えないヒューリスティックも，数万年前の進化的適応環境においては適応的だった可能性があるからである。たとえば，利用可能性ヒューリスティック（第10章「行動経済学と社会心理学」参照）を例に考えると，どれだけの実例をすぐに思いつくかを基準として，その事象の生起頻度を推定するという認知方略は，人間が150名程度の小規模な集団で暮らしていた時代，あるいは，さまざまなメディアなどが発達していなかった時代では，有効な経験則として機能した可能性がある。そのような生活環境においては，実例をすぐに思いつく事象とは，すなわち実際に繰返し見たこと，聞いたことであり，それは現実によく起きていることと考えて，まず間違いがないからである。しかし，メディアが発達した現代ではそうではない。テレビや新聞，インターネットは遠く離れた異国の地で起きたことも伝えるし，またメディアを通じて伝えられることは，よく起きていることというよりも，耳目を引く珍しいことであるためである。その結果，私たちが思いつきやすいことと，実際に身の回りでよく起きていることとの間には乖離が生まれてしまう。たとえば，航空機事故や凶悪犯罪の生起頻度が実際よりも高く見積もられるのは，このような事情があると考えられている。

　さて，意識を伴わない自動的過程が進化の産物で，少なくとも進化的適応環境において合理性を持っていたならば，もう一つの情報処理過程である統制的過程や意識は何のためにあるのだろうか。意識もまた進化の過程の中で自然選択された心の働きなのだろうか。心理学者であり，哲学者でもあるハンフリーは，「もし，意識がそもそも何かに対する解答であるとするなら，それは人類（おそらく人類だけ）が遭遇しなければならなかった生物学的な試練に対する解答であったに違いない」とし，意識は複雑な社会環境に生きる人間に特有な進化的適応の産物だと主張している（Humphrey, 1986）。ハンフリーによれば，その試練とは，他者の行動を推測して理解し，対処する必要性があることである。しかし私たちは他者の心の内を直接のぞき見ることはできない。そこで，意識という「内なる目（inner eye）」を発達させ，それによって自分の内部をのぞき込み，自分自身の心の働きを理解することを通じて，その類

推から他者の心の理解を試みるようになったのだとハンフリーは主張する。このような考えは，社会脳仮説やマキャベリ的知性の基盤にもなっている。

（2）感情とポジティブーネガティブ非対称性

　次に感情価が伴う事象において，ポジティブな刺激とネガティブな刺激が社会的な判断や行動に及ぼす影響は対称ではないという現象について考える。ポジティブ－ネガティブ非対称性（PNA）が，さまざまな社会心理学的事象においてみられることは既に述べたとおりである。たとえば対人認知においては，相手に関する望ましくない情報は，望ましい情報よりも，その人の全体の印象に大きな影響を及ぼすというネガティビティ・バイアスが見られる（第 4 章「対人認知」参照）。また気分一致効果は，ポジティブ気分においては頑健性があるが，ネガティブ気分では安定した効果が見られない。ポジティブ気分とネガティブ気分では，そのときに用いられる情報処理にも違いがある（第 9 章「感情と認知」参照）。

　テイラーによれば，ネガティブな事象（嫌悪的または脅威的事象）は，生理的にも，認知的にも，感情的にも，社会的にも，強力かつ迅速にネガティブな反応を引き起こす。そのため，生体はそれに対抗しようとして，影響を弱めたり，最小化したり，時には完全に消去するような生理的，認知的，行動的反応がすぐさま発動するのだという（Taylor, 1991）。　人間は普段から自己や自己を取り巻く環境に対して，ポジティブ・イリュージョン（第 8 章「自己」参照）を抱き，それが精神的健康の維持に貢献している。だからこそ，人はネガティブな事象が生起した際には，それを敏感に察知し，そこから受ける可能性がある被害から身を守ろうとするシステムが進化したのだと考えられる。

　実際，私たちの心は，環境内にある潜在的な脅威を敏感に察知するように調整されている（Haselton & Nettle, 2006）。たとえば，怒りの表情は文化を通じて普遍的であり，差し迫った脅威の兆候として，認識されている（Ekman, 1982; Ekman & Friesen, 1976）。そのため，人は怒っ

ている顔には選択的に注意を払う。たとえば，多数の視覚刺激からターゲットを探しだす視覚的探索の課題を行うと，怒っている表情の顔は，迅速かつ正確に検出される（e.g., Hansen & Hansen, 1988）

3. 進化心理学導入による社会心理学の発展

　ここまでに紹介してきた知見や仮説は，主として過去の研究によってすでに知られていた現象を進化心理学の視点から再解釈したものであった。一方で，適応という視点は新たな発見のための道具として役立つ。つまり，ある心の働きが生存確率や繁殖確率の向上という最終的な目的のためにどのような機能を果たしているかを考えることで，その行動の本質を理解できる場合があるのである。これにより，新たな仮説や理論が生成されたり，それまであまり注目されてこなかった社会心理学的現象にスポットがあたったりすることがある。

（1）社会的受容とソシオメータ理論

　自尊感情についてのソシオメータ理論（sociometer theory）は，進化心理学の導入によって，発展した社会心理学の理論の代表例である。レアリーら（Leary et al., 2000）は，進化心理学の視点から自尊感情の機能をとらえるなかで，自尊感情は自己と他者との関係を監視する心理学的なシステムだという仮説を立てた。すなわち自尊感情は，他者からの受容の度合いを示す計器（メータ）であり，高い自尊感情は他者から受容されているというシグナルを，低い自尊感情は他者から拒絶されているというシグナルを示していると考えた。

　人は他者の助けなしに生きていくことができない。特に，人がまだ厳しい自然環境の中で生活していた時代，すなわち，進化的適応環境として想定されている時代においては，多くの他者と良好な社会的関係を築くことが，自身の生存確率を高めるためにも，また子孫を残すためにも不可欠だっただろう。つまりそのような環境において，円滑な社会生活を営むには，常に自身の対人関係をモニターして，他者からの受容を脅かすものがないかを調べるシステムを発達させる必要があったと考えら

れる。ソシオメータ理論では，そのシステムこそが自尊感情だと考える。つまりこの理論によれば，私たちが自尊感情の低下を嫌うのは，それが他者からの拒絶のシグナルだからであり，高い自尊感情を維持することで，他者との絆を確認しているのだという。レアリーらは，このような仮説のもとに実証研究を行い，自尊感情が社会的受容の程度に敏感に反応することや，公的な出来事での失敗が私的な出来事での失敗に比べて自尊感情への影響が大きいこと（対人関係に影響する可能性があるため）など，仮説を支持する結果を得ている（Leary & Baumeister, 2000）。

　ただし最近になって，この理論が他者から好かれたり，受け入れられたりすることばかりに注目していることを批判する研究者も現れている。彼らによれば，自尊感情は，むしろ社会的な地位の上昇など，社会的な成功のシグナルであり，集団内の階層（hierarchy）において，どれだけ高く評価されているかを示す計器（メータ）だという。つまり，自尊感情は，ハイエロメータ（hierometer）としての機能も果たしていると主張する（Mahadevan et al., 2016）。ソシオメータ理論とハイエロメータ理論は対立するものではなく，いずれも自尊感情を自身の適応にとって有利な対人関係を築くためのシステムと捉えているという点で共通している。つまりこれらの理論は，自尊感情を，社会的相互作用を促進するためのシステムとして出現または進化したと考えている。その意味で，自尊感情は，両方のメータとして機能していることは，十分にありうるだろう。

（２）利他行動

　本書ではあまり取り上げていないが，進化心理学の研究において，重要な社会心理学的事象に，利他行動（altruistic behavior）がある。第 2 章「社会的影響」では，傍観者効果によって援助行動が抑制される例を見たが，それとは反対に，人間はしばしば自らの利益を犠牲にしてまで他者に援助の手を差しのべることがある。こうした利他行動は，進化の観点から見ると，実に不可思議な行動である。なぜなら，自らを犠牲にして他者に利するのは，生存確率や繁殖確率の低下を招く明らかな損失

であり，そのような心の働きが自然選択されるとは考えにくいからである。では，なぜ利他行動は自然選択されたのだろうか。

その答えの一つは，血縁淘汰である。利他行動の相手が血縁関係にあれば，自分の遺伝子が残る可能性が高くなる。しかし，遺伝子を直接見ることはできないため，私たちの祖先は，親近感や類似性などを手がかりにして血縁関係の有無を推測していた可能性がある（Lieberman et al., 2007; Park et al., 2008）。実際，なじみのある他者や，自分と似ている他者には，血縁関係がないことがわかっている場合でも，利他的な行動することがある。たとえば，顔の類似性は信頼を促進したり（DeBruine, 2002），経済ゲーム（公共財ゲーム）で協力行動を促したりする（Krupp et al., 2008）ことが報告されている。

もう一つの答えは，互恵性（reciprocity）である。すなわち，自らの犠牲を払い，他者を助けることは，短期的には損失だが，長期的には，その代償に見合うだけの見返りを相手から得られる可能性がある。そのため，実質的な損失にはならないということである。これを互恵的利他主義（reciprocal altruism: Axelrod & Hamilton, 1981; Trivers, 1971）という。実際，人間における互恵性（返報性ともいう）の規範は強力で，他者から何らかの恩義や恩恵を受けると，たとえそれが望むものではなくても，お返しをしなくてはならないという強い圧力となる。そのため，セールスや勧誘などの説得場面では，互恵性を使ったテクニックが広く利用されている（Chialdini, 2021）。

ただ人間においてさらに興味深いのは，長期的に見ても相手からの直接的な見返りは期待できないような場面でも，利他行動が見られる場合があることである。たとえば人は，その場限りしか会うことがないお年寄りに席を譲ったり，一度も訪れたことのない被災地に募金をしたりする。進化心理学では，このような利他行動も，広義の互恵性に基づくものだと考えている。すなわち，他者に利他的な振る舞いをする人は，「善い人だ」という評判（reputation）を得られるため，自らが困難に陥ったときに，第三者から援助を受けられやすくなると考えられるのである。「情けは人のためならず」である。これを間接的互恵性（indirect reciprocity）という。私たちの日常を振り返っても，評判はその人との付き合い方を左右する重要な要素である。本章のなかで紹介した社会脳仮説では，言語がもつ適応機能についても触れており，それは，ゴシップ（噂話）によって，他者の評判を伝えることだとしている。

（３）進化心理学的視点を導入することのデメリット

　ここまで社会心理学に進化心理学的な視点を持ち込むことのメリットを挙げてきたが，進化心理学にも限界はある。よくある批判が，偶然の産物に意味を見出してしまう危険性で，進化心理学は「いかにもそれらしい話（just-so story）」を作り上げているにすぎないのではないかと批判する研究者もいる。これは，ラドヤード・キップリングの童話集の題名にちなんだ呼び名で，この童話では「ラクダにはどのようにこぶができたか」「ヒョウにはどのように斑点ができたか」といった疑問に対して，子ども向けのもっともらしい空想の説明がされている。確かに，進化心理学が打ち出す仮説のなかには，検証が難しかったり，反証が不可能だったりするものも存在し，むやみに，進化心理学的な説明を試みることには，慎重になるべきかもしれない。特に，進化と進歩を混同した言説には注意が必要である。進化は進歩とはちがって特定の方向性や目的を持つものではなく，したがって，自然選択された特性が他の特性に比べてより優れていることは意味しないからである。ある特性が適応的というのは，その特性を持つことが，特定の環境下において，生存確率や繁殖確率の点で有利だったにすぎない。

　また自然選択を通じて実現する進化のスピードは遅く，人類が適応を求められた環境（進化的適応環境）は，現代の環境とはまったく異なるものだったという点にも改めて注意が必要である。現代を生きる私たちがもつ心的特性が，現代の環境においても適応的とは限らないのである（進化的ミスマッチ仮説）。最後に，人間が持つ高次の心のしくみや働きに進化心理学的な視点を持ち込むことは，ひとつ間違えば，イデオロギーと結びつき，社会ダーウィニズムや優生思想の再来にもなりかねないということも注意すべきである。これらの点に配慮しながら，今後，

進化心理学が社会心理学にどのような発展をもたらすのかを注目してほしい。

引用文献

Axelrod, R., & Hamilton, W. D.（1981）. The evolution of cooperation. *Science*, 211, 1390–1396.

Barkow, J., Cosmides, L., & Tooby, J.（1992）. *Adapted mind: Evolutionary psychology and the generation of culture*. NY: Oxford University Press.

Byrne, R. W., & Whiten, A.（1988）. *Machiavellian intelligence: Evolutionary origins of intelligence*. Oxford, UK: Clarendon Press.

Chialdini, R. B.（2021）. *Influence, new and expanded: The psychology of persuasion*. NY: HarperCollins.（チャルディーニ, R. B.（著）・社会行動研究会（監訳）（2023）. 影響力の武器［新版］：人を動かす七つの原理　誠信書房）

Damasio, A. R.（1994）. *Descartes' error: Emotion, reason, and the human brain*. NY: Grosset/Putman.

Darwin, C.（1859）. *On the origin of species by means of natural selection, or the preservation of favoured races in the struggle for life*. London, UK: John Murray.（ダーウィン（著）・渡辺政隆（訳）（2009）.　種の起源　光文社）

DeBruine, L. M.（2002）. Facial resemblance enhances trust. *Proceedings of the Royal Society of London. Series B: Biological Sciences*, 269, 1307–1312.

Dunbar, R. I. M.（1997）.　言葉の起源　科学, 67, 289-296.

Dunbar, R. I. M.（1998）. The social brain hypothesis. *Evolutionary Anthropology*, 6, 178-190.

Ekman, P.（1982）. *Emotion in the human face (2nd ed.)*. Cambridge, England: Cambridge University Press.

Ekman, P., & Friesen, W.（1976）. *Pictures of facial affect*. Palo Alto, CA: Consulting Psychologists Press.

Evans, J. B. T.（2003）. In two minds: dual-process accounts of reasoning. *Trends in Cognitive Sciences*, 7, 454-459.

Gigerenzer, G.（2007）. *Gut feeling: The intelligence of the unconscious*. NY: Viking Press.

Gilovich, T., Griffin, D. W., & Kahneman, D.（2002）. *Heuristics and biases: The Psychology of intuitive judgment*. NY Cambridge University Press.

Hansen, C. H., & Hansen, R. D.（1988）. Finding the face in the crowd: An anger superiority effect. *Journal of Personality and Social Psychology*, 54, 917–924.

長谷川 眞理子（2002）．　生き物をめぐる４つの「なぜ」　集英社新書

Haselton, M. G., & Nettle, D. (2006). The paranoid optimist: An integrative evolutionary model of cognitive biases. *Personality and Social Psychology Review*, 10, 47–66.

Humphrey, N. (1986). *The inner eye*. London, UK: Faber and Faber.

Krupp, D. B., DeBruine, L. M., & Barclay, P. (2008). A cue of kinship promotes cooperation for the public good. *Evolution and Human Behavior*, 29, 49–55.

Leary, M. R., Tambor, E. S., Terdal. S. K., & Downs. D. L. (1995). Self-esteem as an interpersonal monitor: The sociometer hypothesis. *Journal of Personality & Social Psychology*, 68. 518-530.

Leary, M. R., & Baumeister, R. F. (2000). The nature and function of self-esteem: Sociometer theory. In M. P. Zanna (Ed.). *Advances in experimental social psychology (Vol. 32)*. San Diego, CA: Academic Press. pp. 1-62.

Lieberman, D., Tooby, J., & Cosmides, L. (2007). The architecture of human kin detection. *Nature*, 445, 727–731.

Mahadevan, N., Gregg, A. P., Sedikides, C., & de Waal-Andrews, W. G. (2016). Winners, losers, insiders, and outsiders: Comparing hierometer and sociometer theories of self-regard. *Frontiers in Psychology*, 7, Article 334.

大坪 庸介（2009）．　社会的動物としての人間と社会心理学　遠藤由美（編）　社会心理学：社会で生きる人のいとなみを探る　ミネルヴァ書房 pp. 3 -18.

Park, J., Schaller, M., & Van Vugt, M. (2008). The psychology of human kin recognition: Heuristic cues, erroneous inferences, and their implications. *Review of General Psychology*, 12, 215–235.

Scott-Phillips, T. C., Dickins, T. E., & West, S. A. (2011). Evolutionary theory and the ultimate-proximate distinction in the human behavioral sciences. *Perspectives on Psychological Science*, 6, 38-47.

Taylor, S. E. (1991). Asymmetrical effects of positive and negative events: The mobilization-minimization hypothesis. *Psychological Bulletin*, 110, 67-85.

Tinbergen, N. (1963). On aims and methods of ethology. *Zeitschrift für Tierpsychologie*, 20, 410-433.

Trivers, R. L. (1971). The evolution of reciprocal altruism. *Quarterly Review of Biology*, 46, 35–37.

Stanovich. K. E. (2004). *The robot's rebellion*. Chicago IL: University of Chicago Press.（スタノヴィッチ, K. E.（著）．椋田直子（訳）（2008）．　心は遺伝子の論理で決まるのか：二重過程モデルで見るヒトの合理性　みすず害房）

研究課題

1．進化心理学では，身体の形質や行動傾向と同じように，人間の心も自然選択を経て生き延びた進化的適応の産物だと仮定する。この考えにあなたは同意するだろうか。論拠を示しながら，あなたの意見を説明してみよう。

2．本章で紹介したもの以外にも，これまでの章で紹介した知見の中には，進化心理学的な説明が可能なものが数多くある。たとえば，基本的な帰属のエラーに適応的な意味があるとしたら，それはどのようなものだと考えられるだろうか。

3．社会的ダーウィニズムや優性思想について調べ，批判的に検討してみよう。

13 │ 文化心理学と社会心理学

《**学習のポイント**》
　社会心理学と関連が深い学問分野として，文化心理学を取り上げる。社会心理学の研究は心の普遍性を前提としてきたが，文化心理学の発展により，その前提に疑問が投げかけられている。文化心理学の研究成果を通じて，文化と心の相互作用について考える。

《**キーワード**》　文化心理学，心の普遍性，分析的思考と包括的思考，相互独立的自己観と相互協調的自己観

1．文化心理学

（1）心の普遍性

　本書で紹介した研究の多くは外国，特にアメリカで行われたものである。現代の社会心理学の中心地はアメリカであり，長年，他の国々（特にアジア圏）の研究者は，アメリカで明らかになった知見を，自国でも適用可能なものとして疑いを持つことなく受け入れてきた。その背景には，人間の心のしくみや働きは文化を越えた普遍性があるという考えがあり，それは現在も大きくは揺らいでいない。

　しかし一方で，これまでの研究があまりにも偏った人々を対象としてきたことが反省されている。たとえば，Journal of Personality and Social Psychology に 2003 年から 2007 年にかけて掲載された論文の研究対象者を調べてみると，94％は西洋諸国の人々だった。また，62％はアメリカのみのサンプルで，そのうち 67％は大学の学部生のみで構成されていた（Arnett, 2008）。このような偏ったサンプルのことを WEIRD と呼ぶ研究者もいる（Henrich et al., 2010）。Western,

Educated, Industrialized, Rich, and Democratic の頭文字を並べたもの
で，すなわち，西洋の，教育水準が高い，産業化され，豊かで，民主主
義的な人々のことである。WEIRD は，「おかしな」という意味を持つ
英単語である。つまりこの単語を用いることで，これまでの心理学の研
究は，結果を全世界の人々に一般化できるほど，ふつうの人々を対象と
してきたわけではないことを強調している。この主張を支持するように，
さまざまな社会心理学的現象において，系統的な文化差が見られること
が報告されている。本章では，以降，代表的なものを紹介する。

（2）ホフステードの国際調査

　社会心理学的現象における文化的な差異は，当初，比較文化的な
（cross-cultural）観点から関心を持たれてきた。そこでは，異なる文化
にいる人は，それぞれの歴史的背景のもとで育まれた独自の文化的価値
や信念に基づいて生きており，それが人の心の働きや，それを通じて表
出される行動に違いをもたらすと考えられた。

　よく知られているのが，ホフステードによる国際調査である（e.g.,
Hofstede, 1991）。彼は，50 以上の国と地域で働く 11 万 6000 人を超え
る IBM 社員を対象に調査を行い，次の 4 つの価値次元を見いだした。

(a) 権力格差（power distance）：権力の弱い成員が，権力が不平等に
　　分布している状況を予期し，受け入れている程度と定義される。権力
　　格差が大きい場合，権力は少数の人が握り，部下は上司に意見をする
　　ことなどもできない。

(b) 個人主義・集団主義（individualism/collectivism）：個人主義社会
　　では個人の結びつきは緩やかで，個人の選択や達成が重視されるため，
　　個人の目標は集団の目標よりも優先される。一方，集団主義社会では，
　　個人同士の結びつきが強く，内集団に統合されている。集団の調和が
　　重視され，集団の目標を個人の目標より優先する傾向が見られる。

(c) 男性らしさ・女性らしさ（masculinity/femininity）：男性らしい社
　　会では，「給与」「仕事に対する承認」「昇進」「やりがい」などが目標
　　とされるのに対し，女性らしい社会では「上司との関係」「仕事の協

Table 13-1　ホフステードの価値次元における得点上位下位 5 カ国
（Hofstede , 1991：村本（2010）より作成）

(a)　権力格差（日本は 53 ヵ国／地域のうち，格差小から数えて 22 番目）
格差大：マレーシア，グアテマラ，パナマ，フィリピン，メキシコ，ヴェネズエラ 格差小：オーストリア，イスラエル，デンマーク，ニュージーランド，アイルランド
(b)　個人主義・集団主義（日本は 53 ヵ国／地域のうち，個人主義的から数えて 22 番目）
個人主義的：アメリカ，オーストラリア，イギリス，カナダ，オランダ 集団主義的：グアテマラ，エクアドル，パナマ，ヴェネズエラ，コロンビア
(c)　男性らしさ・女性らしさ（日本は 53 ヵ国／地域のうち，男性的から数えて 1 番目）
男性的：日本，オーストリア，ヴェネズエラ，イタリア，スイス 女性的：スウェーデン，ノルウェイ，オランダ，デンマーク，コスタリカ，旧ユーゴスラヴィア
(d)　不確実性回避（日本は 53 ヵ国／地域のうち，回避志向強から数えて 7 番目）
回避志向強：ギリシャ，ポルトガル，グアテマラ，ウルグアイ，ベルギー，エルサルバドル 回避志向弱：シンガポール，ジャマイカ，デンマーク，スウェーデン，香港
(e)　長期的志向・短期的志向（日本は 23 ヵ国中，長期的から考えて 4 番目）
長期的：中国，香港，台湾，日本，韓国 短期的：パキスタン，ナイジェリア，フィリピン，カナダ，ジンバブエ，イギリス，アメリカ

　力」「居住地」「雇用の保障」などに重点がおかれる。自己主張と競争という男性的な性役割と，配慮や環境志向という女性的な性役割の区別も，男性らしい社会のほうが明確である。

(d) 不確実性回避（uncertainty avoidance）：不確実な状況や未知の状況に対して脅威を感じる程度と定義される。不確実性の回避志向が強い社会では，法や規則が重んじられ，リスクを避ける傾向がある。安全重視のため，革新的な変化には抵抗が見られやすい。反対に回避志向が弱い社会では，曖昧な状況に対する耐性があり，変化への抵抗感も低い。そのため，革新的なアイデアに対して寛容である。

　ホフステードの研究では，その後，研究者自身の文化的バイアスを排除するため，中国人を対象にした調査が行われ，これらの 4 つの次元に，

（e）長期志向・短期志向（long-term/short-term orientation）が追加された。長期志向の社会では，忍耐と持続，地位に応じた序列関係の遵守，倹約，恥といった価値が重視される。それに対して，短期志向の文化では，安定性，面子の維持，伝統の尊重，あいさつ・好意・贈り物のやりとりなどが重視される。以上の5つの次元において，得点上位下位の国をまとめたのが，Table13-1である。それぞれの社会の文化的価値の違いがわかるだろう。

　5つの次元のなかでも，個人主義・集団主義という次元は，広く知られている。特に，戦後経済を支えた日本の企業社会に特有の経営システムや慣行は，集団主義社会の典型として，取りざたされることが多かった。ただし，個人の目標を集団の目標よりも優先する個人主義社会と，集団の目標を個人の目標より優先する集団主義社会という対比は，一見すると多くを説明しているように見えても，その実は，アメリカ 対 日本といった国相互の違いを抽象的な概念によって言い換えたに過ぎず，際立った説明力はないという批判がある（東，1997）。また，個人主義・集団主義という区別自体が，一種の俗説もしくはステレオタイプであり，その妥当性は疑わしいにもかかわらず，確証バイアスなどの認知バイアスによって，広く信じられてきたにすぎないといった批判もある（たとえば，高野（2008），高野・纓坂（1997））。さらには，ここで示したような価値や信念は，個人に内在化されたものというより，周辺他者の見解について個人がどう知覚しているかによるものだという主張もある（Zou et al., 2009）。つまり，価値や信念についての伝統的な見解が実際以上に周辺の人々に共有されていると信じるために，自分もまたそれに沿った行動をとるということである。

（3）文化心理学という新しい学問

　そんななか，近年は，文化心理学という新たな学問が発展している。文化と人間の心との間に密接な関係性を想定し，追究することを目的とした学問で，当初は，社会心理学の一部と認識されることが多かった。しかし最近は，独立した学問分野としての地位を固め，社会心理学に影

響を与える存在となっている。

　文化心理学に特徴的なのは，文化と心が互いに影響を与え，また相互に構成し合う関係にあるという考え方である。ただしここで言う「文化」は，日常的な意味での「文化」よりも広義のもので，私たちの日々の生活にかかわるあらゆる人工物を指す。たとえば，言語の用法や子育ての習慣，教育制度，経済システムといった慣習や公的制度も文化であり，多くは世代を越えて受け継がれていく。文化は人の心が生み出したものだが，ひとたび形成されると，今度は文化が人の心を育むようになる。そして，さらに，そのような文化の中で育った人々が文化を維持・変容させていくのである。

　社会心理学は，人間の行動が環境によって強力に規定されることを実証し，そのことを通じて，環境が人（心）を変容させるという方向の影響について多くを語ってきた。その一方で，人が環境（ここでは文化）を維持・変容させたりするという視点は希薄であった（長谷川, 1997）。文化心理学は，人の心の普遍性に疑問を投げかけたことに注目されがちだが，このような心（人間）と文化（環境）のダイナミックな関係に着目した点においても，社会心理学に新たな視点をもたらしたと言うことができる。

2.　認知における文化差

（1）分析的思考と包括的思考

　文化心理学では，心のしくみや働きの文化差を実証研究によって検証しているが，その多くは，アメリカを中心とする西洋と，日本・韓国・中国といった東アジア諸国を中心とする東洋を比較した研究である。特にニスベットらの研究グループは，西洋人と東洋人を比較し，世界観や自己観が本質的なレベルで異なっていることや，それが認知や思考の様式にまで違いをもたらしていることを数多くの研究で検証している（e.g., Nisbett, 2003）。彼らは，趣向をこらした実験を行い，そこから得られた知見を歴史的，哲学的言説と照らし合わせることで，西洋人のものの見方や考え方を「分析的（annalistic）思考」と表現する一方で，

東洋人のそれを「包括的（holistic）思考」と表現している。

　分析的思考とは，人や物といった対象を理解する際，もっぱら対象そのものの属性に注意を向け，その対象が独自に有する属性に基づいてカテゴリーに分類することで，対象を理解しようとする思考様式である。その対象を構成する要素を最小単位まで分割するなど，対象を他の対象やそれが置かれた文脈から切り離して理解しようとする点に特徴がある。それとは対照的に包括的思考は，ある対象を理解するには，その対象が置かれた文脈や他の対象との関係性を無視することはできないとする思考様式である。対象が置かれた「場」全体を包括的に理解しようとする点に特徴がある。

（2）物の認知における文化差

　ここからは，ニスベットらの研究を，日本人を研究対象としたものを中心に紹介していくことにしよう。最初に紹介するのは，日本人のマスダとニスベットが行った研究である（Masuda & Nisbett, 2001）。彼らは，水中の様子を描いた約20秒間のカラー・アニメーションをつくり，日本人とアメリカ人の大学生にそれを2度見せた後，内容を思い出し，説明するように求めた（Figure 13-1）。アニメーションには，どの場面でも，一匹もしくは複数の中心的な魚が登場したが，この中心的な魚はどの生き物よりも大きく，明るい色をしていて，動きも速かった。背景には，もっとゆっくりと動く生き物や，水草，石，泡などが描かれていた。

　アニメーションの内容をあとから思い出した日本人（京都大学の学生）とアメリカ人（ミシガン大学の学生）の回答には次のような特徴があった。まず，中心的な魚に言及する程度は日本人もアメリカ人もほぼ同じだった。しかし，背景要素への言及は，日本人がアメリカ人より6割以上も多かったという。さらにアメリカ人は，中心的な魚と他の物との関係については日本人と同じ程度回答したが，背景の無生物と他の物との関係については，日本人の半分ほどの回答しか見られなかった。また，日本人の場合，回答の第一声が環境についてだったのに対し（「池のようなところでした」など），アメリカ人は中心的な魚の話から始めるこ

Figure 13-1　実験で使用されたアニメーションの例（Masuda & Nisbett. 2001）
（矢印は動きの方向を示している）

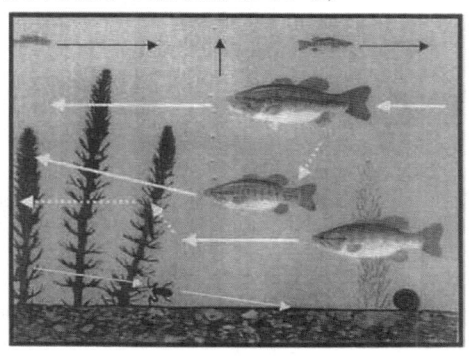

とが日本人と比べ３倍も多かった（「大きな魚がいました，多分マスだと思います」など）。

　さらに中心要素であった魚を，もとの背景，もしくは異なる背景とともに見せて再認を求めたところ，アメリカ人では再認成績が背景の影響を受けなかったが，日本人ではもとの背景要素とともに魚が提示された場合の方が，再認成績がよかった。これは，日本人は対象をその背景と結びつけて知覚していたのに対し，アメリカ人は背景情報とは切り離して知覚していたためと考えられる。すなわち，日本人の情報処理が文脈依存的であることを示唆している。

（3）対人認知における文化差

　マスダら（Masuda et al., 2008）は，他者の感情を推測する際の注意の向け方にも，思考様式の違いが反映されていると報告している。彼らは，Figure13-2に示すようなイラストを実験参加者に見せ，中央の人物の感情を推測させた。その際，周囲の人物の表情は，中心人物と同じ表情をしているものと，異なる表情をしているものの２種類があった。たとえば，中心人物が笑顔を見せ，周囲の人物も笑顔を見せている場合もあれば，中心人物が笑顔を見せているのに，周囲の人物は怒っているかのような表情を見せている場合もある。実験参加者に求められていたの

Figure 13-2　**実験で使用されたイラストの例**（Masuda, et al., 2008）
（中心人物と周囲の人物が異なる表梢をしている楊合）

は，中心人物の表情から感情を推測することであり，周囲の人物の表情を考慮するようにとは言われていなかった。にもかかわらず，日本人参加者では，中心人物の感情評定に周囲の人物の表情が影響する傾向が見られた。 たとえば，中心人物が笑顔で周囲の人物も笑顔の場合に比べ，中心人物が笑顔で周囲の人物が怒りの表情を見せている場合は，中心人物が同じ表情をしていても，当人が喜んでいる程度が低く推測されたのである。このような違いは，アメリカ人参加者にはあまり見られなかった。アメリカ人の場合，周囲の人物が笑っていようが，怒っていようが，中心人物が同じ表情であれば，その人物は同じ程度，喜んでいると推測されたのである。

　さらに，類似の実験を，視線追跡装置（アイトラッカー）をつけて行ったところ，日本人の場合には，中心人物に加え，周囲の人物にも視線が送られていたのに対し，欧米人（アメリカ，カナダ，オーストラリア，ニュージーランド）の場合には，視線のほとんどが中心人物に集中していた。すなわち西洋人にとって，感情は個人のものだが，日本人にとっては周囲の人たちの感情と切り離すことができないものであることが示唆された。

（4）原因帰属における文化差

　思考様式における文化差は，原因帰属のような社会的推論においても，

相違をもたらす。たとえば基本的帰属のエラー（第7章「原因帰属」参照）は西洋人によく見られ，東洋人では見られにくいという指摘がある。

　1991年にアイオワ大学の中国人留学生が，指導教員や仲間などを射殺したのち，自殺するという事件が起きた。この時，モリスとペンは，この事件の報道の仕方が新聞社によって大きく異なることに気がついた。アメリカの新聞社（The New York Times）のものが加害者の性格や考え方，精神的な問題など，もっぱら個人的な特性に焦点を当てた報道をしていたのに対し，中国の新聞社（World Journal）は加害者の人間関係や中国社会での彼の立場，彼が過ごしたアメリカの生活環境など，加害者の周辺環境に焦点を当てて原因を究明しようとしていたのである。もっともこの事例に限れば，加害者が中国人であったため，母国のメディアが加害者を擁護する目的で，加害者個人の特性に原因を求めなかった可能性も否定できない。しかし折しも同じ年に，ミシガン州で郵便配達人が上司や同僚を射殺したのちに，自殺をするという事件が起きた。この事件は，事件に至るまでの経緯もよく似ており，中国人留学生の事件と異なっていたのは，この事件の加害者がアメリカ人だということだけだった。そこで，2つの事件を報道した新聞記事の報道を再度，比較したところ，その傾向は共通していた。つまり，アメリカの新聞社は，アメリカ人が加害者の場合も，加害者の性格や考え方など個人的な属性に注目をしていたのに対し，中国の新聞社は加害者に影響を与えたと思われる状況要因にも着目をしていたのである（Morris & Peng, 1994）。

3. 自己の文化差

　認知における相違は，自己をどのように捉えるかという，自己概念や自尊感情の文化差にも反映される。

（1）自己概念

　マーカスと北山（Markus & Kitayama, 1991）は，西洋人の自己の捉えかたを「相互独立的自己観」，東洋人の自己の捉えかたを「相互協調

Figure 13-3　相互独立的自己観（左）と相互協調的自己観（右）

（Markus & Kitayama, 1991）

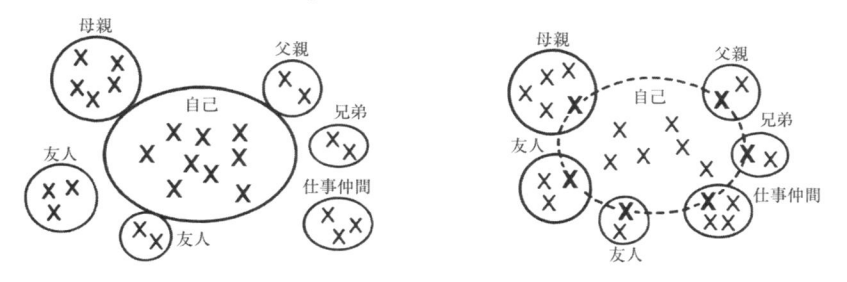

的自己観」と呼び，両者の違いを論じている。西洋人に特徴的な相互独立的自己観は，自己を他者とは明確に区別された実体として捉える自己観で，自己は他者や周囲の状況とは独立した，その人自身が持つ属性（能力，性格特性など）によって定義される。一方，東洋人に特徴的な相互協調的自己観では，自己は他者との関係性やその自己を取り巻く環境があってはじめて存在するものだと捉えられる。そのため，自己と他者，あるいは周辺の事物との境界線は曖昧で，自己がどのようなものであるかは，状況や他者の存在に依存する。自己が単独で定義されることはなく，人間関係やその関係性の中でどのような地位，役割を占めるかによって定義される。Figure 13-3 は，この2つの自己観を図示したものである。相互協調的自己観では，自己を取り巻く他者の属性（Xで示されたもの）が自己の属性の一部となっており，また自己と他者との境界線が曖昧になっているのがわかるだろう。

　自己概念を測定する20答法（第8章「自己」参照）を日本人とアメリカ人に実施した研究（Cousins, 1989）では，日本人はアメリカ人に比べ，個人に特有の心理属性（私は○○な性格だ）や身体属性（私は身長○○センチだ）を挙げることは少なかった。対照的に，社会的な役割（私は○○大学の学生だ）や状況依存的な行動（私は金曜日の夜には○○をする）を挙げることが多く，この傾向は相互協調的な自己観に合致する。

（2）自尊感情

　西洋人において優勢な相互独立的自己観では，個人は他者とは明確に

区別された実体とみなされるため，自分の内面にある優れた特性（能力など）を見つけて，それを表現したり，実現したりすることに価値がおかれる。このことが，成功は内的要因に，失敗は外的要因に帰属するセルフ・サービング・バイアスを生んでいる可能性がある。事実，日本人を対象にした研究では，セルフ・サービング・バイアスが見られなかったり，成功を運や環境（外的要因）のおかげとする一方で，失敗は能力や努力不足（内的要因）のせいにする自己卑下的な傾向が見られることも多い（北山，1998）。自己高揚動機は，人間一般に見られる普遍的な動機だと考えられているが（第 8 章「自己」参照），少なくとも相対的に見れば，日本人（を含む東洋人）の自己高揚動機は西洋人に比べ弱いのかもしれない。

　ただし，日本人に見られる自己卑下傾向は，謙遜を美徳とする文化において，他者に好印象を与えるための戦術だったり，集団としての評価を向上させることによる間接的な自己高揚であったりするとの指摘もあり，純粋な自己卑下傾向と見てよいかははっきりしていない（村本・山口，1997; 沼崎・工藤，2003）。また関連して，日本人の自尊感情が欧米に比べて低いのは顕在的な自尊感情においてであり，潜在的な自尊感情においては，日本人も諸外国の人々と比べ遜色のない自尊感情を持っているという指摘もある（Yamaguchi et al., 2007）。潜在的な自尊感情とは，自覚できない自尊感情であり，IAT（第 6 章「態度と行動」参照）などを使って測定される。測定に自己報告尺度を用いる顕在的自尊感情が，社会規範の影響を強く受ける一方，潜在的自尊感情はそうした影響を受けにくいので，謙遜の規範が働かないためだと解釈されている。

4. 文化心理学の新たな展開

（1）社会を忘れた心理学

　かつては社会心理学の一部と位置づけられていた文化心理学が，いまや社会心理学に大きな影響を与える存在になった背景には，認知革命以降の社会心理学が「社会を忘れた心理学」だと批判されることと無関係ではない。北山（1999）は，現代の社会心理学者について「自らの領域

を社会的刺激を対象にしたときの『一般』心理学のことであると自己定義し，心の社会性の解明という社会心理学に固有の問題を自ら放棄してきているかのようである」と痛烈に批判している。確かに近年の社会心理学は，社会的認知研究に象徴されるように，認知主体である「個人」が研究の中心にあり，個人が社会環境をどのように認識，理解，思考するかという問題意識を検討することに関心が集中している。結果的に社会環境は個人の認知過程に入力される刺激の一つとして矮小化され，社会と個人が織りなすダイナミックな相互作用は見過ごされる傾向にあったかもしれない。

（２）社会生態学的アプローチ

　しかしながら，文化心理学は若い学問である。既述のような理念を持ちつつも，それを実証的にすることは容易ではなく，これまでの研究は心のしくみや働きの文化差を示すに留まるものが多かった。すなわち，なぜ，いかにしてそのような心の文化差が生まれたのかという問題に正面から向き合う研究は多くなかった。

　西洋人と東洋人の思考様式の相違を主張するニスベットは，そのルーツを古代にまで遡り，アリストテレスを代表とするギリシア哲学と，孔子を代表とする中国思想に，すでに思考様式の相違の片鱗があるとしている（Nisbett, 2003）。彼の解釈によれば，古代ギリシアの都市国家は，議論の力で相手を説得する必要に迫られる機会が多かった。また交易の中心地であったため，多様な人々が交流し，意見の不一致を合理的に解決するために，形式論理学が発展した。それが分析的思考のもとになったという。他方，中国の政治体制は中央集権的で，民族としての均質性も高いため，調和を保つことや共有する行動規範に従うこと，意見の不一致に際しても中庸を見出すことに目標が置かれた。それが包括的思考のような思考様式を生んだという。つまり人間は，その社会で求められる課題に取り組むなかで，必要な思考様式や自己観を身につけていったと，ニスベットは仮定しているのである。ただしこれは歴史に基づいた後づけの解釈であり，実証的に検証されたものではないことに注意され

たい。

　このような現状のなかで，最近期待されている研究アプローチの一つに，社会生態学的アプローチがある。自然環境や社会環境がどのように人間の心理プロセス・行動傾向に影響するか，また影響を受けた心理・行動がどのように環境に対してフィードバックを与えるか，その相互構成メカニズムに注目する研究方略とされる（竹村・佐藤，2012）。進化心理学と同様に「適応」という観点から，人間の心のしくみや働きを追究しようとしており，適応すべき環境として，自然環境だけでなく，社会環境にも注目している点も共通している。たとえば，同じ国（トルコ共和国）のなかでも，農業や漁業のように相互協調を要する仕事を生業としているコミュニティの人々のほうが，牧畜のように相互協調を必要としない仕事を生業としているコミュニティの人々よりも，包括的思考とする傾向があるといった研究（Uskul et al., 2008）や，同じ農業でも，より他者との協力が必要な稲作が盛んな中国南部の人々は，さほど協力を必要としない麦作が盛んな中国北部の人々よりも，相互協調的で包括的な思考をする傾向があるといった研究（Talhelm et al., 2014）が報告されている。

　石井（2009）は，人間が環境に順応する過程を考える際，当該文化において一人前になるという意味の心理的適応に加えて，ある特定の社会・文化環境において個人が生き残っていくうえで役立つという意味での道具的適応があるとし，この観点から心の文化依存性を考えていくことが可能だとしている。ただし，進化心理学で想定している適応が数百から数万年前までの進化的適応環境であるのに対し，文化心理学でいう適応はそこまでの長期にわたる時間的遷移を想定してはいない。だとすれば，私たち人間は，むしろめまぐるしく移り変わる社会環境に柔軟に対応できる心の働きを持ち合わせていると考えた方が適当で，それ自体も進化的適応の産物だと考えられるかもしれない。

　波多野（2004）は，人間の心の働きを，「心（mind）」と「心性（mentality）」という2つの概念に分けて考えることで，人の心を進化の産物とみなす見方と，その作用や形成における社会文化的基盤を強調する見方とは，

両立可能だと述べている。「心」とは，人間という種に典型的な特性の集合であり，進化の産物であるとともに発達，学習，社会化の可能性（あるいは制約）を示すものである。これが異なる社会文化的文脈の中で具体化されていくなかで，多くの「心性」を生み出されると考えられる。波多野は，制約という観点から「心」と「心性」が相互協調して，補完的に人間の知性を築くさまを描写している。それによれば，「心」は生得的制約を持ち，不変だがおおまかなものであるのに対し，「心性」における社会文化的制約は，細分化されているが可変だという。それは，進化の過程に比べ，文化的な変動はずっと頻繁に起きるためである。もし細分化された制約が変更不能なものであった場合，生活環境の変化が，適応を困難にしてしまうかもしれない。したがって，異なる制約を持つ「心」と「心性」が互いに協調して働くことで，当該の環境に最適な人間の知性が生み出されると考えられる。波多野（2004）のことばを借りるなら，「ある場合には，両者が重複して働き，必要度の高い知性を確実に生み出す。ある場合には，知性の初歩的，中核的な部分では，生得的制約が，発展的，周辺的な部分では社会文化的制約が優位に働いて，文化普遍の深層と文化変異を伴う表層を形成する」のである。

　従来の社会心理学は，文化による影響は一種のノイズと捉え，それを取り払ったときに見られる人間の本質的で普遍的な心の働きにのみ着目してきた。しかし，それは波多野のいうところの「心性」を無視した考えといえるかもしれない。そのように考えると，文化心理学によって提起された問題は，これまで社会心理学のなかで蓄積されてきた知見を見つめ直すきっかけとして，むしろ前向きに捉えていくべきだろう。

（3）文化神経科学

　最後に，文化神経科学という新たな学問の萌芽にも触れておこう。第11章で取り上げた脳神経科学興隆の波は文化心理学にも押し寄せており，心の文化差を支える神経基盤を調べる取り組みがなされている。たとえば，自己関連性判断ではMPFCが活性化することが一般的だが（第11章「脳神経科学と社会心理学」参照），ジュウらが行った

研究（Zhu et al., 2007）によれば，中国人では母親関連性判断（様々な性格特性語が母親に当てはまっているかどうかの判断）でも MPFC の活性化が見られたのに対し，西洋人では母親関連性判断と他者関連性判断で MPFC の活性化に違いが見られなかった。これは，中国人では，MPFC が自己の表象にも母親の表象にも利用されていることを示唆しており，中国人では自己と重要他者の境界が曖昧なことが，脳神経科学の研究からも支持されたといえる。

　最近では，さらに進んで，社会環境への適応プロセスのなかで，遺伝子が共進化してきたという仮定のもとに，集団主義傾向と特定の遺伝子型の割合との関係を調べる研究なども現れている（e.g., Chiao & Blizinsky, 2010）。文化心理学は，実証研究が難しい学問だけに，あらゆる手法を用いて，文化と心の相互作用を検討する取り組みが進んでいる。

引用文献

Arnett, J. (2008). The neglected 95%: Why American psychology needs to become less American. *American Psychologist*, 63, 602–614.

東 洋（1997）.日本人の道徳意識：道徳スクリプトの日米比較　柏木 惠子・北山 忍・東 洋（編），文化心理学：理論と実証（pp. 88-108）　東京大学出版会

Chiao, J. Y., & Blizinsky, K. D. (2010). Culture-gene coevolution of individualism-collectivism and the serotonin transporter gene. Proceedings. *Biological sciences*, 277 (1681), 529–537.

Chiu, L.-H. (1972). A cross-cultural comparison of cognitive styles in Chinese and American children. *International Journal of Psychology*, 7 (4), 235–242.

Cousins, S. D. (1989). Culture and self-perception in Japan and the United State. *Journal of Personality and Social Psychology*, 56, 124-131.

長谷川 寿一　（1997）.文化心理学と進化心理学（pp. 76-84）　柏木 惠子・北山 忍・東 洋（編）　文化心理学　東京大学出版会

波多野 誼余夫（2004）.進化心理学と文化心理学は共存しうるか 社会言語科学, 6, 3–11.

Henrich, J., Heine, S. J., & Norenzayan, A. (2010). Most people are not WEIRD. *Nature*, 466 (no. 7302), 29-29.

Hofstede, G. (1991). *Cultures and organization: Software of the mind*. Maidenhead, UK: McGraw-Hill.

石井 敬子（2009）. 文化と適応（pp. 484-485）. 日本社会心理学会（編） 社会心理学事典 丸善出版

北山 忍（1998）. 自己と感情：文化心理学による問いかけ 日本認知科学会（編）, 認知科学モノグラフ9 共立出版

北山 忍（1999）. 社会心理学の使命と「信頼の構造」の意義：ゲーム理論と文化心理学 社会心理学研究, 15, 60-65.

Markus, H. R., & Kitayama, S. (1991). Culture and the self: Implications for cognition, emotion, and motivation. *Psychological Review*, 98, 224-253.

Masuda, T., Ellsworth, P. C., Mesquita, B., Leu, J., Tanida, S., & van de Veerdonk, E. (2008). Placing the face in context: Cultural differences in the perception of facial emotion. *Journal of Personality and Social Psychology*, 94, 365-381.

Masuda, T. & Nisbett, R. (2001). Attending holistically versus analytically: Comparing the context sensitivity of Japanese and Americans. *Journal of Personality and Social Psychology*, 81, 922-934.

Morris, M. W., Peng, K. (1994). Culture and cause: American and Chinese attributions for social and physical events. *Journal of Personality and Social Psychology*, 67, 949-971.

村本 由紀子（2019）. 心の文化差 池田 謙一・唐沢 穣・工藤 恵理子・村本 由紀子（著） 社会心理学 補訂版（pp.395-416）. 有斐閣

村本 由紀子・山口 勧（1997）. もうひとつの self-serving bias: 日本人の帰属における自己卑下・集団奉仕傾向の共存とその意味について 実験社会心理学研究, 37, 65-75.

Nisbett, R. E. (2003). *The geography of thought: How Asians and Westerners think differently…and why*. NY: The Free Press.（ニスベット, R. E.（著）, 村本 由紀子（訳）(2004). 木を見る西洋人 森を見る東洋人：思考の違いはいかにして生まれるか ダイアモンド社）

沼崎 誠・工藤 恵理子（2003）. 自己高揚的呈示と自己卑下的呈示が呈示者の能力の推定に及ぼす効果：実験室実験とシナリオ実験との相違 実験社会心理学研究, 43, 36-51.

高野 陽太郎（2008）. 「集団主義」という錯覚：日本人論の思い違いとその由来 新曜社

高野 陽太郎・纓坂 英子（1997）. "日本人の集団主義" と "アメリカ人の個人主義"：通説の再検討 心理学研究, 68, 312-327.

竹村 幸祐・佐藤 剛介 (2012). 幸福感に対する社会生態学的アプローチ　心理学評論, 55, 47-63.

Talhelm, T., Zhang, X., Oishi, S., Shimin, C., Duan, D., Lan, X., & Kitayama, S. (2014). Large-scale psychological differences within China explained by rice versus wheat agriculture. *Science*, 344 (No.6184), 603–608.

Uskul, A.K., Kitayama, S., & Nisbett, R.E., (2008). Ecocultural basis of cognition: Farmers and fishermen are more holistic than herders. *Proceedings of the National Academy of Sciences of the United States of America*, 105, 8552-8556.

Yamaguchi, S., Greenwald, A. G., Banaji, M. R., Murakami, F., Chen, D., Shiomura, K., Kobayashi, C., Cai, H., & Krendl, A. (2007). Apparent universality of positive implicit self-esteem. *Psychological Science*, 18, 498-500.

Zhu, Y., Zhang, L., Fan, J., & Han, S. (2007). Neural basis of cultural influence on self-representation. *Neuroimage*, 34, 1310-1316.

Zou, X., Tam, K.-P., Morris, M. W., Lee, S.-l., Lau, I. Y.-M., & Chiu, C.-y. (2009). Culture as common sense: Perceived consensus versus personal beliefs as mechanisms of cultural influence. *Journal of Personality and Social Psychology*, 97, 579–597.

研究課題

1. あなたが考える日本人とアメリカ人の違いを挙げてみよう。その違いは，包括的思考と分析的思考という思考様式の相違や相互協調的自己観と相互独立的自己観という自己観の相違によって説明できるだろうか。

2. 鶏と牧草と牛の中から仲間はずれを一つ選ぶとしたら，あなたはどれを選ぶだろうか。ある研究 (Chiu, 1972) では，アメリカ人の子どもは鶏と牛を仲間，牧草を仲間はずれと考えるのに対し，中国人の子どもは牧草と牛を仲間，鶏を仲間はずれと考えることが多いという傾向が見られた。この結果を，包括的思考と分析的思考という相違から説明してみよう。

3. 第8章で紹介した20答法を再びやってみよう。あなたの記述内容は，相互協調的自己観と相互独立的自己観のいずれにより近いものだろうか。

14 | 人間の社会性

《**学習のポイント**》
　最近，社会心理学やその周辺分野で，人間の社会性の再発見とでも呼ぶことができる状況が起きている。所属欲求が基本的欲求である可能性と，社会的孤立が心身に及ぼす影響に着目し，人間の社会性について改めて検討する。
《**キーワード**》　人間の社会性，所属欲求，社会的孤立，孤独

1．社会的動物としての人間

（1）ザ・ソーシャル・アニマル

　第1章で，「結局のところ，社会心理学の研究の目的は「社会的動物」である人間の探究に尽きるし，人間について探究すればするほど，人間は，社会的動物と呼ばれるに相応しい特徴を持っている」と述べたことを覚えているだろうか。社会心理学者として，人間を探究している研究者の多くは，おそらく同じ結論に行き着く。

　アメリカで長年刊行されている社会心理学の概説書にエリオット・アロンソン（Aronson, E.）が執筆した『ザ・ソーシャル・アニマル（The Social Animal）』がある。「社会的動物」ということばをそのまま書名に冠したこの書籍は，1972年に初版が発行されて以降，時流に対応するかたちで繰り返し改訂が行われており，本書執筆時点で最新の版は第12版（2018年発刊）である（Aronson, 2018）。著者のアロンソンは，書名をなぜ「社会的動物」にしたかについて，明確な理由を述べていない。しかし書名を付けるにあたり，「人間は社会的動物である」というフレーズが念頭にあったことは間違いがない。ルーツとなったアリストテレスのことばは『ザ・ソーシャル・アニマル』の中でも引用されており（Table

14-1)，歴史が浅い社会心理学の研究関心が，すでに紀元前にあったことを強調するねらいがあったのだと考えられる。

Table 14-1　アリストテレスのことば

人間は本来，社会的動物である。自然に，そして偶然にではなく非社会的な個人は，われわれの注目に値しないか，人間以上かのいずれかである。社会は実際個人の上位にあるものである。普通の生活を送ることができないか，その必要がないほど完備しており，それゆえに社会に参加しない人がいれば，そのような人は獣か神かのいずれかである。

「政治学」（紀元前およそ 328 年頃）
（アロンソン（著）・岡（訳）（2014）より引用）

　同時にアロンソンは，「社会的動物」を書名に冠することで，社会心理学者が扱うべきテーマの核心はまさにこの人間の社会性にあり，それは時代が変わったとしても揺るがないという信念があったのではないだろうか。しかも "The Social Animal" と，定冠詞の "THE" をつけることで，社会的動物は人間以外に数あれども，人間こそが社会的動物の最たるものだということを表しているようにも見える。実際，『ザ・ソーシャル・アニマル』では，人間の社会性を示す数多くの研究が紹介されており，それは本書にも共通する。そこで本章では，改めてこの人間の社会性を切り口に，人間の心のしくみと働きについて考えていくことにしたい。

（2）人間の社会性の再発見

　「人間は社会的動物である」というフレーズの起源がアリストテレスのことばにあるのなら，いまの時代になって，殊更に「人間の社会性」に着目したり，強調したりことには，違和感を覚える人もいるかもしれない。しかし冒頭でも述べたように，「人間について探究すればするほど，人間は，社会的動物と呼ばれるに相応しい特徴を持っている」という事実に行き着く。これは個別の社会心理学者が行き着く境地というだけで

なく，社会心理学という学問全体に通じることで，最近になって導入された研究手法や研究アプローチほど，人間の社会性を強調する傾向が見られる。いわば「人間の社会性の再発見」とでも呼べる状況が起きているのである。第 11 章「脳神経科学と社会心理学」で紹介したデフォルト・モード・ネットワークや，第 12 章「進化論と社会心理学」で紹介した社会脳の研究は，その典型である。

　説得の分野で，社会心理学の研究を牽引してきたロバート・チャルディーニもまた，最近になって，人間の社会性を再発見している。彼は，説得研究の成果を平易に解説した著書『影響力の武器』のなかで，人が説得を受け入れる心のメカニズムを返報性・好意・権威・社会的証明・希少性・一貫性の 6 つに整理し，長年の間，この分類が必要十分だとしてきた。ところが，33 年ぶりに単独で書下ろした著書『Pre-suasion』（Cialdini, 2016）において，初めて 7 つ目となる一体性（unity）を追加した。チャルディーニによれば，これは共有されたアイデンティティのことで，つまり，個人を超えた他者や集団との結びつきや，それに伴う一体感が，説得場面において，私たちに影響を与えるということである。一体性が追加された背景について，邦訳書の監訳を務めた安藤は，「人間が社会的動物であることはずっと以前より主張されていたが，それ以上に“超”社会的動物であることが認識されるようになってきた」と述べ，「人間の社会性の再発見」が背景にあったことを指摘している。なお一体性は，そのあとに改訂された『影響力の武器』で，7 つ目の武器として正式に追加され（Cialdini, 2021），その解説には，他の 6 つの武器以上にページが割かれていることから，チャルディーニが並々ならぬ思いでこれを追加したことがうかがえる（注 1）。

　また，新型コロナウイルス感染症の世界的な蔓延は，社会心理学者だけでなく，一般の人々にとっても，人間の社会性を再発見する機会となったのではないだろうか。日本では，諸外国のような強制力のあるロック・ダウンは行われなかったが，それでも飛沫感染を防ぐため，人と人との間に距離をとるソーシャル・ディスタンス（本来は，フィジカル・ディスタンス）が求められたため，孤独や社会的孤立がもたらす弊

害が，これまで以上に大きな社会問題となった。つまり，誰もが身をもって，人とのつながりの重要性を再認識することになったのである。

2. 基本的欲求としての所属欲求

（1）人への関心の生得性

　人間の他者への関心が，生まれついてのものであることを示唆する研究は多数ある。たとえば新生児は，生後わずか48時間以内でも，他のどのような物体よりも顔に注意を向け，他のどのような音よりも長く人間の声に耳を傾ける（Goren et al., 1975 ; Johnson et al., 1991 ; Vouloumanos & Werker, 2007）。生理的早産と呼ばれる状態で生まれる新生児は，養育者の存在なしに生きていくことができず，そのために，生後間もない時期であっても，人に注意を向けるような心のしくみを持ち合わせているのだと考えられている。

　新生児ほどでなくても，私たち人間は，生涯，家族を含む他者の存在なしに生きていくことはできない。マズローが挙げた5つの人間の基本的欲求にも，他者とのつながりを求める欲求が含まれている（Maslow, 1943）。彼は基本的欲求に階層性を仮定し，最も優先度が高い欲求として，食や睡眠を求める「生理的欲求（physiological needs）」，次に優先度が高い欲求として，安全な生活を求める「安全欲求（safety needs）」を位置づけている。そして，これらの物質的欲求（衣食住への欲求）がある程度満たされると，その次に精神的欲求が現れるとし，最初の精神的欲求に「愛の欲求（love needs）」を挙げている。この愛の欲求は，その後，「所属と愛の欲求（belongingness and love needs）」と改称されており（Maslow, 1954），集団に所属したり，仲間から受け入れられたりすることを欲する欲求（社会的欲求）と解釈できる。他者とのつながりを求める所属欲求である。なお，マズローの理論では，「所属と愛の欲求」が満たされると，次に「自尊感情の欲求（esteem needs）」が，最後に「自己実現の欲求（selfactualization needs）」が表出するとされる。

（2）所属仮説

　マズローの理論においては，所属欲求は基本的欲求の一つとされながらも，その優先度は3番目だった。これに対し，バウマイスターとレアリーは，人間は集団に所属したり，他者と安定的な関係を形成したりすることで食や安全を確保してきたとの立場から，所属欲求は，人間にとって最も優先度が高い根源的な欲求だという仮説を提示した（Baumeister & Leary, 1995）。

　そしてこの所属仮説（belongingness hypothesis）を支持する証拠として，人はどのような条件下でも，容易に社会的絆を形成するし，一旦，形成された絆は，たとえそれが不快な関係性に変わっても解消には抵抗を伴うこと，また所属欲求は，人間の認知，感情，行動を方向づける役割を担っていることを，多数の研究知見を挙げて説明している。その一部は，本書でも紹介しており，これら一連の研究知見からわかるのは，人は状況や出来事を，対人関係に与える影響を考慮して解釈するし，関係が深い相手に対しては，より多くの認知的労力を割いて，理解しようとするということである。また人が経験する感情の多くは所属欲求と関連しており，他者から受容されることはポジティブな感情（幸福感，高揚，満足感，穏やかさなど）に，拒絶されることはネガティブな感情（不安，抑うつ，悲嘆，嫉妬，孤独感など）につながっている。

　バウマイスターとレアリーはその後，第12章で紹介したソシオメータ仮説を発表している（Leary, & Baumeister, 2000）。これは，自尊感情を他者からの受容の度合いを示す計器（メータ）と捉え，自尊感情を通じて，対人関係を監視しているとする仮説である（第12章「進化心理学と社会心理学」参照）。したがって，所属欲求が満たされた後に，自尊感情についての欲求が現れるとするマズローの仮説とは好対照を成している。

（3）社会的痛みと身体的痛み

　集団に所属することが人間の生存に不可欠なのだとしたら，社会的排除は人間にとって脅威である。したがって，その気配を即座に検知し，

優先的に処理するシステムを備える必要がある。ソシオメータ仮説では，それを自尊感情に求めたが，身体の痛みを処理するのと同じ神経基盤が社会的痛みの処理に利用されているという興味深い仮説も提出されている（MacDonald & Leary, 2005）。身体の損傷に伴って生じる痛みは，生存に直結するものである。そのため，それを処理するシステムは，人類の進化の早い段階ですでに備わっていたと考えられる。そこで，人間が社会的排除への適応を進化させたとき，身体的痛みのためのシステムを間借りして，社会的痛みの対処に利用されるようになったというのである。

　実際，私たちは，他者から拒絶されたときに辛い思いを経験し，それを精神的苦痛，心の"痛み"と表現したり，「心が傷ついた」など，身体の損傷を思わせる表現を利用することがある。このような表現は洋の東西を問わず存在しており，これが単なる比喩表現ではないことを示す研究が多数存在している。

　たとえば，アイゼンバーガーら（Eisenberger et al., 2003）は，実験参加者にボール投げのコンピュータ・ゲームをしてもらい，その間の脳活動を fMRI で計測した。ゲームには，実験参加者のほかに 2 名のプレイヤーが参加していると告げられており，コンピュータ画面上でキャッチボールを行う（サイバーボール課題と呼ばれる）。すると，初めはこの 3 名の間で順にボールが回されるが，しばらくすると，実験参加者にだけボールが回ってこなくなる（Figure 14-1 (a)）。つまり，仲間はずれをされた状態になるのである。実は，真の参加者は，fMRI 装置の中にいる 1 名のみで，残りの 2 名は，プログラミングされた架空の参加者だが，そのことを知らない参加者の脳の反応を見ると，他のプレイヤーから仲間はずれにされている間，前部帯状皮質（anterior cingulate cortex; ACC）の特に背側部（dorsal anterior cingulate cortex; dACC）の活性化が大きくなった（Figure 14-1 (b)）。これは，人間が身体の痛みを経験しているときに活性化するのと同じ場所であり，社会的排除に伴う心の痛みが，身体的痛みと情報処理のシステムを共有していることを示唆するものである。なお，実験参加者が自己報告した精神的苦痛（心

Figure 14-1 サイバーボール課題の実験手続きとその結果
（Eisenberger & Lieberman, 2004）

（a）実験参加者を含む3名でボール
　　投げをしている場面

実験参加者が仲間はずれにさ
れ，パートナー2名だけでボー
ル投げをしている場面

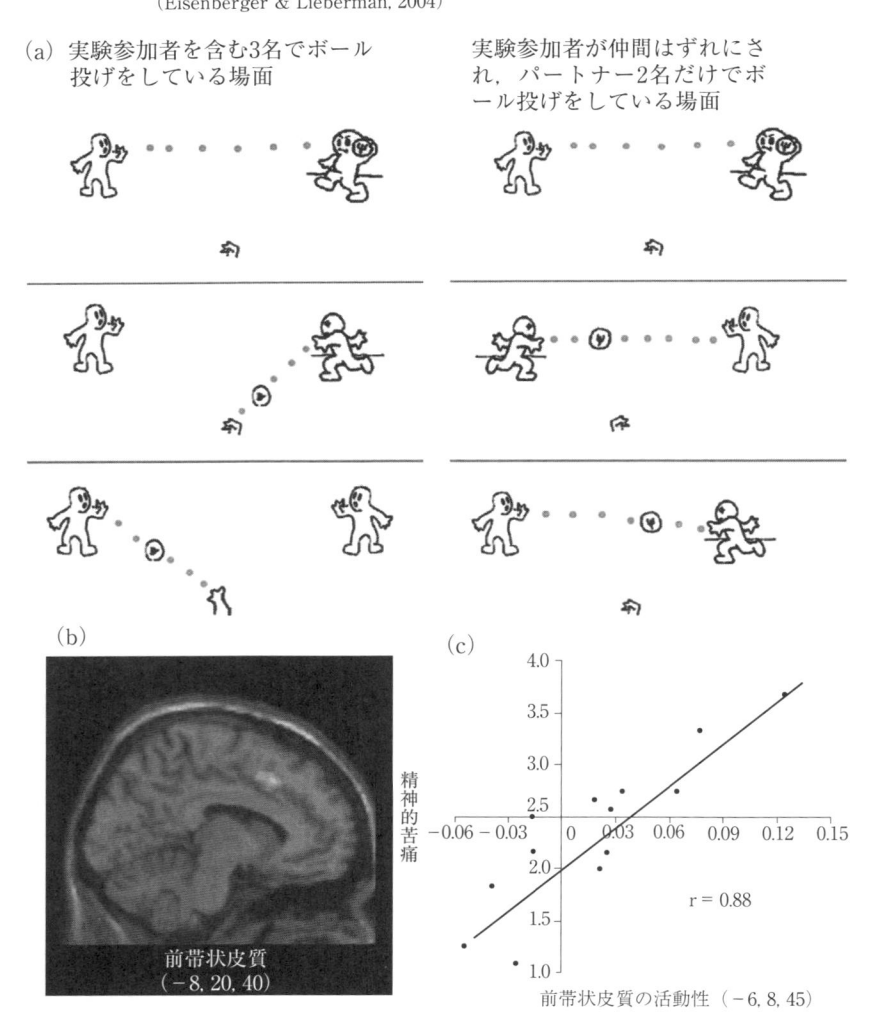

（b）

（c）

精神的苦痛

前帯状皮質
（−8, 20, 40）

前帯状皮質の活動性（−6, 8, 45）

r = 0.88

の痛み）には個人差があったが，この主観的な苦痛と，ACC の活性化
の程度は正の相関していた。実験参加者が他のプレイヤーから拒絶され
た状態に苦痛を感じるほど，ACC が活性化していたのである（Figure
14-1（c））。

　このような個人差はあるものの，人間は全般的に，社会的排除に対し

て過敏ともいえるほど鋭敏な神経基盤を保持しているようである。サイバーボール課題を使った研究では，自分を仲間はずれにしているのが実在の人物ではなく，コンピュータのプログラムに過ぎないことを参加者に伝えても（Zadro et al., 2004），また社会で厭われている集団（e.g., KKK）のメンバーだと伝えても（Gonsalkorale & Williams, 2007），不快感などを覚えることが明らかにされている。

3. 社会的孤立と心身の適応

（1）社会的孤立と孤独のリスク

　人間が社会的動物であり，所属欲求が根源的な欲求なのだとしたら，人間の心身における不適応の背景には，所属欲求の満たされなさがあるのかもしれない。

　バークマンとサイムは，カリフォルニア州アラメダ郡での9年に及ぶ追跡調査から，社会的に孤立をすることが，死亡リスクを大きく高めるという研究結果を報告している（Berkman & Syme, 1979）。彼女らは，①結婚をしているか，②親しい友人や親せきとの接触はあるか，③教会に所属しているか，④公的，私的なグループとのつながりはあるか，という基準で調査対象者を4群に分け，社会的なつながりの多寡によって，死亡率が異なるかを比較した。その結果，社会的つながりが最も少ない人々の死亡リスクは，社会的つながりが最も多い人々の死亡リスクの2倍以上だった。これは，社会経済的地位や，健康増進の行動など，死亡率に影響を及ぼしうる種々の変数を考慮しても変わらなかった。

　この研究以降，社会的孤立と健康との関係を検討する研究は数多く行われてきた。近年では，社会的孤立は，健康にとって，高血圧や肥満，運動不足，喫煙に匹敵する危険因子だとされ，種々の政策を立案する際に考慮すべきものとされている（House et al., 1988; Umberson & Montez, 2010）。また，その後の研究によって明らかになってきたのは，孤独のような主観的指標が，客観的指標（他者との接触頻度など）によって測定された社会的孤立と同程度に健康リスクを予測するということである（Holt-Lunstad et al., 2015）。先に示したアイゼンバーガーらのサ

イバーボール課題を使った研究でも，dACC の活性化の程度が相関したのは，実験参加者が自ら報告した主観的な精神的苦痛の程度だった。

（2）孤独が健康リスクを高めるプロセス

　孤独が健康リスクを高めるプロセスには，次の2つが想定されている（浦，2009）。第1のプロセスは，孤独が自己制御能力を低下させるというものである。私たちは普段，他者の目に映る自分を意識して生活しているが，孤独はそうした他者の目に対する意識を希薄にし，それゆえに自己制御能力を低下させてしまうというのである。

　バウマイスターらの実験では，孤独感を味わった人は，自らの健康を害するような自滅的行動をとる傾向が見られた。具体的には，将来，社会的に孤立した生活を送るかもしれないと信じこまされた実験参加者や，他者から拒絶されたと信じ込まされた実験参加者は，健康には良いが味がまずい飲み物をあまり飲まなかった。その一方で，健康に悪い，甘くて美味しいお菓子をたくさん食べるようになった（Baumeister et al. 2005）。同様の傾向は，実験室のような人工的な場面だけでなく，孤独と日常の生活習慣との関連を調べた研究でも見られている。 例えば，孤独感と食習慣の関係を調べた調査では，孤独感の強い中高年は，そうでない中高年に比べ，高脂肪食品の摂取量が多いといった傾向が見られている（Hawkley, & Cacioppo, 2007）。

　孤独が健康リスクを高める第2のプロセスは，より直接的なものである。すでに述べたように，他者に受け容れられていないという状態は，ある種の警戒信号を発すると考えられている。このことについて，長年，孤独の研究に携わってきたカシオッポらは，孤独が交感神経系の活動を高めることを指摘し，迫り来る脅威のために身体を準備状態にしているようだと述べている（Cacioppo & Patrick, 2008）。交感神経系は，しばしば闘争と逃走（英語では fight and flight）の神経と呼ばれ，眼前の危機への対処行動に人間を動機づける。しかし現代社会では，たとえ孤独を経験していたとしても，それがただちに生死を脅かすようなことはない。そのため，孤独に対して，このような準備状態を保つことは，不必

要に心身を疲弊させ，健康リスクを高めてしまう危険性がある。実際，彼らの研究によれば，孤独を感じていると，休息によって疲労を回復し，元気を取り戻すことさえも妨げられてしまう。孤独を感じている人は，睡眠に至るまでに時間がかかり，日中の疲労感も大きい。また仮に量の上では十分な睡眠時間を確保していても，睡眠の質が良くないことが示されている（Cacioppo, 2002）。

　また，孤独が「闘争と逃走」の神経を活性化することからも示唆されるように，孤独が攻撃性を高める傾向があることも指摘されている。レアリーらは，1995 年から 2001 年の間にアメリカで相次いで起きた学校での銃乱射事件の事例研究を行い，これらの事件のほとんどに，他者からの慢性の拒絶（仲間はずれやいじめなど），もしくは急性の拒絶（恋人からの拒絶など）が関わっていると結論づけている（Leary et al., 2003）。もちろん加害者には，このほかにもさまざまなリスク要因があり，他者からの拒絶だけが事件の原因とはいえないが，リスク要因の一つである可能性がある。実験操作によって社会的孤立を経験した実験参加者でも，怒りや攻撃性が高まったり，社会的に望ましい行動が減少したりする傾向が見られている（Leary, 2006）。このように，孤独は当人の健康を害するだけでなく，周辺他者に危害を及ぼす可能性もあり，現代社会における深刻な社会問題と捉えることができる。

（3）社会的受容とソーシャル・サポート

　一方で，日常的に良好な対人関係を持ち，支援的な関係を築いている人，すなわち社会的に受容されている人は，サイバーボール課題で他者から拒絶をされても，dACC の活性化が抑制されることが報告されている（Eisenberger et al., 2007）。普段の生活のなかで，適切な支援を受けられている人は，一時的な社会的排除には動じないような心のしくみが築き上げられているのだと考えられる。さらに他者からの支援は，実際に，身体的な痛みを和らげる働きも持つようである。ブラウンらは，寒冷昇圧試験（痛みを感じるほど冷たい水に手を入れるという試験）を行い，他者の存在が参加者の感じる身体的痛みの程度にどのような影響を

与えるかを調べた（Brown et al., 2003）。その結果，言葉にせよ，アイコンタクトにせよ，参加者が冷水に手を入れている際にそれを励ます他者がそばにいると，痛みが和らげられることが明らかになった。支援的な他者の存在は，身体の痛みへの耐性をかたちづくるのである。

このように，社会的孤立が心身の健康リスクを高めるのとは対照的に，他者からの支援は心身の健康を維持・増進させる傾向がある。他者からの支援はソーシャル・サポートと呼ばれ，問題解決に必要な資源（金銭や労力）を提供する道具的サポートと，共感や励まし，慰めなどの情緒的サポートに分けられる。すなわち，情緒的サポートは他者からの受容（社会的受容）を指し，具体的な物質的支援はなくとも，心身に好影響を及ぼす。またこのことを裏付けるように，他者から肯定的評価（社会的報酬）は，脳内において金銭的な報酬（物質的報酬）と同じような扱いがされることも示唆されている。実験参加者が金銭的な報酬と他者から肯定的評価（評判）を受け取った際の脳活動を fMRI で測定した研究では，報酬に関わる領域（主に背側線条体）に同じような活性化が見られたことが報告されている（Izuma et al., 2008）。第 12 章「進化論と社会心理学」では，評判が利他行動を動機づける可能性を指摘したが，評判が社会的受容を意味することを考えると，社会的孤立が攻撃行動を促すこととは対照的である。

本章では，「人間は社会的動物である」ということばに立ち返り，人間の持つ社会性という特徴について改めて検討した。進化心理学者のバスとケンリックは，進化的な観点から見れば，社会的な関係性が果たす機能は，人間の心のデザインにおいて中心的な存在であると述べている（Buss & Kenrick, 1998）。ぜひ，ここまでの章を「人間の社会性」という観点から振り返ってみてほしい。

引用文献

Aronson, E. (2011). *The social animal (11th ed.)*. NY: Worth Publishers. (アロンソン, E. (著)・岡 隆 (訳) (2014). ザ・ソーシャル・アニマル：人と世界を読み解く社会心理学への招待 (第 11 版) サイエンス社)

Aronson, E. & Aronson, J. (2018). *The social animal (12th ed.)*. NY: Worth Publishers.

Baumeister, R. F., & Leary, M. R. (1995). The need to belong: Desire for interpersonal attachments as a fundamental human motivation. *Psychological Bulletin*, 117, 497–529.

Baumeister, R. F., DeWall, C. N., Ciarocco, N. J., & Twenge, J. M. (2005). Social exclusion impairs self-regulation. *Journal of Personality and Social Psychology*, 88, 589–604.

Berkman, L. F., & Syme, S. L. (1979). Social networks, host resistance, and mortality: A nine-year follow-up study of Almeda County residents. *American Journal of Epidemiology*, 109, 186–204.

Brown, J. L., Sheffield, D., Leary, M. R., & Robinson, M. E. (2003). Social support and experimental pain. *Psychosomatic Medicine*, 65, 276–283.

Buss, D. M., & Kenrick, D. T. (1998). Evolutionary social psychology. In D. Gilbert & S. Fiske (Eds.), *The Handbook of Social Psychology (4th ed., Vol. 2)*, pp. 982–1026. Boston, MA: McGraw-Hill.

Cacioppo, J. T., Hawkley, L. C., Berntson, G. G., Ernst, J. M., Gibbs, A. C., Stickgold, R., & Hobson, J. A. (2002). Do lonely days invade the nights? Potential social modulation of sleep efficiency. *Psychological science*, 13, 384–387.

Cacioppo, J. T., & Patrick, W. (2008). *Loneliness: Human nature and the need for social connection*. NY: W.W. Norton & Co. (芝田裕之 (訳) (2010). 孤独の科学：人はなぜ淋しくなるのか 河出書房新社)

Cialdini, R. B. (2016). *Pre-suasion: A revolutionary way to influence and persuade*. Simon & Schuster. (チャルディーニ, R. B. (著)・安藤 清志 (監訳)・曽根 寛樹 (訳) (2017). PRE-SUASION：影響力と説得のための革命的瞬間 誠信書房)

Cialdini, R. B. (2021). *Influence, new and expanded: The psychology of persuasion*. NY: HarperCollins. (チャルディーニ, R. B. (著)・社会行動研究会 (監訳) (2023). 影響力の武器 [新版]：人を動かす七つの原理 誠信書房)

Eisenberger, N. I. & Lieberman, M. D. (2004). Why rejection hurts: A common neural alarm system for physical and social pain. *Trends in Cognitive Sciences*, 8,

294-300.

Eisenberger, N. I., Lieberman, M. D., & Williams, K. D. (2003). Does rejection hurt? An fMRI study of social exclusion. *Science*, 302, 290-292.

Eisenberger, N. I., Taylor, S. E., Gable, S. L., Hilmert, C. J., & Lieberman, M. D. (2007). Neural pathways link social support to attenuated neuroendocrine stress responses. *NeuroImage*, 35, 1601-1612.

Gonsalkorale, K., & Williams, K. D. (2007). The KKK won't let me play: Ostracism even by a despised outgroup hurts. *European Journal of Social Psychology*, 37, 1176-1186.

Goren, C., Sarty, M., & Wu, P. (1975). Visual following and pattern discrimination of face-like stimuli by newborn infants. *Pediatrics*, 56, 544-549.

Hawkley, L. C., & Cacioppo, J. T. (2007). Aging and loneliness: Downhill quickly? *Current Directions in Psychological Science*, 16, 187-191.

Holt-Lunstad, J., Smith, T. B., Baker, M., Harris, T., & Stephenson, D. (2015). Loneliness and social isolation as risk factors for mortality: A meta-analytic review. *Perspectives on Psychological Science*, 10, 227-237.

House, J. S., Landis, K. R., & Umberson, D. (1988). Social relationships and health. *Science*, 241 (4865), 540-545.

Izuma, K., Saito, D. N., & Sadato, N. (2008). Processing of social and monetary rewards in the human striatum. *Neuron*, 58, 284-294.

Johnson, M. H., Dziurawiec, S., Ellis, H., & Morton, J. (1991). Newborns' preferential tracking of face-like stimuli and its subsequent decline. *Cognition*, 40, 1-19.

Leary, M. R., & Baumeister, R. F. (2000). The nature and function of self-esteem: Sociometer theory. In M. P. Zanna (Ed.), *Advances in experimental social psychology*, Vol. 32, pp. 1-62. Academic Press.

Leary, M. R., Kowalski, R. M., Smith, L., & Phillips, S. (2003). Teasing, rejection, and violence: Case studies of the school shootings. *Aggressive Behavior*, 29, 202-214.

Leary, M. R., Twenge, J. M., & Quinlivan, E. (2006). Interpersonal Rejection as a Determinant of Anger and Aggression. *Personality and Social Psychology Review*, 10, 111-132.

MacDonald, G., & Leary, M. R. (2005). Why does social exclusion hurt? The relationship between social and physical pain. *Psychological Bulletin*, 131, 202-223.

Maslow, A. H.（1943）. A theory of human motivation. *Psychological Review*, 50, 370–396.

Maslow, A. H.（1954）. *Motivation and personality*. Harpers.

Umberson, D., & Montez, J. K.（2010）. Social relationships and health: A flashpoint for health policy. *Journal of Health and Social Behavior*, 51（1, Suppl）, S54–S66.

浦 光博（2009）. 排斥と受容の行動科学：社会と心が作り出す孤立　サイエンス社

Vouloumanos, A., & Werker, J. F.（2007）. Listening to language at birth: Evidence for a bias for speech in neonates. *Developmental Science*, 10, 159–164.

Zadro, L., Williams, K. D., & Richardson, R.（2004）. How low can you go? Ostracism by a computer is sufficient to lower self-reported levels of belonging, control, self-esteem, and meaningful existence. *Journal of Experimental Social Psychology*, 40, 560–567.

注 1：『Pre-suasion』では「まとまり」と訳されているが，そのあとに刊行された『影響力の武器［新版］』では「一体性」と訳されているため，ここではそれに倣った。

研究課題

1．「人間は社会的動物である」という言葉の意味について，アリストテレスの言葉（Table 14-1）を参照しつつ，自分なりに解釈してみよう。
2．所属欲求を基本的な欲求とする「所属仮説」について，あなたは賛同するだろうか。論拠を示して，自分の考えをまとめてみよう。
3．第 13 章までで取り上げてきた社会心理学の知見や理論を，「人間の社会性」という観点からとらえ直してみよう。新たに見えてくるものはあるだろうか。

15 | 社会心理学の来し方行く末

《学習のポイント》
　本科目で取り上げた内容を振り返りながら，社会心理学の来し方と行く末について考える。まず，社会心理学の動向を概観し，社会心理学が提供する「知」とは何かを考察したうえで，社会心理学を取り巻く現況を確認し，今後の展開をうらなう。
《キーワード》　メタ理論，実践知，人文知，再現性の危機，情報社会

1. 社会心理学の現在

　最終章を迎えるにあたり，社会心理学の現在の動向について，本書の内容を振り返りながら見ていくことにしよう。

（1）状況の力と社会的認知

　社会心理学は，誕生当初から，状況が人間の心や行動に及ぼす力の強大さに注目してきた。第2章「社会的影響」で取り上げたアッシュの同調実験やダーリーとラタネの傍観者効果の実験のように，社会心理学の古典ともいえる研究の数々は，いずれも，その人がおかれた状況が個人の意思を上回って，行動（やその背景にある心）に強い影響を及ぼすことを示してきた。

　第1章では，オルポートの定義をもとに，社会心理学は「他者が実際に存在したり，想像の中で存在したり，あるいは存在することがほのめかされていることによって，個人の思考，感情，および行動がどのような影響を受けるかを理解する試み」の学問だと解説した。ここでいう"他者の存在"こそが，人間の行動にもっとも大きな影響を及ぼす状況

であり，レヴィンの公式 B=*f*（P, E）における環境（E）にあたるものである。

　他方，私たちは，このような状況の力が他者の行動に及ぶ程度を小さく見積もりすぎる傾向がある。第 7 章「原因帰属」で説明したように，他者の行動の原因を推論する際，私たちは，状況や環境といった外的要因に比べ，性格や能力などの内的要因を過大に評価する。これは，人間がおかしがちな本質的で普遍的な誤りであることから，基本的帰属のエラーと呼んでいた。

　しかし状況の力は，人間の行動に対して一方的に影響を及ぼしているわけではない。当事者が，その状況をどのように認識するかによって，影響の大きさや方向性が左右されるというのが，現代の社会心理学の基本的な前提である。

（2）認知的倹約家と二重過程モデル

　認知革命をきっかけに，社会心理学に情報処理アプローチが導入されると，対人認知の研究を筆頭に，社会的認知研究が爆発的に増えていった。社会的認知研究は，人間を一種のコンピュータと見なし，その機能やしくみを実証的に検討するという手法を採用することで，多くの知見を生み出した。とりわけ重要なのは，人間の情報処理システムは，一般のコンピュータでは再現できないほど優れた情報処理が可能でありながら，一方では，一般のコンピュータと同じように，その処理能力には限界があることが明らかにされたことである。すなわち，人間が処理すべき社会的情報は，人間が持つ優れた情報処理システムをもってしてもさばききれないほどに膨大であり，そのすべてを機械的に処理するだけでは，すぐにオーバーフローしてしまうということである。それゆえ人間は，それらの情報を一様に処理するのではなく，必要に応じて手を抜いたり，逆に力を入れたりとスイッチングできるシステムを発展させたのだと考えられる。「認知的倹約家」や「動機を持つ戦略家」として描かれる人間の姿がここにある。

　さらに人間は，意識的関与を必要としない自動的過程を発達させるこ

とで，"日常業務"のかなりの部分をそれに任せ，認知資源の効率化を図っている。最近の研究では，人間に特有と見られてきた高次の心の働きの多くも，自動的過程に任せている可能性が指摘されている。「認知的倹約家」や「動機を持つ戦略家」など，優れたネーミングで人間の姿を描写してきたフィスクとテイラーは，2000年代に行われた社会的認知研究であぶり出された人間の姿を「駆動される行為者（activated actor）」と表現している（Fiske & Taylor, 2020）。これは，人間が環境から発信されている情報に気がつかないままに，その情報によって導かれ，判断や行動をしている可能性を示したものである。もちろんこれは，人間のあらゆる行動が自動的過程に基づいているということではなく，より意識的な過程である統制的過程と補完的に働いているというのが，現代の社会心理学に浸透した考えである。人間の情報処理過程として，このように2つの異なる性質を持つ過程を想定するモデルは二重過程モデルと呼ばれ，領域横断的なモデルとして活用されている。

（3）認知偏重からの脱却とマイクローマクロ

　認知革命以降，約半世紀にわたって，社会心理学では個人内の認知に着目する社会的認知研究が，学問の支柱となってきた。情報処理アプローチに基づく社会的認知研究の発展は，さまざまなテーマに共通して利用できる方法論を生み出し，二重過程モデルのようなある種のメタ理論（後述）を提供したという点でも，大きな成果を上げてきたといえる。しかし社会的認知研究も成熟期を迎え，最近は次のような変化が起きている。

　第1に挙げられるのが，感情研究の増加である（第9章「感情と認知」参照）。かつては認知を攪乱するものとみなされていた感情の機能を追究する研究が，最近は格段に増えている。その中には，感情も人間の思考や行動を規定する認知機能の1つとして位置づけるものも含まれ，しばしば「熱い認知（hot cognition）」の研究と呼ばれる。感情や動機づけの要素を一切排し，人間を単なるコンピュータと見なす「冷たい認知（cold cognition）」の研究と対比するためである。認知と感情の相互作用に焦点を当てた研究は「冷たい認知」と「熱い認知」をブレンドした

ものという意味で，「温かい認知（warm cognition）」の研究と呼ばれることもある（海保，1997; Sorrentino & Higgins, 1986）。

　第 2 に挙げられるのが，文化を扱った研究の増加である（第 13 章「文化心理学と社会心理学」参照）。文化心理学は，人間の心が普遍的だという前提に疑問を呈するため，その意味においては，社会心理学における従来の知見を覆す可能性がある。しかし見方を変えれば，人間の心が環境（文化）との相互作用の中で構築されるという文化心理学の考えは，状況の力を重視する社会心理学と馴染みがよいものである。周辺環境と切り離した状態で，個人の認知を研究しても，それだけでは，人間の心を十分に理解できないという考えは，文脈と認知の不可分性や，複数の個人間で機能する認知の存在に着目した研究にも見られる。前者は状況に埋め込まれた認知（situated cognition），後者は共有された認知（shared cognition）と表現される。

　3 つ目として，脳神経科学の研究の増加が挙げられる（第 11 章「脳神経科学と社会心理学」参照）。特に社会脳に関する研究は，ブームともいえるほどの学問的潮流となっている。そこで扱われる研究テーマは，これまで社会心理学で扱ってきたものとの重複が大きく，その親和性から，社会心理学者が脳神経科学者と共同して研究を進めることもごく一般的になってきた。社会的認知研究のベースにある情報処理アプローチは，人間の心をコンピュータに例えるが，そこで検討されるのは，いわばソフトウェアの機能であり，それを実現しているハードウェアに対して，社会心理学者はこれまであまり関心を示してこなかった。あるいは，関心を持ちたくとも，それを検討する手段を持たなかったが，fMRI などの脳機能イメージング技術の急速な発展により，人間が何かに従事しているとき（あるいは特別なことに従事していないとき）に，脳のどの部位が活発に機能しているのかを詳細に知ることができるようになった。その結果として，これまでばらばらに検証されてきた社会心理学的事象に，共通した神経基盤がある可能性が指摘されるようになってきている。

　このように現代の社会心理学は，一方では脳というマイクロ（micro）

な方向へ，また他方では文化というマクロ（macro）な方向へと研究の幅を広げている。1984年に初版が刊行されて以降，社会的認知研究の基本的な文献として改訂が繰り返されてきたフィスクとテイラーによる『社会的認知（Social Cognition）』は，2017年に第3版が出版されて以降，「脳から文化まで（from brain to culture）」という副題がつけられるようになった（Fiske & Taylor, 2017）。現代の社会心理学の特徴をよく表した題名である。なお，本書の執筆時点では，第4版が出版されている（Fiske & Taylor, 2020）。

（4）メタ理論としての進化心理学的視点の導入

　社会心理学の弱みとしてしばしば指摘されるのは，研究テーマが広範で多様であるにもかかわらず，それを統一するメタ理論（グランド・セオリー）が欠如しているということである。そのため，個別の理論や研究が優れていたとしても蓄積性がなく，限られた範囲内で自己完結する研究が多いと批判される。前節で説明したように，現代の社会心理学の研究は脳から文化までを扱うようになってきており，研究テーマの多様化には，さらに拍車がかかっている。

　かつて社会的認知研究が興隆の兆しを見せ始めていたころ，オストロムは，その潜在的な可能性を“社会的認知による（社会心理学の）統治”（The sovereignty of social cognition）と表現したことがあった（Ostrom, 1984）。当時，このことばは，社会的認知の研究者が他の社会心理学の領域の研究の価値を貶め，それらを排除し，自分たちだけの王国を作り出そうとしていることの表れだと誤解された。しかし彼が本来，望んでいたのは“排除”ではなく“包摂”であり，幅広い領域にまたがった伝統的な社会心理学の研究が，社会的認知という枠組みの中に包摂されることで，社会心理学の中に秩序が生まれることを期待するものだった（Ostrom, 1994）。確かに，社会的認知研究の浸透により，オストロムの期待はある程度実現したように見える。しかし社会的認知研究は，社会的動物である人間がどのような心の機能を持ち，それがどのようなプロセスを経て働くかについては教えてくれるが，人間がなぜこのような心

の機能を装備するに至ったかは教えてくれない。こうした疑問に一定の答えを用意してくれるものとして，期待が寄せられているのが進化心理学である。進化論は，生物が持つ身体的形質や行動傾向が，その生物が暮らした，かつての生活環境への適応の結果として自然選択されたものと考える。進化心理学はそれと同じように，人間が持つ心の機能を進化的適応の産物ととらえる（第12章「進化論と社会心理学」参照）。このような進化心理学的な視点が導入されたことにより，従来は，ばらばらに検討されてきた人間の持つ種々の心の機能が「適応」という概念のもとに包括的に理解されはじめている（亀田・村田，2010）。心理学に進化論の考えを取り込むという発想自体は新しいものではないが，人間が適応すべき環境は，自然環境よりもむしろ社会環境だったのではないかという考えは，人間の脳の社会的機能を探求しようとする脳神経科学の研究（社会脳研究）とも相まって，現代の社会心理学を大きく推進する力になっている。

2.　社会心理学が提供する「知」

　それでは，社会心理学という学問は，今日に至るまでに，どのような「知」を提供してきたのだろうか。唐沢（2012）は，「実践知」と「人文知」ということばを用いてそれを説明している。

（1）実践知
　社会心理学の研究やその知見には，実社会の事象と関係が深いものが多い。傍観者効果（第2章「社会的影響」参照）はその典型で，特に初期の研究には，現実に起きた事件や事故を契機に行われたものが数多く見られる。それと比べれば，最近は，社会心理学と現実社会との結びつきは希薄になったようにも見えたが，新型コロナウイルス感染症が世界的に流行した時期には，関連する社会心理学的研究が爆発的に増えた。思いがけず，社会心理学が現実社会と深い結びつきをもった学問であることを再認識する機会となったわけである。このように，現実の社会問題を取り上げた研究は，わかりやすいかたちで，問題解決の道筋となる

実践知を提供する。しかし社会心理学の知見のなかには，それだけでなく，より一般的な人間の行動傾向や，おかしがちなエラー，認知バイアスに関わるものも多く，これらの認識を通じて，人々の生活全般の向上に寄与することができる。

　ただ社会心理学者は，このような実践知の提供に，これまで消極的な姿勢を見せてきた。心理学を基礎心理学と応用心理学とに二分した場合，社会心理学は基礎心理学に位置づけられることが多い。つまり，社会心理学は，心理学の一分野として，実践知よりも科学知を生み出すことを優先し，社会的動物である人間の心の働きを科学的に解明することこそが，社会心理学という学問が果たすべき第一の使命と考えてきた。社会心理学の知見を現実の社会問題や日常生活に当てはめて解決をはかることは，社会心理学者が果たすべき本来の仕事ではないとして，当事者意識を持ってこなかったのである。

　しかし社会心理学者の多くが社会問題の解決に積極的ではないのは，上記のような崇高な理念に基づくというよりも，社会心理学の知見を現実の社会問題に適用したときに生じうるさまざまな危険性や，その際に負うべき責任から，単に回避しようとしているにすぎないという批判もある。『ザ・ソーシャル・アニマル（The Social Animal)』の著者であるエリオット・アロンソンは，社会心理学者の一人として，社会心理学は「世界をよりよい生活の場にしていく上で必要不可欠な役割を果たし得る」と主張し，「われわれの生活に深遠で有益な影響を及ぼすことのできる特別な立場にある」学問だと胸をはる。しかしその一方で，社会心理学者が社会心理学のことを殊更に若い学問だと主張することを批判している。つまり，アロンソンに言わせれば，社会心理学を若い学問だと強調するのは，「私たち社会心理学者にあまり多くを期待しないで欲しい」と人びとに嘆願するためだからである。そして，『ザ・ソーシャル・アニマル』を執筆した目的を，「社会心理学的研究が現代社会につきまとう諸問題のいくつかに対して持ちうるかもしれない関連性を，恥じることなく（だがいくばくかの恐れを持って）わかりやすく説明していくことにある」としている（Aronson, J. & Aronson, E. , 2018）。すなわち，

現実社会で起きた問題を実験室の中で再現し，検証するだけでなく，厳密な手続きによって明らかになったことを，今度は実験室から取り出し，現実世界に還元するまでが社会心理学者の仕事だというのである。もちろん，実験室で明らかにされたことを現実社会に持ち出す際には，それが条件付きの知見であることを十分に認識する必要がある。状況に即して研究知見をカスタマイズし，不都合があれば，早期に発見して修復するという覚悟がなければ，現実社会の問題解決に社会心理学者が乗り出すことはできない。

　最近は，公共政策にも，根拠に基づいた立案（エビデンス・ベースド・ポリシー・メイキング，EBPM）が求められるようになってきた。社会心理学が蓄積してきた知見には，このような立案にも利用可能なものが数多くあるが（e.g., Shafir, 2013），実践知の提供に対する社会心理学者の消極的な姿勢が仇となり，ここ数十年の間，社会心理学は，行動経済学の後塵を拝してきた。行動経済学の基礎を築いたとされるダニエル・カーネマンは，行動経済学の発展により，実際には，社会心理学や認知心理学が構築してきた理論の応用まで，「行動経済学」と呼ばれるようになったことを嘆いている。そして，経済学ではなく，心理学の貢献が大きいことがわかるような学問名称（応用行動科学）にすべきだとしている（Kahneman, 2013）。しかしアロンソンの指摘が正しいならば，公共政策の場で，行動経済学が現在のような強い立場を築いたのは，むしろ社会心理学者のせいである。そのようななか，社会心理学者としては珍しく，早くから一般の人々に実践知を届けることに熱心だったロバート・チャルディーニ（『影響力の武器』の著者）は，現在の状況を肯定的に見ている。行動経済学は，「社会心理学の中心的特徴のいくつかを取り入れ，政策立案者たちへそれらを正当化してくれた」ことで，「社会心理学の評価を高めてくれた」というのである（Cialdini, 2016；第10章「行動経済学と社会心理学」参照）。確かに日本においても，最近は，社会心理学者が，公共政策の立案に関わる場面が増えてきた。

（2）人文知

　社会心理学が提供しうる「知」として，唐沢（2012）が２つ目に掲げるのは「人文知」である。社会心理学がもたらす「知」として，前節で紹介したような実践知はわかりやすい。しかし社会心理学は，それだけでなく，「人間とはどのような存在か」という，より本質的な問題を考える上での「知」をも提供しうると，唐沢は述べている。これは，いわば人間観構築の基礎となる「知」である。

　本書はどちらかといえば，こちらの「知」に重心を置いて内容を構成していた。「人文知」は，「実践知」に比べて即時的な有用性はないものの，長い目で見れば，他者や自らを省みる，誰にとっても有用なツールとして機能する可能性を持っているからである。たとえば，認知的倹約家，動機を持つ戦略家，駆動される行為者というメタファは，今日までの社会心理学の知見を集約した人間の姿であり，人間観構築の基礎を成す「知」を提供している。

　このような人間像は，日常の経験だけで容易に構築できるものではない。私たちは日々，他者の言動を観察し，そこから自分なりの人間像，人間観を構築している。その意味では誰もが“アマチュア”の社会心理学者であり，自らが構築した人間観に基づいて，他者に接したり，自らを省みたりしている。しかし現実の社会では，他者の言動一つをとっても，多種多様な要因が交絡し，真に重要と考えられる要因を洞察することは難しい。また観察者である自分自身も同じ人間である以上，ただ漫然と他者の言動を観察しているだけでは，種々の認知バイアスから逃れることはできず，たとえば，自分にとって都合のよい解釈だけが正当なものと認識されるかもしれない。

　そこで学問としての社会心理学は，実験をはじめとする実証研究を通じて，客観的かつ体系的にデータを収集することで，日常的な観察につきまとう種々のノイズ（雑音）を取り払い，なるべく純粋なかたちでの「社会の中で生きる人間の心」を抽出することを試みる。このようにして露わになる人間像は，日常の観察から構築されるものとは，明らかに異なる。社会心理学の学問としての営みは，それ自体は人間観の構築を目的

として行われているものではない。しかし，社会心理学の研究がその結果として露わにする人間像は，私たちがそれまで持っていた人間像や人間観の再考を迫るものになることがあるのである。

3. 社会心理学のこれから

（1）再現性の危機

　既述のように，社会心理学の特徴の一つは実証性である。この点についてアロンソンは，プロの社会心理学者とアマチュアの社会心理学者の違いを，「いずれも検討すべき事象を注意深く観察することから始める点では同じだが，プロはそのような観察に加え実験を行うという点が異なる」としている。すなわち，確かな客観的証拠によって，理論や仮説，命題を検証し，その真偽を問うという姿勢が求められるということである。

　しかしこのような姿勢とは裏腹に，ここ十数年，社会心理学は「再現性の危機」に揺れている。「再現性の危機」とは，過去に行われた著名な実証研究の結果が追試研究で再現されないという問題である。この問題は，社会心理学以外の心理学や，他の学問分野（医学，物理学，生物学など）でも，議論の対象となっているが，この問題が注目を浴びるきっかけとなった出来事が社会心理学のトップジャーナルで起きたこと，再現できないとして槍玉に挙がった研究に，社会心理学の研究が多く含まれていたことなどから，特に社会心理学において，避けては通れない問題となっている（詳しくは，平石・中村（2021）を参照のこと）。一方で社会心理学は，この問題において，状況要因を重視する学問に特有の難しさも抱えている。顔面フィードバック仮説をめぐる実験で起きたことを例に考えてみたい。

　顔面の表情筋は，環境刺激に対する反応が速く，また感情の種類に応じて分化している。そのため，表情筋の変化が脳にフィードバックされることで特定の感情が経験されるという顔面フィードバック仮説（facial feedback hypothesis）が提唱されている（Adelman & Zajonc, 1989）。この仮説を検証するため，ストラックら（Strack et al., 1988）は，参加

者に，ペンを前歯でくわえる（口角が上がり，笑顔になる），もしくは，唇でくわえる（眉間にしわが寄る）のいずれかの状態で漫画を見せ，前者のほうが漫画を面白いと答えることを示した。実験参加者は，ペンのくわえ方によって表情筋が操作されていることに気づいていなかったが，この操作によって作り出された表情の変化が参加者の感情経験に影響を与えたのだと解釈された。

　この研究は，その後，多くの教科書に掲載されてきたが，再現性の危機をめぐる議論のなかで取りざたされ，複数の研究室で行われた追試研究で，結果が再現できないという研究論文が発表された（Wagenmakers et al., 2016）。ところが話はそれで終わらなかった。追試研究では，オリジナルの研究とは異なり，参加者をビデオカメラで録画していたことが問題視されたのである。そして，ビデオカメラがある条件とない条件を設定した実験を行ったところ，ビデオカメラがない条件では，顔面フィードバックの効果が認められることが示された（Noah et al., 2018）。ビデオカメラの存在により，実験参加者が監視されている，あるいは観察されていると感じることが，顔面フィードバック効果を消失させる方向に影響したと考えられる。これはわかりやすい例だが，異なる研究室が追試研究を行うことによって紛れ込む可能性がある状況的・文脈的要因は無数にある。再現性の危機が叫ばれて以降，有名な実験が再現されなかったということばかりが喧伝されているが，社会心理学は，状況や文脈を重視する学問でもある。再現されなかったとしても，すぐにその結果だけを受け入れて，オリジナルの研究を否定するのではなく，そこに何らかの状況的・文脈的要因が関与している可能性がないかを精査することも，重要だと考えられる（Van Bavel et al., 2016）。

（2）情報社会の進展

　前節の問題とは観点が大きく異なるが，社会心理学の今後を考えるにあたり避けては通れないのが，情報社会の急速な進展である。情報社会が社会心理学にもたらす変化には，大きく分けて２つのことがある。一つは，方法論，もう一つは研究テーマに関する変化である。

　方法論の変化については，最近は，ウェブ調査が当たり前になっただけでなく，実験をウェブ上で行う試みも加速している。これまで社会心理学の実験は，大学等の研究施設内にある実験室で行うのが一般的だったが，コロナ禍以降，クラウド・ソーシング等で集めた対象者に，ウェブ上で実験を行う例も増えてきた。ウェブを使った実験は，実験室実験のような厳密な条件統制ができない点が大きなデメリットだが，実験室実験よりも，WEIRD（第13章「文化心理学と社会心理学」参照）ではない人々や，幅広い年齢の人々を対象に実験ができるというメリットがある。

　また，X（旧 Twitter）でのつぶやきなど，インターネット上の社会行動に関するデジタル痕跡（digital trace）を利用した研究も注目されている（Rafaeli et al., 2019）。デジタル痕跡は，人工的な実験や自己報告式の調査では得られない，人々の自然な社会行動の痕跡であり，膨大な量のデータ（ビッグ・データ）があるという点においても，社会心理学者にとって非常に魅力的である。他方，コンピュータ・サイエンスの分野でも，感情（sentiment, emotion）のような心理学的概念に注目した研究が年々増加しており（Figure 15-1），今後も，学問の境界を超えた研究が盛んに行われることが期待される。日本でも，鳥海ら（2020）が，

Figure 15-1　コンピュータ・サイエンスにおける論文公判数の変化

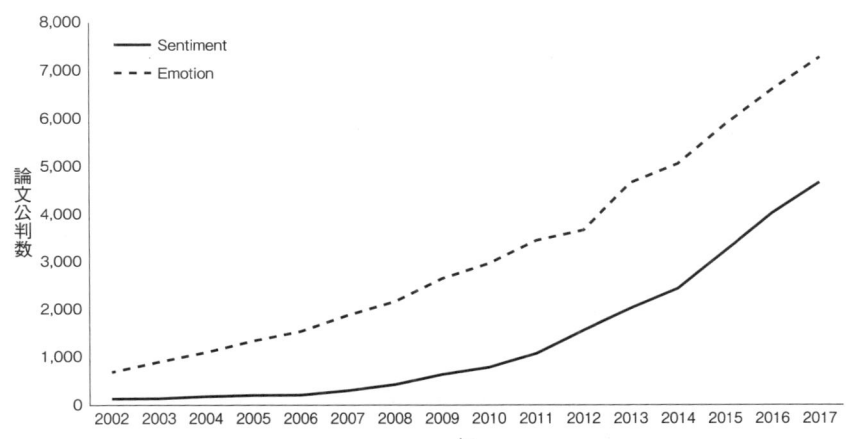

コロナ禍のつぶやきを分析し，有名人の死去のような社会的出来事の発生により，つぶやきに含まれる感情語が変化することなどが明らかにされている。

　急速な情報化の波は，社会心理学で扱う研究テーマにも大きな影響を与えている。人々の社会的交流の場が，物理的な空間（フィジカル空間）だけでなく，SNSや仮想現実など，サイバー空間にも拡張されつつある現代では，異なる空間における人間行動の違いが，社会心理学の研究テーマとして大きく浮かび上がってくる。このことに関して，日本政府は，狩猟社会（Society 1.0），農耕社会（Society 2.0），工業社会（Society 3.0），情報社会（Society 4.0）に続いて，我が国が目指すべき未来社会として，Society 5.0 を推進している。これは，「サイバー空間とフィジカル空間を高度に融合させたシステムにより，経済発展と社会的課題の解決を両立する人間中心の社会」とされるが，新興の科学技術が急速に進展するなか，そのような技術を社会実装する際に生じうる倫理的・法的・社会的課題（Ethical, Legal and Social Issues, 頭文字をとってELSI（エルシー）と呼ばれている）に注目が集まっており，ここでも社会心理学者の関わりが求められている（唐沢, 2022）。

　カシオッポは，近年の科学において心理学はさまざまな科学のハブ（hub）の役割を担っており，心理学を通じて諸科学がつながっているのだと指摘している（Cacioppo, 2007）。ただ，ひとくちに心理学といっても，心理学が扱う研究範囲は広く，学問領域は細分化されている。そこで，心理学におけるハブとして，社会心理学がその役割を担ってきたと主張する研究者もいる（Finkel & Baumeister, 2019）。これは，社会心理学が「人文知」と「実践知」を提供する学問，すなわち，基礎心理学でありつつも応用的な側面も兼ね備え，心理学のあらゆる下位領域と手を結びうる学問であるからにほかならない。本章では，現代社会において社会心理学が果たす役割がますます大きくなってきている様子を概観した。これからも，社会心理学というユニークな学問に注目してもらえれば幸いである。

引用文献

Adelman, P. K. & Zajonc, R. B.（1989）. Facial efference and the experience of emotion. *Annual Review of Psychology*, 40. 249-280.

Aronson, E.（2011）. *The social animal (11th ed.)* NY: Worth Publishers.（アロンソン，E.（著）・岡 隆（訳）（2014）. ザ・ソーシャル・アニマル：人と世界を読み解く社会心理学への招待（第 11 版）　サイエンス社

Aronson, E. & Aronson, J.（2018）. *The social animal* (12th ed.). NY: Worth Publishers.

Cacioppo, J. T.（2007, September）. Psychology is a hub science. *APS Observer*, 20, 5, 42.

Cialdini, R. B.（2016）. *Pre-suasion: A revolutionary way to influence and persuade.* Simon & Schuster.（チャルディーニ, R. B.（著）・安藤 清志（監訳）・曽根 寛樹（訳）（2017）. PRE-SUASION：影響力と説得のための革命的瞬間　誠信書房）

Finkel, E. J., & Baumeister, R. F.（2019）. Social psychology: Crisis and renaissance. In E. J. Finkel, and R. F. Baumeister（Eds.）, *Advanced social psychology: The state of the science*（pp. 1-7）. NY: Oxford University Press.

Fiske, S. T., & Taylor, S. E.（2017）. *Social cognition: From brains to culture (3rd ed.).* LA: Sage.

Fiske. S. T., & Taylor. S. E.（2020）. *Social cognition: From brains to culture (4th ed.)*. LA: Sage.

平石 界・中村 大輝（2021）. 心理学における再現性危機 10 年, 科学哲学, 54（2）, 27-50.

海保 博之（1997）. 今なぜ「温かい認知」か　海保 博之（編）「温かい認知」の心理学：認知と感情の融接現象の不思議　金子書房 pp. 1-6.

Kahneman, D.（2013）. Preface. In E. Shafir（Ed.）. *The behavioral foundations of public policy (pp. vii-ix)*. Princeton University Press.

亀田 達也・村田 光二（2010）.　複雑さに挑む社会心理学：適応エージェントとしての人間（改訂版）　有斐閣

唐沢 かおり（2012）.「成功」した学問としての社会心理学　唐沢 かおり・戸田山 和久（編）　心と社会を科学する　東京大学出版会　pp. 13-40.

唐沢 かおり（2022）. 科学技術の倫理的・法制度的・社会的課題（ELSI）への包括的実践研究開発プログラムの紹介, 学術の動向, 27, 18-21.

Noah, T., Schul, Y., & Mayo, R.（2018）. When both the original study and its failed replication are correct: Feeling observed eliminates the facial-feedback effect. *Journal of Personality and Social Psychology*, 114, 657–664.

Ostrom, T. M. (1984). The sovereignty of social cognition. In R. S. Wyer, Jr. & T. K. Srull (Eds.). *Handbook of social cognition* (vol.1). Hillsdale. NJ.: Erlbaum. pp. 1-38.

Ostrom, T. M. (1994). Foreword. In R. S. Wyer & T. K. Srull (Eds.), *Handbook of Social Cognition* (2nd ed., vol.1) Hillsdale, NJ.: Erlbaum. pp. vii-xii.

Rafaeli, A., Ashtar, S., & Altman, D. (2019). Digital Traces: New Data, Resources, and Tools for Psychological-Science Research. *Current Directions in Psychological Science*, 28, 560–566.

Shafir, E. (Ed.). (2013). *The behavioral foundations of public policy*. Princeton University Press. (シャフィール, E. (著), 白岩 祐子・荒川 歩 (訳) (2019). 行動政策学ハンドブック：応用行動科学による公共政策のデザイン　福村出版)

Sorrentino, R. M. & Higgins, E. T. (1986). *Handbook of motivation and cognition: Foundations of social behavior*. NY: Guilford Press.

Strack, F., Martin, L. & Stepper, S. (1988). Inhibiting and facilitating conditions of the human smile: A nonobtrusive test of the facial feedback hypothesis. *Journal of Personality and Social Psychology*, 54. 768-777.

鳥海 不二夫・榊 剛史・吉田 光男 (2020). ソーシャルメディアを用いた新型コロナ禍における感情変化の分析, 人工知能学会論文誌, 35, F-K45_1-7.

Van Bavel, J. J., Mende-Siedlecki, P., Brady, W. J., & Reinero, D. A. (2016). Contextual sensitivity in scientific reproducibility. *Proceedings of the National Academy of Sciences of the United States of America*, 113, 6454–6459.

Wagenmakers, E.-J., Beek, T., Dijkhoff, L., F., Q., Acosta, A., B., R., . . . A., R. (2016). Registered Replication Report: Strack, Martin, & Stepper (1988). *Perspectives on Psychological Science*, 11, 917–928.

研究課題

1．本書を読む前の社会心理学のイメージはどのようなものだっただろ
　　うか。それは，現在のイメージと相違しているだろうか。相違してい
　　るとしたら，それはどのような点だろうか。
2．本章で挙げた現代の社会心理学の特徴や，現代の社会心理学が提供
　　する「知」を念頭におきながら，各章を読み直してみよう。その上で，
　　本書で取り上げたトピックやテーマの中で気になるものがあれば，論
　　文や書籍を読んで知識を深めてほしい。

索引

●配列は五十音順

著者紹介

森　津太子 （もり・つたこ）

1970 年	岐阜県に生まれる
1998 年	お茶の水女子大学大学院人間文化研究科博士後期課程単位取得退学
現在	放送大学教授（心理と教育コース），博士（人文科学）
専攻	社会心理学，社会的認知
主な著書	『心理学概論』（共著，放送大学教育振興会，2024 年）

『社会・集団・家族心理学』（単著，放送大学教育振興会，2020 年）

『バイアス大図鑑』（監修，ニュートンプレス，2024 年）

『公認心理師 国家試験対策全科』（分担執筆，金芳堂 2022 年）

『現代の認知心理学－社会と感情－』（分担執筆，北大路書房 2010 年）

放送大学大学院教材 8921075-1-2511（ラジオ）

社会心理学特論

発　行　　2025 年 3 月 20 日　第 1 刷
著　者　　森　津太子
発行所　　一般財団法人　放送大学教育振興会
　　　　　〒 105-0001　東京都港区虎ノ門 1-14-1　郵政福祉琴平ビル
　　　　　電話　03（3502）2750

市販用は放送大学大学院教材と同じ内容です。定価はカバーに表示してあります。
落丁本・乱丁本はお取り替えいたします。

Printed in Japan　ISBN978-4-595-14216-1　C1311